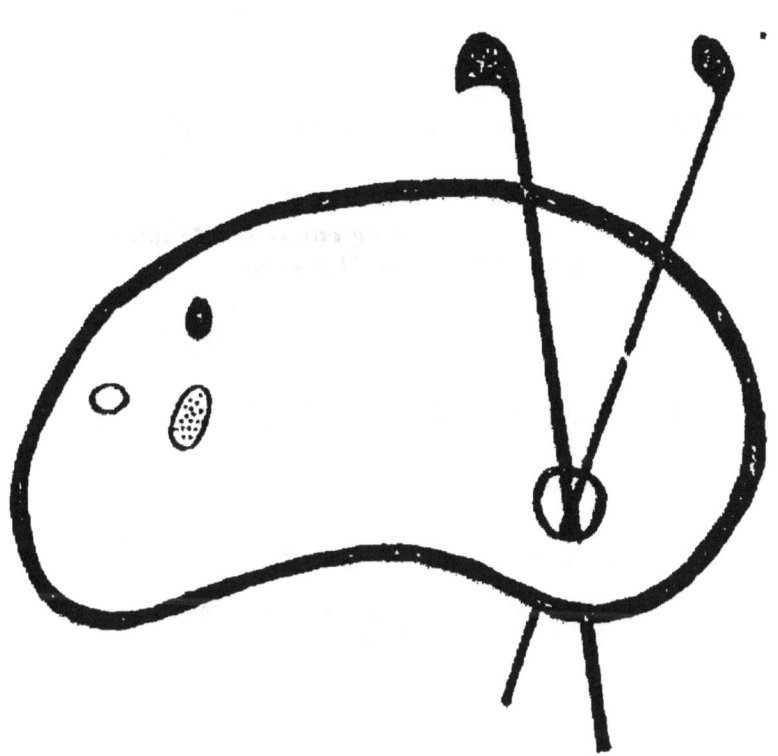

COUVERTURE SUPERIEURE ET INFERIEURE
EN COULEUR

PRINCIPE UNIVERSEL

DU MOUVEMENT

ET DES ACTIONS DE LA MATIÈRE

RÉSULTANT

DE LA DÉCOUVERTE DE CETTE LOI GÉNÉRALE

LA FORCE VIVE
se transmet mieux entre corps semblables
qu'entre corps différents

ET

APPLICATIONS A LA MATIÈRE COMME A LA VIE

Par P. TRÉMAUX ✸✸

AUTEUR DE PLUSIEURS PUBLICATIONS SCIENTIFIQUES FAITES AVEC LE CONCOURS DE L'ÉTAT
LAURÉAT DE L'INSTITUT, ETC.

TROISIÈME ÉDITION

PARIS — 1876

PROPRIÉTÉ DE L'AUTEUR, 21, RUE VERNIER, AUX TERNES

Envoi franco contre 2 francs en timbres-poste.

Dépôt de librairie, A. Sagnier, rue Vivienne, 9.

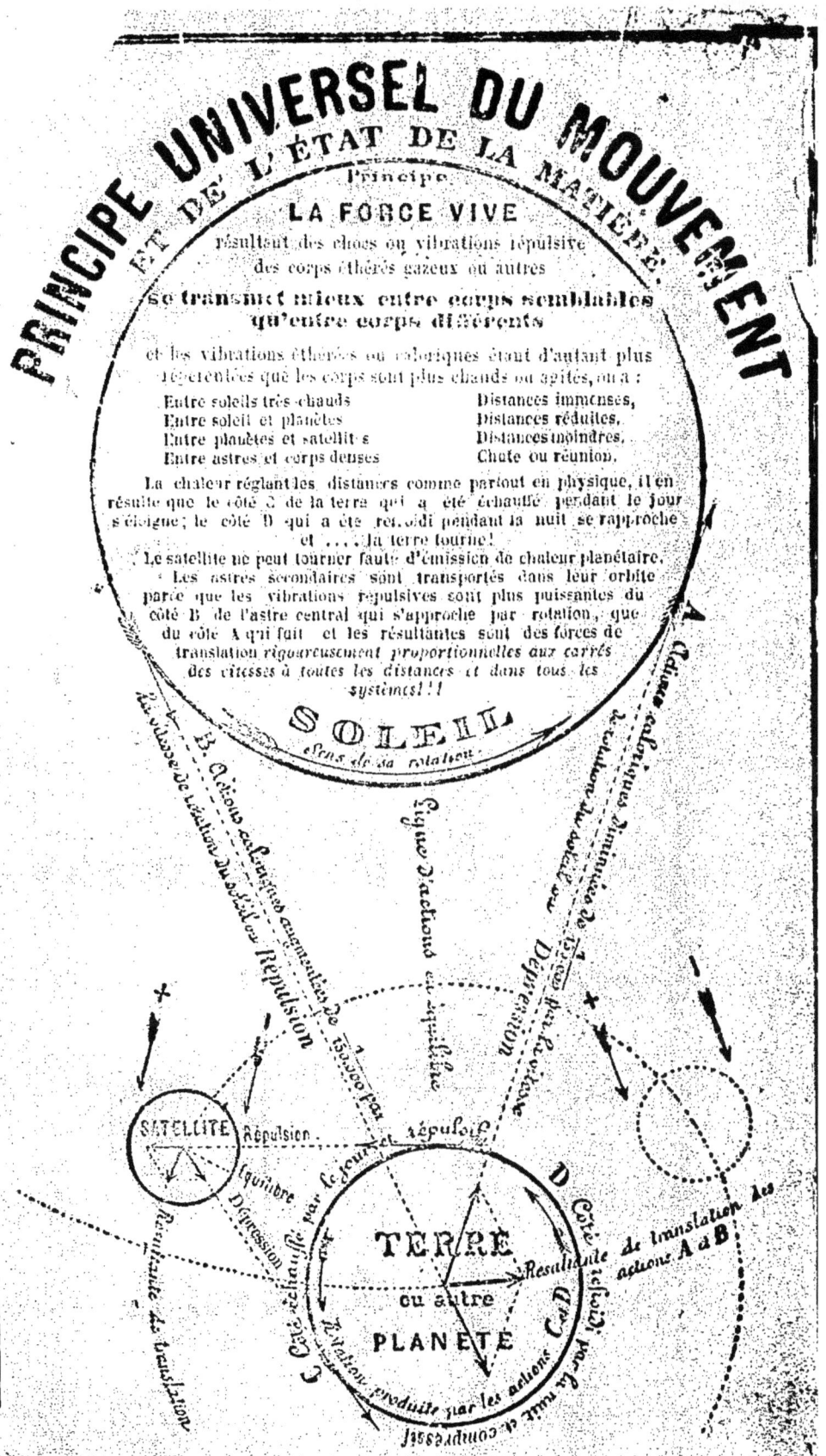

PRINCIPE UNIVERSEL

A LA PORTÉE DE TOUS

Par P. TRÉMAUX ✻✻

AUTEUR DE PLUSIEURS PUBLICATIONS SCIENTIFIQUES FAITES AVEC LE CONCOURS DE L'ÉTAT
LAURÉAT DE L'INSTITUT, ETC.

TABLE DES MATIÈRES

Cause expérimentale de la rotation des astres, etc. V
Le progrès et ses entraves 1
Expression générale de la force vive 23

PREMIÈRE PARTIE. — *Principe des transmissions de forces et actions de la matière.*

1. Cause de répulsion universelle par chocs ou vibrations 25
2. Principe des transmissions de force démontré par l'expérience et les faits 27
3. Confirmations par l'union spontanée des matières différentes . 33
4. Les atmosphères autour des corps denses sont la conséquence des moindres transmissions de force. — Cause de l'élasticité. 39
5. Causes de la chaleur, des transformations de force des équivalents, de l'affinité, etc. — Incident à la Sorbonne 45
6. Transformations de la matière 57
7. Mouvements et dispositions générales de la matière 65
8. Cause de la rotation des astres 74
9. Cause de la translation des astres secondaires 77
10. Causes d'excentricité des orbites 87
11. Causes des mouvements directs ou indirects et de l'obliquité des axes de rotation et des orbites 95
12. Transformations cométaires et mouvements qui en résultent . 100
13. Confirmations des décroissances de densité des milieux et des astres qui y sont équilibrés 102
14. Causes des marées et des courants maritimes 107
15. Mécanisme des actions caloriques 110
16. Causes des manifestations lumineuses 112
17. Chimie ou physique moléculaire 115
18. Causes de l'électricité et de ses mouvements 123

DEUXIÈME PARTIE. — *Emploi de la force matérielle avec l'influence héréditaire et le principe intellectuel de la vie.*

1. Principe de la force matérielle de la vie animale 137
2. Principe d'actions matérielles du règne végétal 145
3. Actions nutritives 151
4. Principe de la génération supérieure, animale et végétale . . 154
5. Causes motrices du sang 159
6. Cause calorique des courants nerveux 167
7. Causes des mouvements de contraction et des transmissions nerveuses 176
8. Influence héréditaire et principe supérieur de la vie animale . 181
9. Phénomènes de la mémoire 184
10. Mouvements volontaires et réflexes 187
11. Recherches sur les conditions propres à l'exercice de la volonté . 197
12. Conséquences opposées du principe matériel et du principe de l'intelligence 201
Remarques philosophiques 203

PRINCIPE UNIVERSEL

DU MOUVEMENT

ET DES ACTIONS DE LA MATIÈRE

RÉSULTANT

DE LA DÉCOUVERTE DE CETTE LOI GÉNÉRALE

LA FORCE VIVE
se transmet mieux entre corps semblables
qu'entre corps différents

ET

APPLICATIONS A LA MATIÈRE COMME A LA VIE

Par P. TRÉMAUX

AUTEUR DE PLUSIEURS PUBLICATIONS SCIENTIFIQUES FAITES AVEC LE CONCOURS DE L'ÉTAT
LAURÉAT DE L'INSTITUT, ETC.

TROISIÈME ÉDITION

PARIS — 1878

PROPRIÉTÉ DE L'AUTEUR, 24, RUE VERNIER, AUX TERNES

Envoi franco contre 2 francs en timbres-poste.

Dépôt de librairie, A. Sagnier, rue Vivienne, 2.

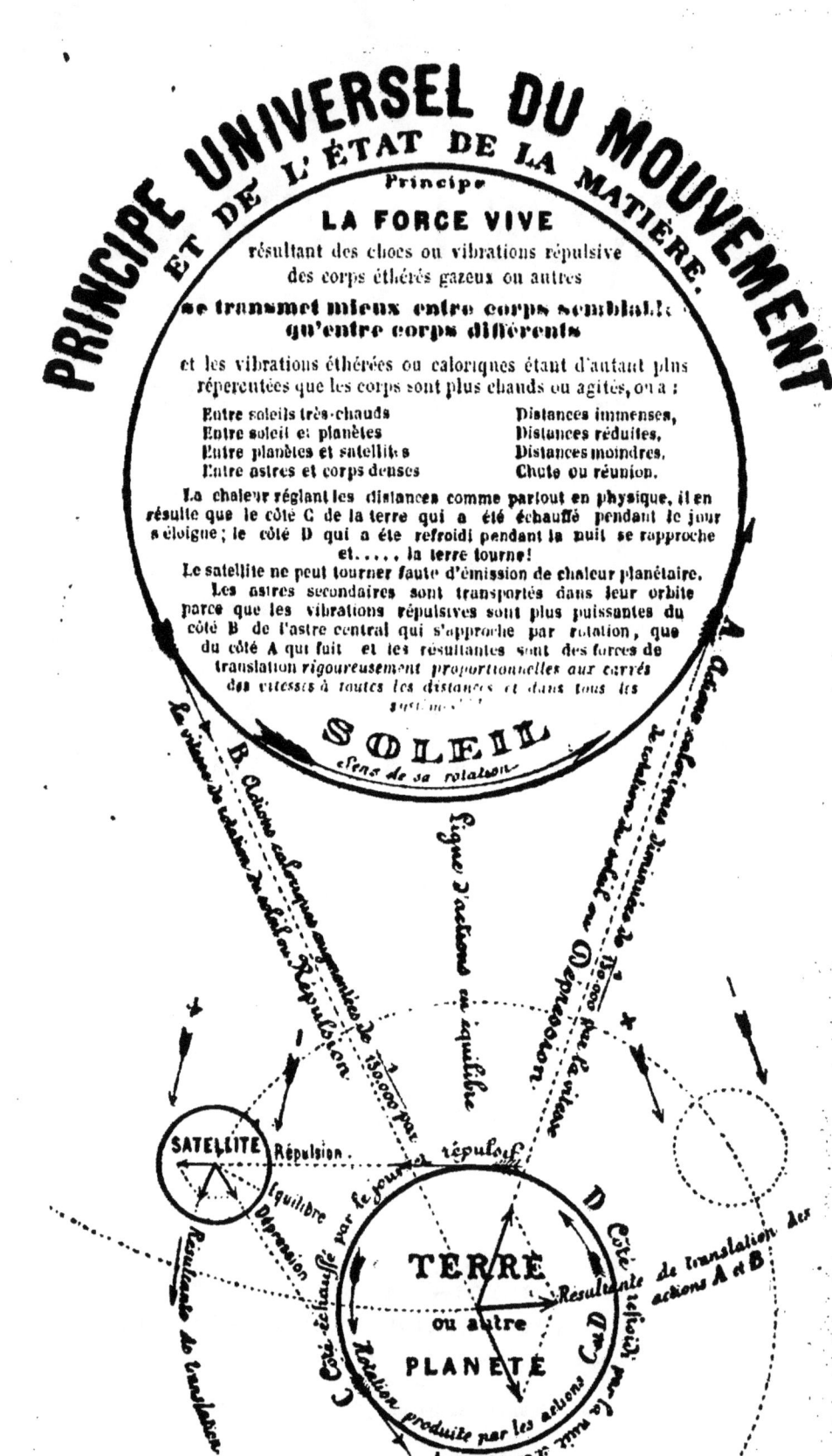

E PUR SI MUOVE!!!
Et pourtant elle tourne! (Galilée)

CAUSE EXPÉRIMENTALE DE LA ROTATION DES ASTRES !

INCIDENT ACADÉMIQUE ET JUSTIFICATION DE NOTRE PRINCIPE

Post-scriptum. — Les expériences et l'appareil que le physicien anglais, M. Crookes, vient d'établir selon notre principe, confirment expérimentalement la cause de rotation des astres qu'a fait connaître notre *Principe universel du mouvement* aussi démontré par l'expérience et une infinité de faits. Le froid et la chaleur, ou mieux les différences de vibrations, produisent des mouvements d'ensemble inverses même à travers l'éther, comme nous l'avons démontré. Néanmoins nos grands tableaux et nos publications du *Principe universel du mouvement*, qui avaient été admis dans la section du ministre de l'instruction publique à l'exposition universelle de 1867, furent enlevés de force par suite d'instances académiques — *E pur si muove!* — Depuis longtemps, nos Académies des sciences *constituées sous l'influence des préjugés*, agissent aussi selon ces vues erronées qui sont le fléau de l'humanité. Erreur que notre principe nous permet aujourd'hui de constater d'une manière certaine. Mais nos doctes corps voudront-ils bien convenir directement de leur erreur ? Non ; dans ce moment on cherche des biais, des palliatifs. Mais la science marche ; elle avance de toute part vers notre principe. Le radioscope de M. Crookes qui se répand, contredit aussi nettement le système de Newton, qu'il justifie le nôtre. En voyant cela, l'Académie tergiverse, elle insère dans un seul numéro des *Comptes rendus*, 29 mars 1876, jusqu'à trois articles peu divergents ou contradictoires sur ce sujet, pour avoir l'air d'admettre le pour et le contre. Lorsque je réclame ou que je donne des détails précis, les *Comptes rendus* gardent le silence complet! Se donner un air d'impartialité suffit. On n'enregistre même pas, selon l'usage, le titre de mes mémoires ; en retour, j'en retrouve bientôt les faits principaux dans d'autres mémoires : de M. Ledieu, membre de ce corps, par exemple. Il appelle cela « sa théorie », qu'il fait remonter au deuxième semestre de 1873 des *Comptes rendus*. Or, il y nie exactement la répulsion calorique et lumineuse qu'il accepte aujourd'hui (t. LXXXII, p. 1296), ce qui est diamétralement le contraire. Alors il se retranchait sur les corps pesants qui semblent donner

d. l'attraction. Mais je ne réclame pas tout, tant s'en faut ; lorsque l'Académie s'empare de mes travaux comme d'autres encore, c'est aussi pour les envelopper dans de fausses interprétations, *c'est pour mettre la lumière sous le boisseau* ¹ avec l'auteur, si c'est possible. Notre philosophie s'est imaginé, il a longtemps, que, si elle n'avait pas fait subir ses maquillages aux lois naturelles qu'elle avait mal comprises, tout était perdu. Les disciples de Loyola sont certainement les plus exagérés, mais on s'en défie ; tandis que l'Académie, qui subit ces préjugés et qu'on croit sincèrement scientifique, produit les plus regrettables confusions.

C'est contre ce système qui égare ses partisans et trompe le progrès, erreur déplorable pour la science et pour le dogme, que nous protestons de toutes nos forces. Et, grâce à la découverte d'une loi très-importante, ceux qui voudront bien nous suivre dans ce volume, ne tarderont pas à être convaincus du malheureux résultat scientifique et philosophique de ce système.

L'appareil que M. Crookes appelle *radiomètre* et que par ses fonctions il faut appeler *radioscope*, nous allons voir pourquoi, consiste en un tourniquet à quatre ailes dans le plan de l'axe et en croix dans un globe de verre vide d'air ; chaque aile ayant une face noire et une face polie, de manière que chaque genre s'offre dans le même sens en tournant. Aussitôt qu'on l'expose à la lumière même diffuse ou artificielle, il tourne selon les différences d'action de notre principe, c'est-à-dire en raison même de la similitude ou des différences de vibrations qui agissent sur ses faces. Les faces noires absorbent, condensent et transforment les vibrations éthérées en vibrations caloriques plus lentes et plus graduées qui transmettent mieux les vibrations rapides de l'éther aux vibrations lentes des ailes solides, ce qui les repousse davantage. Les faces polies qui réfléchissent la lumière, au lieu de la condenser, offrent des différences de vibration beaucoup plus grandes avec celles de l'éther ; elles sont donc moins repoussées et s'avancent contre la lumière par cela seul que les faces noires sont plus repoussées.

D'abord le nom de *radiomètre* que lui attribue M. Crookes n'est pas exact, parce que la mesure des radiations change selon la nature des ailettes et que le verre absorbe et transforme davantage les vibrations caloriques, en réfléchit d'autres, etc. En adoptant des natures d'ailettes et d'appareils bien déterminés, on ne mesurera encore que la différence des vibrations relatives à cet instrument. Elles donneront la rotation dans un sens ou dans l'autre, selon que le mode de vibrations plus aigu ou plus lent aura plus d'action sur telles faces et dans le milieu.

Ensuite, parmi les expérimentateurs, les uns ne voient que la puissance vibratoire agissant sur place, les autres ne voient que les impulsions rayonnantes chassant devant elles les ailettes du radioscope. Or, notre principe nous dit encore que les vibrations sur place ont une force immense qui agit par pression de milieu. Mais l'action des matières ou des milieux différents détermine aussi des déplacements de matière, aussi bien dans les espaces célestes que dans les espaces intermoléculaires. Seulement ils sont relativement faibles, puisqu'ils ne résultent que de troubles relativement faibles de l'équilibre des actions vibratoires. La chute des corps denses sur le soleil a pour contre-partie une émission éthérée ou calorique. Sur la terre, les émissions et déplacements du jour et de la nuit sont inverses, comme ceux électriques, caloriques, etc. Dès lors, l'action vibratoire et l'action translative combinent leurs effets.

Les mouvements résultent donc et de la transformation de vibrations qui s'opèrent contre les faces des ailettes (voy. § 4), selon qu'elles sont plus ou moins absorbantes, et du rayonnement direct ; ces résultats sont prouvés par les faits suivans : 1° la vitesse de rotation est plus grande en éclairant seulement les faces noires, ce qui montre que le concours de la répulsion directe sur les faces polies retarde le mouvement ; 2° nous voyons, p. 48, que les corps qui absorbent et condensent les vibrations rapides agissent inversement pour les vibrations lentes, et vice versa ; il en est de même pour les réflexions. Donc les vibrations lentes extra-caloriques, produiront une rotation inverse de celle des vibrations lumineuses ou rapides ; l'expérience montre en effet ce résultat : 3° en conséquence, la rotation diminue en employant des vibrations caloriques qui ne peuvent plus être aussi exclusivement transformées par les faces noires. En baignant l'instrument dans l'eau qu'on chauffe vers 60 degrés environ selon la nature des ailettes, la rotation cesse parce que les vibrations lentes devenant plus nombreuses se condensent moins sur les faces noires et plus sur les faces polies qui sont alors mieux repoussées. Le même résultat est obtenu sur des disques de moelle noire et blanche, par la chaleur de la main, par de la vapeur interne, par la chaleur du cuivre chauffé jusqu'à 250 degrés ; 4° mais si l'on chauffe au-delà de 250 degrés, la rotation recommence en chassant les faces noires, parce qu'alors les vibrations deviennent plus lumineuses ou plus rapides et que leur transformation par les faces noires augmente leur action relative ; 5° pendant un refroidissement vif, les vibrations caloriques *étant les moins répercutées extérieurement*, la rotation devient inverse ; 6° lorsque la différence d'état des faces du radioscope ne dépend pas des lumières, elles peuvent être disposées tout autour sans empêcher leurs actions inégales sur ces faces. Mais un morceau de sureau *uniforme* suspendu, comme l'a fait M. Crookes, en recevant *une vive lumière*, perd son équilibre et tourne aussi (*comme la terre devant le soleil*) ; 7° avec des faces noires et polies, ces dernières s'avancent contre la lumière parce qu'elles sont moins repoussées que les faces noires par la tension vibratoire du milieu, qui est plus puissante que la répulsion directe ; 8° la répulsion étant donnée avec un verre blanc, elle diminue en changeant les écrans en verre de couleur aussi bien en allant aux vibrations plus lentes du rouge que par celles plus rapides vers le violet. Une radiation très-vive donnera donc la décroissance du violet au rouge et une lente du rouge au violet. Ces faits justifient notre principe tout entier et ne s'expliquent que par lui. A l'Académie on dit que les faces brillantes sont attirées, voilà des gens bien éclairés. *Ils ne veulent pas voir que :* 9° avec des faces toutes polies, c'est celle éclairée qui fuit en raison de l'excès de force impulsive qu'elle reçoit et que si la matière s'y prête peu ou que des réflexions atténuent l'effet, il suffit de concentrer la lumière à sa surface avec une lentille pour qu'elle fuie. N'accusons pas ce corps de naïvetés, notons encore ici : l'Académie en quête d'une interprétation fausse. Mais rien ne détruira ces faits indubitables : *les mêmes rayons lumineux s'exerçant de même à travers l'éther, sur des faces qui* LES TRANSFORMENT INÉGALEMENT *ou par* CHALEUR *et* FROID *produisent des mouvements inverses!! et de rotation!!! etc., au ciel et sur terre.*

Ne nous étonnons pas d'entendre dire qu'une expérience vaut mieux que toutes les théories (fausses), je le crois bien. Mais la seule théorie vraie pénètre dans les profondeurs de l'espace et dans les phénomènes intermoléculaires comme dans les faits matériels, source du bien-être. Elle fait de l'homme un génie et de Dieu un sublime organisateur. Vos lois fausses font de la nature un fouillis indescriptible et de l'homme un être aveugle empêtré dans ses trames et souffrant dans le marasme.

Ainsi s'exprime le journal L'Extrême Droite, *de Nîmes, du 11 juin 1876, opinion que nous ne devons pas aux sentiments de parti, nous qui ne sommes que de celui du bien-être général, matériel et moral :*

« Dans son opuscule *le Progrès et ses Entraves*, M. P. Trémaux
« raconte avec indignation les persécutions de toute nature qu'on
« a fait subir à ses importants travaux. Tant mieux : rien ne
« prouve plus solidement que l'auteur a fait de magnifiques dé-
« couvertes. On laisse passer les sottises, on ne s'acharne que
« contre les grandes vérités. Malgré quelques paroles doctrinales
« dont nous n'approuvons pas la portée philosophique, nous ne sau-
« rions trop engager à étudier M. P. Trémaux. *C'est le rénova-
« teur de l'astronomie !* »

Singulière conséquence du système d'obscurantisme : *combattre le bien, l'utile !*....... Après ce résultat inespéré : Le *Principe universel* et ses *conséquences inattendues*, j'en suis réduit à ce trop court résumé que l'on entrave encore; notre philosophie *veut rester infaillible !* il ne m'a pas été permis de faire une édition de librairie. Le gouvernement lui-même devrait en prendre l'initiative, surtout lorsque ces découvertes sont la base de grandes réformes dans l'instruction publique. Mais aujourd'hui ceux qui ont le plus lutté contre ces recherches, s'en attribuent le mérite en étouffant jusqu'à mon nom ! Ma part est bientôt faite : Souffrir!

OUVRAGES DU MÊME AUTEUR

PUBLIÉS AVEC ENCOURAGEMENTS DU GOUVERNEMENT

Voyages au Soudan oriental et dans l'Afrique septentrionale, comprenant 61 planches in-folio (2ᵉ *tirage*).

Parallèle des édifices anciens et modernes du continent africain, comprenant 82 planches in-folio (2ᵉ *tirage*).

Exploration archéologique en Asie Mineure, parus : 92 planches in-folio, 10 grands plans de cités antiques et texte explicatif.

Egypte et Ethiopie, in-8°, deuxième édition.

Le Soudan, in-8°, deuxième édition.

Science et Philosophie.

Origine et transformations de l'homme et des autres êtres. — Librairie Hachette, in-12 (*très-promptement épuisé en 1865; pas d'autre édition*).

Principe universel du mouvement et des actions de la matière. — Application a la matière comme a la vie, troisième édition, avec les solutions par la même loi, dans toutes les branches de la science.

LE PROGRÈS ET SES ENTRAVES

Introduction à la troisième édition du

PRINCIPE UNIVERSEL DU MOUVEMENT [1]

Le livre *Principe universel du mouvement* a non-seulement pour but de faire connaître et de développer la plus grande, la plus féconde des lois dont puisse jouir l'humanité ; mais aussi de montrer combien notre philosophie est dans l'erreur, en étouffant la science par des hypothèses fausses, sous prétexte qu'elle conduirait au matérialisme.

Cette erreur fatale est le fléau de l'humanité ; elle est la source de la lutte entre ceux qui ne comprennent pas qu'on entrave la science, au grand préjudice du bien-être social, et ceux qui croient tout sauver en semant l'ignorance et les hypothèses, qui, selon eux, doivent protéger l'humanité contre le matérialisme. Les premiers veulent la science et la lumière qui donnent le bien-être, les seconds veulent le contraire, ou au moins les plus grandes réserves et la participation exclusive de leurs initiés aux affaires publiques. Ces discordes font la principale cause des révolutions, des coups d'État, des malheurs incalculables que crée la lutte.

Combien donc serait importante une découverte qui viendrait dire aux hommes : Vivez en paix ; la science et le bien-être, le dogme et la morale ne sont point en lutte, mais ont chacun leur part distincte dans les lois de la nature ! Eh bien, cela existe, cela est certain ; mais que de difficultés pour vaincre les préjugés, les entraves et surtout les hommes qui redoutent de troubler la sérénité de leurs vieilles idées et une position faite dans ces conditions !

Depuis Salomon de Caus, la science officielle connaît le principe de la répulsion de la vapeur, et par suite celui de la répulsion éthérée universelle qui n'est qu'une extension de ce même principe, qu'on désigne sous le nom de force vive. Mais comme on ne pouvait en préciser toutes les conséquences sans connaître la

---

[1] Par P. Trémaux, ✵✵. Paris, rue Vernier, 21. Vol. in-12 avec figures. Envoi *franco*, 2 francs.

loi de la transmission de cette force, on a cru qu'elle devait conduire au matérialisme, et l'on a jugé à propos de dissimuler la réalité sous une forme négative d'attraction universelle, afin d'entraver la science, croyant ainsi éviter ces conséquences préjugées.

« C'était apparemment beau, dit *le Propagateur de la Méditer-*
« *ranée,* juin 1873 ; puis *l'Explorateur,* publié par délégation de
« la Société de géographie et des chambres syndicales de Paris,
« 29 juillet ; mais la cause de cette attraction, le pourquoi ?
« Mystère. M. Trémaux a déchiré le voile d'Isis. Il suffit, pour s'en
« convaincre, de jeter un rapide coup d'œil sur les lois par lui
« énoncées et dont il a trouvé partout la justification.

« 1° Les chocs ou vibrations des corps ne peuvent produire que
« de la pression ou une répulsion universelle, dans l'éther comme
« ailleurs.

« 2° Les corps se transmettent d'autant mieux cette force vive
« de répulsion qu'ils sont plus *semblables* et d'autant moins qu'ils
« sont plus *différents*. Les corps *différents* qui se transmettent
« insuffisamment cette force sont comprimés, comme *s'ils s'atti-*
« *raient*, et équilibrés par les pressions des milieux fluides.

« De là cette loi importante qui les résume admirablement: *Les*
« *corps* SE REPOUSSENT *en raison de leur* SIMILITUDE, *et, relative-*
« *ment,* S'ATTIRENT *en raison de leur* DIFFÉRENCE.

« En effet, peut-on soutenir que toute espèce de choc ne donne
« pas de la répulsion ? Ce serait se refuser à l'évidence. Faites
« choquer deux billes entre elles; examinez les vibrations des
« fluides telles que celles des gaz et des vapeurs dans nos ma-
« chines, et vous serez contraint d'admettre comme incontestable
« conséquence que le fluide éthéré, qui subit des centaines de
« millions de vibrations par seconde, ne peut produire qu'une
« immense répulsion.

« D'un autre côté, vous ne tarderez pas à vous convaincre que
« les vibrations indiquées d'un même élément sont si facilement
« transmises entre elles, qu'elles apportent les vibrations lumi-
« neuses d'étoiles excessivement éloignées, sans qu'elles traver-
« sent les corps solides ni qu'elles se rendent sensibles à nos
« organes très-*différents* ou d'une densité autre que celle de
« l'éther. Mais, par contre, nous ne pouvons que sentir d'une
« manière bien accentuée la vitesse ou la répulsion d'un autre
« corps d'une densité à peu près *semblable* à la nôtre. »

Le Constitutionnel du 18 avril dit de son côté : « Ce principe embrasse, par analyse et synthèse, l'esprit et la matière, les mondes et l'homme, la physiologie et la morale ; il touche même à l'économie politique ; et ce vaste cercle se circonscrit dans 174 pages ! C'est (par suite d'entraves) un des plus prodigieux efforts de concentration... C'est l'intelligence qui parle... et la simplicité des preuves accumulées par le novateur est frappante. » Comme preuve, il les cite à ses lecteurs : « Depuis les billes qui se choquent entre elles sur le drap vert du billard ou qui sont repoussées par la rencontre des bandes, jusqu'aux machines à vapeur dont la puissance naît de la pression ou de la répulsion des fluides, le coin, le levier, l'engrenage, ne sont que des modes de pression. Le cheval même, qui semble tirer, ne fait que s'appuyer sur son collier pour agir sur des corps dont la solidité procède de la même cause.

« L'exemple tiré de la machine à vapeur doit être particulièrement cité : Lorsque l'agitation moléculaire, dit l'auteur, domine dans le récipient, considéré dans sa plus simple expression et placé horizontalement pour éviter l'objection de la pesanteur, elle repousse le piston à l'extérieur ; puis, lorsque cette répulsion diminue assez, c'est la pression extérieure, seul et unique effort que l'atmosphère puisse exercer, qui refoule le piston dans l'intérieur ; alors il se rapproche comme s'il était attiré, par cela seul que la répulsion intérieure est plus faible.

« M. Trémaux s'empare ensuite de la pomme qui a servi de point de départ au système de Newton. Lorsqu'on nous dit, objecte-t-on, que la pomme tombe sur le sol comme si elle était attirée par lui, que deux astres s'infléchissent, en passant, l'un vers l'autre, par une action attractive de ce milieu sidéral qui ne peut que repousser, il y a un énorme contre-sens. Si cette pomme était au milieu d'un espace sidéral, uniforme, libre, elle recevrait également de toute part les vibrations éthérées qui la laisseraient en équilibre entre des pressions égales. Mais si elle n'est qu'à quelques mètres au-dessus de la surface de la terre, elle reçoit encore également, de tous les côtés où le ciel est libre, la pression des vibrations éthérées ; du côté de la terre, les vibrations se trouvant atténuées et, par suite, ne pouvant plus faire équilibre aux vibrations qui viennent de tous les autres côtés avec toute leur puissance, la pomme tombe vers la terre où la répulsion est moins forte. »

La loi des transmissions de force vive se résume ainsi : *La force vive se transmet mieux ou subitement entre corps semblables ; elle se transmet moins bien ou partiellement et successivement entre corps différents.*

La loi des transmissions de force ne changeant pas avec l'échelle des corps, qu'ils soient tangibles ou non, il est facile de vérifier expérimentalement cette loi universelle au moyen des chocs des billes élastiques semblables ou différentes, au moyen des appareils de nos cabinets de physique ou autrement, ainsi que nous l'avons exposé au § 2 du *Principe universel du mouvement*.

En présence de faits précis, vérifiés de toute part, à l'appui de cette loi, ce que l'Académie ne peut invoquer à l'appui de ses fausses hypothèses, elle n'a qu'un moyen de résister, c'est le silence, les faux-fuyants, l'injustice, ou bien de chercher à justifier la nécessité de son système d'obscurantisme, né aux époques d'ignorance, ce qu'il lui est impossible de faire, on va en juger.

Aujourd'hui encore l'Académie des sciences n'ose avouer ses erreurs, et pour motiver ses fausses préventions, c'est d'un légume, de la laitue, qu'elle tire ses lois psychiques et morales ! On pourrait croire que j'exagère, pas du tout. Voyez les *Comptes rendus* des séances de l'Académie des sciences, t. LXXXI, p. 520 et suivantes, intitulées: *Variations désordonnées des plantes hybrides et déductions qu'on peut en tirer*. A la suite de descriptions d'hybrides de laitues, on lit ces déductions : « Mais d'où vient « l'hérédité? Pour répondre à cette question, il faut remonter « aux lois mêmes qui régissent le mouvement » (loi dont l'Académie n'avait jamais connu le mode d'action exact avant ma découverte, dont elle cherche à se gratifier ; cette ignorance surtout était cause de ses erreurs). « Le mouvement est toujours le pas-« sage d'un équilibre à un autre, et toujours aussi il se fait dans « le sens de la *moindre résistance*. » (Remarquons encore ici que l'Académie entend bien parler de la *moindre pression ou répulsion*, et non d'attraction, car, dans ce cas, il aurait fallu dire que le mouvement se fait toujours dans le sens de la *plus forte attraction*.) « Il en résulte qu'une fois qu'il a commencé à suivre une « certaine direction, il tend à y persévérer, parce qu'il élargit sa « voie et aplanit de plus en plus les obstacles. Dans l'ordre phy-« siologique, dans l'ordre *psychique et moral lui-même*, nous re-« trouvons l'application de cette loi du mouvement... La repro-« duction des êtres organisés, comme *toutes leurs autres fonctions*, « est intimement liée à des mouvements moléculaires, et *puisque* « *ces mouvements ne peuvent échapper à la loi de la moindre* « *résistance*, ils doivent, pour chaque espèce, suivre des directions « déterminées. »

Nous voilà donc de par l'Académie livrés à la fatalité seule, qui fait de la morale une machine, de la justice l'injustice, de la fatalité la règle universelle ; mais ne croyez pas qu'elle veuille propager ces idées dans le public, elle tient seulement à justifier la nécessité de son vieux système d'obscurantisme et de fausse science. Dès lors comment s'étonner de voir le monde philosophique, qui dans cette voie sombre ne déborde pas toujours de science pure, tomber à bras raccourcis sur cette pauvre science, comme naguère M. le duc de Broglie devant les collégiens d'Evreux?

De son côté, le journal *les Mondes*, qui est le représentant scientifique des réticences religieuses, est si bien convaincu que la loi du mouvement doit tout expliquer, et qu'il faut l'étouffer pour ne pas arriver au matérialisme, qu'il me prête juste l'idée que je combats. On y lit (15 juil. 1875) : « M. Trémaux fait une grave « erreur lorsqu'il affirme que sa découverte montre que la science « vraie est la seule base sûre pour le dogme comme pour le bien-« être social. Ce que l'auteur peut avoir découvert, c'est un *principe universel du mouvement* ; selon lui, le dogme ne serait « qu'une loi de mouvement. »

Non, non, le principe du mouvement n'explique pas tout ; si vous l'aviez découvert et appliqué, vous en seriez convaincus. Son action est universelle, mais elle n'agit pas seule dans les êtres organisés. D'abord, lorsque vous dites que le mouvement élargit sa voie, cela ne suffit pas à expliquer le perfectionnement matériel de l'espèce, puisque l'élargissement de voie est le plus souvent une cause morbide ou de caducité. Il faut encore admettre divers ordres de faits, autres que le principe du mouvement ; c'est d'abord que l'être qui se trouve le mieux adapté aux conditions de vie a le plus de chance de reproduire sa descendance. Ensuite, il faut encore admettre un autre ordre de faits plus étonnants : c'est que toutes ces qualités puissent se transmettre par un germe souvent imperceptible dont la matière amorphe ne montre aucune trace d'organisation, même à l'aide des plus puissants microscopes.

Il y a donc déjà là, en outre du principe du mouvement, l'intervention de deux ordres de faits qui défient les expériences : l'un parce qu'il est le cumul d'une infinité de générations qui remontent aux âges les plus reculés ; l'autre parce qu'il appartient à des éléments non tangibles dont la prodigieuse ténuité surpasse infiniment les facultés de nos organes et la puissance de nos instruments. Ainsi, avec le concours de ces ordres de faits suffisamment appréciables, nous constatons que les voies suivies par la moindre résistance ne sont déjà plus fatales ou indéterminées, mais *choisies* par l'expérience des siècles et choisies avec une perfection qui défie l'art humain. Vous voyez bien, messieurs les philosophes, que, même pour des choses purement matérielles, l'œuvre divine n'est pas aussi aveugle que vous l'aviez pensé!...

Mais ce n'est pas tout : lorsqu'on remonte au règne animal seul, on rencontre, en outre, le principe de l'intelligence et de la volonté, des instincts et de l'âme. Ici ce n'est pas seulement le mode d'action qui est insaisissable, c'est aussi le résultat même qui est en contradiction absolue avec le principe du mouvement et de la force fatale. Pour en acquérir la conviction, j'invite l'Académie et les philosophes religieux ou matérialistes à une expérience facile : à venir observer un régiment qui va manœuvrer à l'ordre de son commandant. Au commandement de : En avant ! Gauche ! Droite ! etc., chaque soldat va partir du pied gauche ou du pied droit, faire ceci et cela, et certes on ne dira pas que c'est le hasard ou la fatalité qui fait que la moindre résistance soit rencontrée dans chaque homme de telle sorte que tous ces ordres imprévus s'exécutent ponctuellement au même moment et malgré les dispositions diverses de chaque individu. On ne peut donc pas se prévaloir de la seule conséquence d'un enchaînement de forces intérieures pour chacun des individus ; ils présentent certainement des conséquences diverses et ne pourraient se rencontrer en même temps. D'ailleurs, chaque soldat exécute l'ordre d'un autre et n'obéit pas aux dispositions spéciales qu'il peut avoir.

L'esprit, l'intelligence, l'âme de chaque homme a donc, de la manière la plus indubitable, la faculté de disposer de la moindre résistance qui détermine le mouvement, et qui, dès lors, n'est pas une fatalité lorsqu'il s'agit des facultés volontaires. Tous les raisonnements mathématiques et de lois de mouvements sont obligés de s'incliner devant ce simple fait. Voilà certainement le plus merveilleux des miracles, miracle indubitable qui défie toute la science positive et auquel nos philosophes feraient bien de ne pas substituer, les uns de vagues présomptions de leur esprit qui sont en désaccord avec les faits, les autres mille absurdités qui ne résistent pas même à un médiocre examen.

Ainsi, pour peu que nos philosophes veuillent bien ouvrir les yeux, ils verront que les phénomènes ne répondent pas à la seule loi du mouvement, mais que divers ordres de faits spéciaux interviennent avec cette loi ainsi qu'il suit :

1° Dans la matière inorganique règne surtout la force fatale.

2° Dans les règnes animal et végétal, la force fatale combine son action avec une influence héréditaire dont l'action tient à un état de choses insaisissable et qui remonte aux générations les plus reculées.

3° Dans le règne animal seul, ces divers ordres de faits combinent leur action avec le principe de la volonté, bien autrement remarquable, qui intervient dans les principaux phénomènes de la vie et qui permet d'aller ici ou là, de faire ceci ou cela.

Voilà donc divers ordres de faits qui interviennent avec le principe du mouvement dans les êtres organisés ; divers ordres de faits insaisissables dans leurs éléments, mais dont l'expérience accuse les résultats sous certaines formes. Or, l'un d'eux donne des faits en opposition complète avec le principe fatal du mouvement, faits qui dépassent tout ce que la puissance humaine peut concevoir. Dès lors, étouffer le principe du mouvement, qui ne s'applique seul qu'aux choses de la plus grande-utilité pour le bien-être social, serait la plus grande méprise que l'on puisse commettre!

Les gouvernements ont toujours recherché l'ignorance du public pour augmenter leurs pouvoirs et priviléges. — Cela est dans la nature humaine. — Ils n'avaient pas l'idée des immenses progrès que la science peut accomplir et dont ils privaient l'humanité tout entière ; ils n'obtenaient que le privilége dans la misère et la discorde. Si c'est la question de morale et de bien-être général que vous poursuivez, vous l'aurez par ce principe. Mais, hélas, si c'est la question d'égoïsme, que faire devant l'immense organisation de l'obscurantisme qui a tant de moyens d'entraver un livre, que d'ailleurs elle noie sous les innombrables publications du système qui continue indéfiniment son œuvre, alors que l'auteur et le livre poursuivi disparaissent bientôt?

Malgré l'influence de mon principe sur les récentes découvertes, malgré les nombreux comités secrets tenus par l'Académie des sciences pour discuter ce principe, et qui m'ont fait dire par l'un de ses membres, avec une expression qui révèle toute l'étendue de l'incertitude académique : « *Ah! vous nous en donnez du fil à retordre!* » la majorité n'a encore pu renoncer à ses vieilles idées.

Pour arriver à un résultat vraiment scientifique, l'Académie se perpétue trop entre membres qui n'y sont admis qu'à la condition d'en épouser le système ou qui, comme M. d'A..., ont été élus non-seulement pour avoir cru découvrir les sources du Nil dans... les montagnes de la lune, mais surtout parce qu'en cherchant la lumière dans les plus profondes caves de son château des Pyrénées, il entendit au milieu des trépidations du sol la voix de ses ancêtres lui souffler ces paroles à l'oreille : « Mon fils, n'oublie jamais que dans l'intérêt de notre cause, que tu connais, le soleil de la science doit être aussi brillant que celui de ces profonds et noirs caveaux, et garde-toi de toucher à l'opacité des lunettes de fer-blanc que notre philosophie a taillées à l'usage de cette science qui n'a jamais su justifier ni nos conceptions, ni notre supériorité, ni nos priviléges. »

Fidèle à cette aveugle consigne, en 1875, pendant la réunion du congrès des sciences géographiques au palais des Tuileries, M. d'A... me fit l'honneur de me signaler au président étranger du 2ᵉ groupe, en lui disant (traduction libre, mais suffisante) : « Voyez ce satan chaussé de bottes rouges qui prétend éclairer « le monde de la torche qu'il tient à la main (*le Principe universel* « *du mouvement*). Ce n'est que la torche incendiaire de nos in- « comparables principes du moyen âge ; gardez-vous de lui donner « la parole. Il a osé inscrire en tête de son exposition et en « grandes lettres de feu :

« LA SCIENCE VRAIE, C'EST LA RICHESSE ET LA PAIX ! »

En effet, j'eus mille peines d'avoir la parole, et ce n'est qu'en prenant l'assemblée à témoin que je pus l'obtenir. Mais lorsqu'elle vit que dans son seul programme j'avais fait connaître la cause des *marées diurnes* et *semi-diurnes*, et non pas seulement celle de *marées semi-diurnes*, comme le prétend le principe de Newton, et que le rapport de M. Héraud, ingénieur hydrographe de la marine, eut fait connaître les documents du ministère de la marine, qui confirmaient mon principe ; quand l'assemblée eut nommé une commission internationale dans le but d'instituer des marégraphes dans diverses parties du monde pour développer ces résultats; quand j'eus fait connaître la cause et le sens des courants d'air, des trombes et des cyclones que l'on discutait sans résultat à l'Académie des sciences; quand j'eus exposé les causes principales des vents, pourquoi les indications du thermomètre précèdent celles du baromètre, et beaucoup d'autres faits en dehors des mille solutions de mon livre, à l'opposition avait succédé un vif intérêt. L'assemblée m'avait prêté la plus sérieuse attention, et le président, étonné de la généralité et du haut degré d'utilité de ce principe, proposa lui-même à l'assemblée de me désigner pour en faire le sujet d'une lecture en séance publique générale, ce qui fut adopté sans aucune opposition, pas même celle de M. d'A..., qui avait disparu.

Je rentrai chez moi joyeux, annonçant enfin le succès depuis si longtemps attendu ! et surtout obtenu devant une assemblée composée de savants français et étrangers des plus distingués.

Hélas ! ce résultat devait bientôt rencontrer de nouvelles entraves ; le bureau des séances publiques renfermait plus d'un d'A..., plus d'un de Q... (l'Académie s'introduit partout avec ses vieux préjugés), et ils firent si bien, que le moment de la clôture arriva sans que la parole m'eût été donnée. Bien plus, l'amiral de

L..., rapporteur du 2ᵉ groupe, avait lu son procès-verbal en séance publique, en retranchant absolument tout ce qui me concernait !

Puis, non-seulement leur liste d'élus ne fit *aucune mention* de mes travaux; mais le président de Q... déclara avec affectation et à plusieurs reprises que, « *pour ne rien omettre qui ait quelque mérite*, ils avaient recherché partout avec soin, même en dehors de l'exposition, *tout ce qui pouvait avoir quelque valeur.* » D'où cette conclusion tacite : ma grande découverte qui met en évidence les bévues philosophiques et scientifiques, et qui donne « *tant de fil à retordre* » à l'Académie, n'est pas digne d'attention. Pourquoi donc alors s'en occuper plus que jamais et me spolier ? Malgré ces tristes prévoyances, on n'a pas remarqué que, mes travaux ayant été pillés et spoliés par les *Comptes rendus* académiques, comme par d'autres, cela constituait la plus haute approbation que des savants puissent donner ! Dès lors, pour lutter contre cette inique conspiration du silence, qui, dans ce cas, protégeait le vol, je me vis obligé de faire afficher la spoliation académique dans mon exposition.

Alors, grand émoi, conciliabule ; et l'on s'arrêta à ce joli plan : Deux commissaires de l'exposition, un officier de police et un entourage de sergents de ville vinrent pour enlever de force l'indiscrète affiche. Mais je ne me laissai pas intimider par cela. L'officier de police doit intervenir lorsqu'il y a flagrant délit, et je montrai, pièces en mains, que le flagrant délit était pour le fait académique. Plus il y avait de témoins, mieux cela faisait mon affaire, et mon affiche demeura à sa place avec des notices imprimées mises à la disposition des visiteurs et constatant la spoliation académique.

Les représentants de la presse scientifique savent qu'ils ne doivent mettre en lumière ou discuter que les choses que l'Académie accueille comme non contraires aux idées reçues. On discute fort l'opposition simulée ou dévoyée ; le silence est réservé pour le fait vrai que la discussion ne ferait que mettre en lumière. Il en résulte que la conspiration du silence n'a besoin d'aucune bonne raison. Comme une pieuvre à tête multiple et aux innombrables bras, elle étouffe simplement ce qui n'est pas conforme aux anciens préjugés. Avec cette déplorable facilité, les erreurs académiques n'ont aucun contre poids, et le premier malheur de ce système est d'étouffer la lumière qui pourrait nous délivrer de ses erreurs philosophiques nées de l'antique ignorance.

Du moment où la conspiration du silence n'a besoin d'aucune bonne raison, que lui importait que mon exposition fût plus importante que celles de divers États, et plus remarquée que celles de la généralité de ses élus ? qu'elle renfermât des documents de toute nature, plus de cinq cents lieues carrées de pays inconnus de la Nigritie, relevés avec triangulations, de vastes explorations, et diverses publications très-importantes? Elle oubliait également qu'avant de devenir le souffre-douleur de la science pour avoir fait une trop grande découverte, mes travaux m'avaient valu, chose des plus rares : deux décorations en un seul jour (Instruction publique et Beaux-Arts) ; dix médailles, dont celles d'or et d'argent de l'Institut et de la Société de géographie ; plusieurs rapports très-favorables de l'Académie des sciences elle-même, et deux grands volumes de 700 pages d'articles de journaux et de revues sur mes travaux, recueillis dans un cabinet de lecture avant la conspiration du silence, et exposés pour montrer la différence des systèmes. Mais, pour mieux étouffer jusqu'à mon nom, tout cela ne valait plus rien, rien à leurs yeux, depuis que j'y avais ajouté la plus importante des découvertes !

Ainsi, les meneurs académiques se condamnaient eux-mêmes et montraient que le mérite n'était pas leur guide. Mais qui s'en aperçoit ? Bien peu de monde ; et le public s'imagine qu'il n'y a que les disciples de Loyola qui pratiquent ainsi la science, et demande simplement l'enseignement laïque, sans se douter de la cause du mal. A la Chambre même, les hommes de progrès ne voient pas cette situation, et le préjugé se propage librement, protégé par cette ignorance.

Pour jeter de la poudre aux yeux, on n'oublie pas même les petits moyens. Près de mon tableau astronomique appliqué aux marées et aux courants marins, on avait placé, sans rapport avec cette exposition, un grimoire aussi incompréhensible que peu remarqué, prétendant faire revivre le système du monde de la Bible et de Josué, gouvernant le soleil à la baguette : ce travail était signé : *Asinus* (sic), et aurait dû être signé *Asini*, en raison des participants à sa mise en scène. Puis le président de Q..., passant avec des personnes qui regardaient mon travail, se retournait en les interrompant et en disant : « Voici un système, en voici un autre ; cela se vaut ; passons. » Prenez garde, messieurs les juges : confondre la force calorique avec la baguette de Josué, ce n'est pas juger, c'est ... *le coup de pied de l'âne.*

Rien ne manque à la comédie philosophique, et j'abrége.

Depuis qu'on ne brûle plus les hommes de progrès, et qu'on veut avoir l'air de soutenir la science, il en est nécessairement résulté un système de fausse situation qui s'étend au grand préjudice de la morale. J'ai eu à subir des difficultés pour mes publications, pour mes souscriptions, pour de sérieux intérêts, etc. L'Académie dit qu'elle n'est pas libre et n'est que la bête de somme du système; en effet, Belzébuth seul pourrait en démêler tous les fils (1). Mais à qui mieux qu'à elle faudrait-il s'adresser ? Puis, mon principe ayant trouvé de sympathiques partisans dans les corps savants les plus considérables, même en haut lieu et à l'étranger, cela me consola un peu de ceux qui continuent leurs sourdes menées. Comme toutes les grandes découvertes qui ont modifié les idées reçues, mon œuvre sera prônée quand je ne serai plus.

Pourtant les récentes découvertes, plus nombreuses que de coutume, accusent déjà l'influence de mon principe dans les voies les plus diverses. Le docteur Guérin, en voyant qu'il suffit de la présence d'un corpuscule agissant en raison des matières

---

(1) Jusque dans le village où je suis né, l'envie aidant, des meneurs abusant des fonds communaux me firent des chicanes, qui tournèrent contre eux, mais qui ne me troublèrent pas moins dans mes difficiles travaux. Ainsi, ils avaient mis à sec mes bassins et poissons, jardins et pré, en faisant couler le ruisseau par le chemin qui n'a nul besoin d'être inondé. Nuire ici, nuire là, voilà tout. Pour mieux réussir sur un autre point, ils ne trouvèrent rien de mieux que de nier paroles et écrits officiels, dont je ne pus obtenir copie certifiée que trop tard, et ils purent ainsi sans aucune nécessité me reprendre un droit de passerelle qui m'avait été concédé à 4 mètres au-dessus d'une ruelle dans l'air qui circule, sur une valeur de 3 francs de terrain, droit valant lui-même *moins de 30 sous* pour la commune, mais dont la suppression troublait considérablement mes dispositions prises. Pour apprécier toute l'iniquité de ce fait, il faut savoir que ce droit, dont j'ai joui nombre d'années, m'avait été offert comme seul dédommagement de longues et difficiles études que j'avais faites sur la demande de la commune pour lui conserver le passage de la route nationale n° 78, déclaré impossible avec les conditions voulues. Ces études furent adoptées par le conseil supérieur des ponts et chaussées, et mes seuls honoraires taxés eussent dépassé *dix mille francs, au lieu de 30 sous*... 30 sous! Quel joli bénéfice pour la commune ! Ah! c'était bien beau! On avait joliment « *fait voir le tour* » à l'homme dévoué qui avait alors sacrifié toutes ses ressources et son temps pour la commune !

En voyant de telles choses, j'avais résolu de quitter mon pays, et de fortes dépenses étaient déjà faites pour une autre habitation. Mais, sans que j'intervinsse, l'autorité préfectorale ayant arrêté de nouvelles tentatives, en obligeant un meneur loquace et vindicatif à donner sa démission, et empêché le zèle d'un ou deux autres, mes préparatifs furent abandonnés.

différentes pour provoquer la fermentation et empêcher les plaies de guérir, a eu l'idée des pansements ouatés qui ont réussi de toute part. Pour présenter ses résultats à l'Académie en la prenant par son faible, il lui annonça le nouveau traitement comme étant destiné à protéger contre les innombrables germes que M. Pasteur prête aux fermentations et non pas seulement aux êtres déjà perfectionnés. Mais l'Académie se sentit piquée de ce qu'il avait plutôt l'air de se moquer d'elle, en écrivant dans son court mémoire sept fois le nom de *ferments* et pas une seule fois le mot *germes*, selon M. Pasteur.

Un autre, M. P. Bert, en apprenant que tout était régi par une pression universelle, expérimenta cette pression du milieu sur les êtres, et non plus l'attraction universelle, mais comme d'usage en faussant l'interprétation, et a obtenu le grand prix biennal. Pour nager dans les eaux académiques, il soutint d'abord à la Chambre législative M. Pasteur, aux dépens de M. Gervais, breveté avant lui, le 16 août 1827, pour le chauffage des vins. De plus il fit à M. Pasteur l'honneur de *tuer ses germes hypothétiques* par la pression du milieu pour conserver la viande. Je fis remarquer que la fermentation cessait simplement parce que la pression empêche le corps organique de se décomposer, ce qui reste évident. Dès lors il ne peut se produire ni acide carbonique, ni chaleur, ni vie sans carbone suffisamment libre. De même, pour qu'un combustible, houille ou bois, brûle, il faut qu'une certaine chaleur ou force locale desserre le carbone.

Pourtant M. Bert devrait déjà connaître les dangers des interprétations fausses ou insuffisantes; un seul exemple suffit : chacun connaît la catastrophe des malheureux savants Crocé-Spinelli et Sivel dans leur aérostat. Pleins de confiance dans les ballonnets d'oxygène de M. Bert apostillés par l'Académie des sciences, ils crurent que cela était suffisant pour braver la rareté d'oxygène résultant des différences de pression des régions supérieures, et la mort de ces martyrs de la science fut le prix de leur confiance. L'Académie veut-elle encore nous livrer à des interprétations fatales ?

Je me hâtai de signaler le danger des interprétations fausses. Le journal *l'Univers* fut le seul qui publia mes observations ; les autres, plus libéraux, observèrent mieux la consigne du silence académique. Mais l'Académie eut soin de retrancher elle-même de son rapport les interprétations *Pastorales*. Voici déjà plusieurs fois qu'elle s'exécute ainsi, mais en gardant son prudent silence à mon égard. Voilà comment on veut noyer l'influence d'un vrai principe.

Le Nouvelliste de l'Yonne, du 27 février 1876, dit : « Vous êtes *naturaliste* et *chimiste*, M. Bert : à preuve que, sur la foi de vos doctrines, deux jeunes gens — que vous avez oublié d'accompagner — sont allés, sur vos indications et encouragements, mourir à près de 9 000 mètres au-dessus du sol, bien plus sûr, où vous bénéficiez, vous, de leur généreux sacrifice... » M. Bert a pour excuse le système de fausse science qui aveugle ; mais combien est grande sa part de responsabilité dans ce système qui donne à l'un la récompense nationale, à l'autre le grand prix... d'*interprétation*!... D'autres ont fait des travaux *seulement utiles* ; mais, comme jadis, faveurs et bénéfices sont le prix de l'obscurantisme, l'entrave, celui du travail vrai. La base de la science n'étant pas à la portée de tous, reste le refuge des vieux us à la barbe de nos lois libérales et de nos hommes de progrès. Signalons aussi la singulière situation des hommes de science qui promettent à leurs électeurs politiques l'enseignement laïque, sachant fort bien que ce n'est qu'échanger le voile obscur du clergé contre l'entrave des fausses hypothèses que l'Académie impose à la science et aux livres classiques. Pauvre peuple, pauvres savants, trompés et trompeurs, que vous êtes à plaindre !... Malgré toute la confiance qu'on accorde à l'Académie, son silence ne suffit plus devant les révélations d'une grande loi ; elle a dû se défendre en donnant la raison de son système d'obscurantisme, et l'on vient de voir avec quelle facilité le grossier matérialisme qu'elle suppose a été combattu et l'humanité ne peut être condamnée à perpétuité aux calamités de ce régime. Cette loi vous éclaire de toute part ; mais si votre aveugle amour-propre veut encore sans nécessité prolonger sous mille formes les souffrances et les maux de l'humanité, que la responsabilité en retombe sur qui l'aura voulu.

Dans l'atmosphère, comme ailleurs, pour ne pas s'exposer à de nouvelles catastrophes, il faut connaître la vérité, et la vérité est qu'en somme *la pression n'est pas moindre à 10 000 mètres de hauteur que sur le sol !* Ah ! je vous entends, grands amateurs de fausseté, vous récrier contre cette hérésie selon vous. Eh bien, souffrez qu'une grande loi vous éclaire et vous dise que la pression y est même plus forte sous certains rapports. Oui, du moment où la pression s'exerce au moyen de corps moins denses, plus ténus, d'une part, elle est moins bien transmise aux éléments oxygène, azote, carbone et à nos organes denses, qui alors tendent à se désunir ou à se raréfier et se refroidir ; mais, au contraire, elle est mieux transmise aux éléments plus ténus, qui, par conséquent, y éprouvent une compression plus forte, quoique moins sensible, sous forme de chaleur. Oui, n'étouffez pas le plus utile des principes si vous voulez éviter de nouveaux malheurs et prendre possession de cet élément.

Lors de la réunion annuelle des délégués des sociétés savantes à la Sorbonne, c'est aussi un groupe académique qui dispose, préside et prononce. Le simulacre d'organisation des délégués qui n'ont que le temps d'entendre une foule de rapides résumés ne pourrait d'ailleurs y suffire. Lorsque je voulus exposer ma découverte de formule générale de la force vive, le président du groupe de mathématiques me fit dès l'abord une opposition telle que je me retirai en protestant sans rien exposer. Pour qu'on ne suppose pas qu'il ne s'agissait que d'une chose sans importance, je fis distribuer hors séance des exemplaires de mon opuscule intitulé : *Les découvertes de la science devant le cercle vicieux et secret de l'organisation scientifique*, où se trouve cette formule. Après l'étude de cette note, le président de cette section, M. D..., de la faculté de Lyon, comprit la situation et vint jusque chez moi, 21, rue Vernier, aux Ternes, pour me présenter ses excuses, et, ne me trouvant pas, il m'en laissa l'expression écrite sur sa carte. En outre, cet homme de cœur, qui m'a dit avoir passé une bien mauvaise nuit à cause de cela, voulut m'exprimer ses sentiments de vive voix à la Sorbonne, et le vice-président fit de même. L'obscurantisme ne trouve pas toujours ses hommes.

Ensuite le long rapport du bureau académique, résumant les communications au *Journal officiel* (4 avril 1875), se termine par quelques mots me concernant. Ces quatre mots comprennent : 1° un mensonge ; 2° la dissimulation du sujet ; 3° l'intention de faire croire que la parole m'a été donnée librement ; 4° que j'ai pu exposer mon système ; 5° qu'il ne mérite pas d'être analysé ni connu ; 6° ces mots ne répondent en rien au rapport du président de section, M. D... ; 7° ils englobent tout mon système, alors qu'il ne s'agissait que d'une formule ; 8° ils veulent dire aussi que ce système ne mérite aucune récompense ; 9° cette phrase déplacée de son ordre est mise à la fin pour en accentuer davantage les conséquences ; 10° on m'avait promis une rectification qui n'a pas été insérée au *Journal officiel*.

Bravo ! bravo, M. le rapporteur ! que de choses en quatre mots !

L'Académie en est encore aux termes généraux et vagues de force, d'équilibre, de plus forte ou de moindre résistance, qu'elle a cru devoir s'appliquer seuls à tout, faute d'avoir découvert la loi des transmissions de cette force et sans se douter de la prodigieuse complexité des faits non tangibles qui interviennent avec le principe du mouvement. L'Académie, et par suite notre philosophie, sont donc dans la plus regrettable des erreurs, puisqu'en même temps elles étouffent un principe qui simplifie et facilite au plus haut point toutes les branches de la science, si utiles au bien-être social, et laissent dans l'ombre un ordre de faits indubitables qui accuse merveilleusement l'action de l'âme dont l'idée est non moins utile au dogme, à la morale et à la quiétude humaine. Il y a donc là une voie de conciliation des plus heureuses et de la plus haute importance, aussi bien pour nous délivrer de la plus grande source de nos divisions politiques que pour faire succéder le bien-être à la misère.

Devant cette situation, l'Académie est bien embarrassée ; elle sent l'importance des bienfaits de cette découverte, puisqu'elle cherche à se l'approprier sous diverses formes. Pourquoi donc alors persister dans son opposition ? Ah ! c'est qu'elle craint, en adoptant directement cette découverte sous mon nom, de laisser voir que sa prétendue sagesse philosophique et scientifique s'est trompée... Et la majorité sacrifie l'intérêt public à son amour-propre !... Puis elle trouve son compte à ce vieil ordre de choses. Elle y trouve d'abord un privilége scientifique organisé à son profit. Il y a là une souricière scientifique où les gens non prévenus envoient leurs découvertes, et, le plus souvent, sous prétexte de choisir et d'arranger ces découvertes, l'Académie les met de côté pour se les approprier ensuite. J'ai déjà réclamé bien des fois contre cet abus ; et même sans sortir de l'article académique cité plus haut, en voici un exemple :

Naguère, ces savants, M. Flourens en tête, prétendaient que si la formation de nouvelles espèces était possible, c'était « *certainement le croisement qui devait les donner.* » Cela est certain, ajoutait M. de Quatrefages, « *puisqu'au lieu de deux types, on en obtient trois.* » Je répondis que c'était tout le contraire, que les deux types d'une génération donnée tendent à se fondre, à s'unifier dans la génération suivante qu'ils produisent !... Ces savants en hypothèses s'aveuglent à plaisir ; comment s'étonner de leurs méprises ? Les générations possibles et le croisement unifient dans une même espèce tout ce qu'ils peuvent embrasser, par suite de ce fait que l'être organisé est une moyenne entre les progéniteurs qui l'ont précédé et qui se multiplient en remontant chaque génération dans la proportion de 2, 4, 8, 16, 32, 64, etc. Bref, pour trente générations seulement, chaque être organisé est la moyenne de plus d'un milliard de générateurs. Mon article adressé à l'Académie non-seulement ne fut pas inséré dans les *Comptes rendus*, mais le titre même qui exprimait l'idée fut dénaturé en l'enregistrant. Or, aujourd'hui, l'Académie accueille (page 553) ce même fait sous le nom d'un des siens, M. Naudin; s'il est bon sous ce nom, évidemment il était bon sous le mien.

En conséquence, on voit qu'une nouvelle espèce ne peut résulter que des modifications que subit un groupe d'êtres qui vit longtemps isolé de l'espèce mère, dans des conditions spéciales de sol ou de milieu. Le sol modifiant, comme nous l'avons démontré, plantes et animaux (*tel sol, tel produit*), il suffit donc que les changements survenus dans ce groupe d'êtres soient assez prononcés pour que ses individus ne puissent plus procréer d'une manière continue avec l'espèce mère, afin qu'ils ne se refondent pas avec elle, et qu'il en résulte une nouvelle espèce ; comme le cochon d'Inde domestique qui ne s'accouple plus avec son ancêtre brésilien ou le chat du Paraguay avec son espèce mère d'Europe.

A ce sujet, l'Académie des sciences accueillit largement mes mémoires, constatant la transformation de l'homme par suite de l'influence du sol. Mais, croyant encore à la sincérité de la science, dès que je constatai celle des autres êtres par la même cause, elle s'aperçut... qu'elle m'avait consacré beaucoup plus de pages que ne le veut le règlement!... Il ne fut plus donné le moindre extrait de mes mémoires subséquents, pourtant bien plus étudiés que les premiers. Mon volume : *Origine et transformations de l'homme et des autres êtres*, fut épuisé avec une extrême rapidité par la librairie Hachette. Malgré ce succès, ou plutôt à cause de ce succès, il me fut impossible d'obtenir une deuxième édition!... et le *Principe universel du mouvement* fut retiré de la vente, là et ailleurs!!! Ainsi, avec le système fictif où notre philosophie trébuche à chaque pas, elle voulait la transformation des hommes pour montrer qu'ils sortent tous de la même souche ; mais elle ne voulait pas de celle des autres êtres, pour ne pas arriver à la transformation des espèces. En voyant tant d'inconséquences, qui ne prouvent ni ne sauvegardent rien, on ne se douterait pas que la nature a merveilleusement fait les parts nécessaires à la science et au dogme, et qu'il suffit de modifier quelques interprétations nées de l'ignorance. Quand donc nos philosophes se décideront-ils à prendre l'œuvre de l'Éternel pour base de leurs conceptions, au grand profit de toute chose ?

Avec ce vieux et informe système, ce n'est qu'à travers les plus cruelles entraves que les grandes idées se développent. Ce n'est que trois siècles après sa découverte que nous commençons à jouir des bienfaits de la vapeur. Le malheureux Salomon de Caus, qui découvrit la propriété répulsive des fluides et les merveilleux avantages de la vapeur, eut l'exil pour récompense ; il fut obligé d'imprimer son livre : *la Raison des forces mouvantes*, en pays allemand, à Francfort. Puis cet homme de génie a fini ses jours à Bicêtre, où il fut enfermé et où il mourut, comme Galilée, accablé de souffrances physiques et de tortures morales !

Aujourd'hui que les bienfaits de la vapeur ont fait explosion à travers les entraves philosophiques, l'Académie, au lieu de renoncer à son regrettable système, cherche à l'absoudre pour le mieux pratiquer ; elle fait à point des découvertes dans le « *Fond de la mare* de la Bibliothèque nationale » (*Comptes rendus*, t. LXXX, p. 333), et dans les documents *brûlés depuis quatre ans* à l'Hôtel de ville de Paris, où le secrétaire perpétuel disait avoir trouvé : jour du décès, lieu d'inhumation, etc., trouvailles qui contrediraient l'histoire et la tradition. Voilà comme on fait et refait l'histoire. Ainsi, notre philosophie affectionnait Salomon de Caus et son principe de répulsion ! Mais tous vos ouvrages montrent le contraire. Ouvrez *le Cartésianisme*, par exemple, ouvrage chargé de vos couronnes et qui a précisément pour sujet « la rénovation des sciences » à cette époque. Or, ce livre parle de tous les illustres fabricants d'hypothèses fausses, et notamment de celle de l'attraction, sous laquelle on veut noyer le principe si fécond et bienfaisant de la répulsion, l'âme de l'industrie. Mais du malheureux Salomon de Caus il n'est pas dit un seul mot, non, pas un seul mot, et c'était lui le génie de cette rénovation ! Alors, comme aujourd'hui, on étouffe la science vraie et l'on glorifie l'hypothèse. Alors, comme aujourd'hui, les amateurs d'hypothèses ont seuls la parole, s'aveuglent à coups d'encensoir et mettent impitoyablement le pied sur la source du bien-être social.

Pour les mêmes causes, l'Académie a repoussé ma découverte de l'expression de la force vive, qui embrasse sous une même formule ce qu'on appelle quantité de mouvement et force vive, et qui infirme le principe de Carnot. Comme ce principe n'est nullement exact, attendu que les longueurs de parcours d'un corps ne sont pas, comme il l'a supposé, proportionnelles aux forces qui les produisent, il était bien naturel qu'on l'introduisît partout avec la haute approbation académique, puisqu'il ne relève pas de lois vraies.

Dans ces conditions, l'Académie ne voulant ni recevoir la lumière d'un homme qui la critique, ni compromettre trop ouvertement sa réputation usurpée de favoriser la science, qu'elle recherche même par des discussions dans son sein, avec des compères qui ont soin de se mettre à côté des points délicats, comme dans la discussion sur les fermentations ; l'Académie, dis-je, ne vit rien de mieux que d'accueillir le résultat de ma découverte sous le nom d'un de ses membres, et le 19 juillet 1875 on lisait dans les *Comptes rendus*, page 130 :

« La nouvelle théorie de la chaleur est arrêtée par le principe
« de Carnot, qui n'est pas vérifiable par expérimentation directe...
« Or, la conception de l'état vibratoire de la matière conduit avec
« une si parfaite logique aux résultats, qu'elle permet d'arriver,
« par les déductions les plus rigoureuses, non-seulement aux
« faits constatés expérimentalement, mais encore audit principe,
« appelé à un grand avenir... Il devient le véritable point de dé-
« part qui relie mécanique rationnelle, physique, chimie, etc.
« D'une inépuisable fécondité, cette théorie donne le secret des
« phénomènes dynamiques les plus complexes... Rejeter la trans-
« formation des mouvements insensibles à notre vue, c'est nier
« toutes les bases de la science moderne. Nous laissons le soin
« des hypothèses contradictoires à ceux qui veulent systématique-
« ment condamner la chaleur à demeurer un agent inconnu et
« mystérieux... Le moment est venu de substituer cette belle théo-
« rie à des formules difficiles à saisir, qui n'ont pas un sens pra-
« tique, qui éloignent les constructeurs et les mécaniciens de
« l'étude de la science, et qui n'ont contribué en rien au perfec-
« tionnement de nos machines, qui n'est résulté que du tâtonne-
« ment... » Tel est, avec quelques réserves apparentes, qui font la part d'autres confrères déjà à l'œuvre, l'exposé de M. Ledieu, qui annonce prochainement un livre dans ce sens, pour résoudre les tentatives infructueuses faites sur le calorique depuis plus de vingt ans.

Ainsi, maintenant que j'ai découvert le mode d'action de la force vive, qui seule permet son application « mécanique, physique, chimique, etc.; » maintenant que j'ai démontré que ce principe n'offre que de grands avantages scientifiques et philosophiques, et nuls inconvénients, l'Académie l'admet sous le nom des siens !

Il serait superflu de qualifier un pareil procédé, et tout en remerciant sincèrement ceux des membres de l'Académie qui ont soutenu la justice et la raison : mon droit, je proteste énergiquement et fais appel aux sentiments d'équité.

Dès 1867, mon grand tableau du *Principe universel du mouvement* fut d'abord admis dans la section du ministre de l'instruction publique à l'Exposition universelle de Paris. Mais, sur des instances académiques, il fut enlevé de force de cette exposition.

Comment l'Académie se plaindrait-elle que je dévoile ses secrets, lorsqu'elle reconnaît elle-même que notre science classique fait de la chaleur un agent inconnu, qu'elle fabrique des hypothèses contradictoires qui entravent la science, qui n'ont pas de sens pratique, qui éloignent les constructeurs et les mécaniciens, qui n'ont contribué en rien au perfectionnement de nos machines, etc., etc.? « Puis, disent-ils, le moment est venu de substituer cette belle théorie à des formules difficiles à saisir, et qui n'ont pas de sens pratique. »

Dites-moi, je vous prie, pourquoi la véritable et belle théorie aurait été plus dangereuse autrefois qu'aujourd'hui? Dites donc plutôt qu'après avoir substitué la fiction d'attraction universelle à la réalité, qui est la répulsion calorique, éthérée, universelle, vous aviez peur des chimères qu'enfantait l'ignorance; car, sans connaître la loi des transmissions de force, il vous était impossible de vous rendre compte de l'étendue et de la réalité des phénomènes. Oui, il est temps de réformer les fantômes créés par votre ignorance.

Si l'on me demande pourquoi j'ose attaquer et critiquer de grands corps, qui comprennent des hommes les plus distingués, je répondrai que je n'agis pas seul, mais avec l'aide de la découverte de la plus importante des lois de l'univers, et qui, à elle seule, est plus forte que toutes les Académies du monde. C'est sans doute pour cela que l'on accumule si inconsidérément tant d'entraves académiques, officielles et autres devant ma découverte, qui pourtant fait de merveilleuses parts à la science et au dogme; tandis qu'on accorde tous les priviléges à l'Académie, qui, croyant que l'homme ne possède que les qualités d'une laitue, conduit au matérialisme, en jetant partout le trouble de ses fausses hypothèses, à l'effet de prouver le contraire. Les générations futures ne pourront pas croire que de pareilles choses aient pu avoir lieu.

Puis, à propos de la loi sur l'enseignement supérieur, un prélat bien connu vint vanter la bienheureuse époque où vingt-trois universités exclusivement vouées au système de réticence *répandaient la lumière sur la France!* qui avait plus d'universités pour 24 millions d'habitants qu'aujourd'hui pour 36 millions, etc. Personne dans la Chambre n'ayant rappelé le but précis de ces universités, je fis distribuer la note suivante avec mon livre :

Versailles, 5 janvier 1875.

« ... Avec les anciennes universités qui, par suite de regrettables idées préconçues, avaient pour but, non pas de développer la science, mais de la comprimer dans les plus étroites limites, la France ne nourrissait que 24 millions d'habitants avec d'affreux pain noir qu'on réserve pour les chiens aujourd'hui. On était vêtu parcimonieusement de serge et de toile grossièrement filée avec une extrême lenteur. On allait même jusqu'à défendre aux individus de choisir un état ; ce qui les empêchait de travailler selon les aptitudes spéciales que la nature donne. Aujourd'hui que nous sommes en partie délivrés des antiques entraves, la France nourrit 36 millions d'habitants, en général, avec de l'excellent pain et de l'aisance. Nos vêtements communs l'emportent sur le luxe si rare chez nos aïeux. Il y a plus de confortable dans une seule de nos cités que dans toute la France d'autrefois. Sans peine nous voyageons comme le vent, au lieu de nous embourber dans de mauvais chemins défoncés. La foudre est devenue notre humble servante pour porter nos dépêches, cent fois plus vite que l'imagination la plus exigeante n'eût osé l'espérer. Des milliers de machines déchargent les bras de l'homme et font beaucoup mieux et plus vite que ses membres alourdis et fatigués. Est-ce à l'Académie que nous sommes redevables de tout cela ? Non ! « L'Académie n'a-t-elle pas condamné : 1° la « vapeur ; 2° les chemins de fer ; 3° la télégraphie électrique, que « l'on considérait comme un joujou de salon ? — *Le Propagateur*, « novembre 1875. » Puis la science, armée enfin de son vrai principe, nous donnera infailliblement le comble du bien-être que l'homme puisse espérer, en même temps qu'une base morale et religieuse infiniment supérieure à celle du système de réticence scientifique. En présence de ces résultats, oseriez-vous jeter la pierre à la science et prôner l'antique ignorance ?

« Les quelques personnes qui désirent encore l'ignorance, en ne songeant qu'à des priviléges illusoires et inconstants, ne doivent pas perdre de vue que cette idée fausse ne pouvait avoir quelque apparence de raison qu'avec les priviléges seigneuriaux. Quand de très-rares privilégiés héritaient du pouvoir, des honneurs et des biens, et qu'ils ne pouvaient hériter en même temps des facultés supérieures dont la nature s'est réservé la disposition, alors, il n'y avait qu'un moyen de dominer, c'était de semer l'ignorance autour de soi, en invoquant des prétextes religieux et en sacrifiant la puissance de l'humanité à ces quelques égoïsmes personnels.

« Aujourd'hui, ces erreurs disparaissent, les peuples sont gouvernés par les intelligences supérieures, de quelque classe qu'elles sortent. Dès lors, quel que soit le niveau que l'humanité puisse atteindre, il y aura toujours des hommes supérieurs capables de gouverner les peuples, sans anéantir leurs facultés.

« Songez que la science travaille pour tous et que chacun en profite en proportion de ses économies, tandis que les priviléges sont rares, trompeurs et payés de luttes perpétuelles. Prenez les précautions que vous jugerez nécessaires contre les partis, dont chacun travaille pour lui aux dépens des autres. Mais de grâce, laissez la liberté vivifiante à la science qui travaille indistinctement pour toutes les classes, pour tous les partis, qui travaille pour l'humanité tout entière. »

N'est-il pas bien triste de songer que ce n'est qu'à la faveur des révolutions que la science et le bien-être ont pu se développer ?

Deux jours après la distribution de cette note en tête de mon livre, la majorité de la Chambre, qui jusqu'alors s'était montrée avec des sentiments tout différents, se prononça à une voix de majorité dans le sens de la République, ce que rien ne faisait prévoir, puis à une majorité croissante aboutissant à son triomphe du 25 février. Je dois me considérer comme satisfait, si j'ai pu apporter à cet édifice, une pierre qui permette à la science et au bien-être matériel et moral de se développer sans révolution ni coup d'Etat.

L'Académie des sciences, en faisant de la force organique qui donne les êtres inférieurs un fait mystérieux, qu'elle divinisait spécialement, n'a pas compris qu'elle s'appuyait sur un phénomène facile à démontrer, même par son mécanisme, et dont la connaissance est du plus haut intérêt pour l'humanité, puisque les fermentations, selon le cas, préparent nos aliments ou causent les miasmes, les pestes, etc. Au contraire, elle laisse dans l'ombre le principe de l'intelligence et de la volonté, qui, au lieu de résulter d'une force immédiate seule, plante ses racines dans les époques les plus reculées, avec le cumul de l'œuvre des êtres et se montre en opposition avec le principe fatal du mouvement.

La fermentation n'est, en effet, qu'un phénomène d'ordre matériel immédiat et assez simple. L'oxygène et le carbone ne se combinent pas lorsqu'ils sont librement mélangés à l'azote, corps d'une densité intermédiaire, qui facilite leur transmission de mouvement répulsif. Mais lorsqu'ils sont en présence d'un corpuscule azoté solide, l'azote de celui-ci repousse plus efficacement son semblable, l'azote du milieu, que le carbone et l'oxygène différents qu'il laisse approcher et qui se combine alors sous cette influence en acide carbonique. Puis cet acide, devenu plus dense que ses éléments, reçoit mieux la force répulsive du corpuscule solide et s'en éloigne, pour faire place à d'autres éléments : carbone et oxygène qui viennent se combiner à leur tour pour s'éloigner de même et ainsi de suite ; tout cela avec la simple loi : *Le mouvement répulsif se transmet mieux entre corps plus semblables qu'entre corps plus différents.*

Voilà donc la chaleur et le mouvement organique déterminés avec leurs conséquences par la seule présence d'un corpuscule azoté, assez solide pour ne pas se combiner avec l'acide carbonique et sans qu'il soit nécessaire de recourir aux germes mystérieux de M. Pasteur, qui ne sont nécessaires et constatés que lorsqu'il s'agit d'êtres déjà perfectionnés. Ainsi ce n'est pas dans une action immédiate et saisissable qu'il faut voir le mystère.

Puis voyons cette chaleur qui semble tirée de rien et autour de laquelle la science patauge depuis si longtemps sans constater qu'elle tient surtout aux différences de densités des corps combinées avec leur puissance et leur facilité de mouvement selon l'état. Sous l'impulsion universelle, les corps prennent des mouvements vibratoires d'autant plus rapides et courts qu'ils sont moins denses. Or, lorsque le carbone et l'oxygène se combinent en acide, il prend des vibrations plus lentes et plus puissantes, qui étant moins différentes de celles de nos organes lui sont mieux transmises et par conséquent mieux senties. En devenant moins différent de densité, l'acide transmet aussi mieux sa force aux corps denses. En général un corps que l'on comprime s'échauffe parce que ses molécules, en devenant plus denses, nous transmettent mieux leur force, si on le dilate il se refroidit par la raison inverse. Voilà le grand mystère, toujours expliqué par la même loi ! Il n'y a ni force créée, ni force perdue ; mais simplement transformations de mouvements plus ou moins transmissibles.

Vous voyez bien, grands philosophes, que vous ne pouviez connaître exactement la puissance du mouvement et de la chaleur, sans connaître la loi des transmissions de force. Vous avez fait votre *Deus ex machina* du mouvement et de la *pression* universelle insuffisamment connus, vous avez cru que tout dépendait d'une manière immédiate ou consécutive de ces forces brutes. Vous n'avez pas compris que le mouvement, ou la moindre pression, pouvait être dirigée dans les êtres organisés par l'expérience des siècles de siècles et par l'influence d'un principe supérieur qui échappe à nos facultés limitées.

O grands philosophes, faites votre *meâ culpâ* et acceptez l'œuvre divine qui ne saurait être mesurée à des capacités bornées !

O vous tous hommes intelligents, que vous ayez le bon sens, la science ou le pouvoir, aidez, aidez à cette œuvre de bien ; un seul homme devant le préjugé, ne serait qu'un atome devant l'aveugle torrent.

Délivrez-nous du voile obscur mis par notre philosophie sur le principe de la chaleur et sur les yeux de l'homme de science, du travailleur et du mécanicien pour dérouter ses recherches.

Délivrez-nous de la fausse hypothèse d'attraction qui encombre nos livres classiques et paralyse des millions d'intelligences qui, sans elle, donneraient le plus grand essor à la science et au bien-être.

Délivrez-nous de la foule des fausses hypothèses qui amène la lutte entre le progrès et l'obscurantisme et nous donne révolution, guerre et misère.

Délivrez-nous de l'erreur qui oppose le dogme au progrès, alors que chacun a sa part dans la nature, et nous pourrons enfin nous écrier au milieu de la prospérité et de la satisfaction générale :

La science vraie, c'est la richesse et la paix !

DÉCOUVERTE DE L'EXPRESSION GÉNÉRALE DE LA FORCE VIVE.

Présentée à l'Académie des sciences le 15 mars 1875.

Les expériences exposées pages 28 à 30 du *Principe universel* nous montrent que par le choc des corps élastiques semblables $\frac{M}{M}$ la force est transmise totalement et subitement, tandis qu'entre masses différentes $\frac{M}{m}$, si le corps choqué m est moins dense, elle ne l'est que partiellement, ou successivement si le corps est fluide. Et la vitesse du corps choqué augmente par réflexion contre le corps plus dense, jusqu'à devenir double de la vitesse initiale de M, si la différence de densité devient extrême et en faisant abstraction de la résistance du milieu. La vitesse transmise x résultant d'une vitesse égale à celle de M plus de la réflexion inversement relative de m contre M sera donnée par l'union de ces rapports : $\frac{M+M}{M+m} = x$. En effet, lorsque $m = M$, $x = 1$. Si m approche indéfiniment de 0, $x = 2$, c'est-à-dire le double de la vitesse de M. Nous avons ainsi pour rapport des densités $\frac{M}{m}$ et pour rapport des vitesses $\frac{V}{Vx}$ soit $\frac{MV}{mVx}$ pour rapport de la force initiale à la force transmise. Ainsi, la force transmise entre corps isolés varie non-seulement en raison des masses et de la vitesse, mais encore en raison de l'excédant de vitesse de réflexion.

Si maintenant, au lieu de considérer deux corps isolés, nous considérons l'action du corps M sur un milieu fluide continu, nous remarquerons que la force ne varie pas seulement en raison des causes précitées, mais en outre, que la résistance s'accroît de la force de réaction que le milieu produit sur lui-même. Les faits que nous venons d'exposer et les forces des vitesses de chute des corps, qui sont l'un des cas que doit comprendre notre formule, nous montrent que pour répondre à cette nouvelle condition le quotient x doit être placé en exposant V^x et non plus en simple multiplicateur. Ce qui donne $\frac{MV}{mV^x}$ pour le rapport de la force à la résistance d'un milieu fluide continu.

Or, si nous nous reportons à l'expression de la force transmise à un corps isolé, nous remarquerons qu'à mesure que sa densité diminue, davantage elle se rapproche de celle du milieu dans lequel il se meut. Par conséquent, lorsque sa densité devient aussi faible que celle de ce milieu, il éprouvera aussi un même degré de réaction du milieu sur lui-même. Ainsi, à mesure qu'il perd en force instantanée, il gagne en force de réaction du milieu, de sorte que sa résistance répond également à cette dernière formule $\frac{MV}{mV^x}$, qui est ainsi une expression générale. En effet, si les corps sont de même densité, $x = 1$ et $\frac{MV}{mV^x} = \frac{MV}{mV^1} = MV$, qui est la force instantanée entre corps semblables. Seulement, lorsque le corps choqué est fluide, comme un volume de matière égal à celui du corps choquant ne peut être atteint que successivement, la force se répartit sur une quantité de matière d'autant plus grande que la vitesse diminue davantage, de telle sorte que la force transmise est toujours la même. Si les différences de densités se prononcent on aura, par exemple, $x = 5/4 = \sqrt[4]{V^5}$. Enfin, si les différences de densités pouvaient s'accentuer jusqu'à devenir extrêmes, on aurait $m = o$ et $x = 2$, et par suite $\frac{MV}{mV^x} = \frac{MV}{oV^x} = \infty$.

Le corps M conserverait ainsi indéfiniment sa force et sa vitesse, ce qui ne peut être atteint, l'éther ayant toujours une certaine force de résistance.

Maintenant remarquons la chute des corps, comme leur pesanteur, est le résultat d'un même excédant des vibrations supérieures de l'éther sur celles inférieures entre lesquelles le corps est passif. Par conséquent, l'excès de force supérieure, qui, selon la nature des corps, pourra leur imprimer une pesanteur simple, double ou triple, pourra aussi leur donner une force simple, double ou triple pour les faire tomber avec la même vitesse. Mais lorsque le milieu comprend l'air tangible, qui n'éprouve pas une même diminution de réaction en dessous contre les corps tangibles presque ses pairs, cet air oppose à la chute des corps une résistance d'autant plus sensible que les corps sont plus légers. En raison de l'extrême rapidité des vibrations éthérées, de 30,000,000 de décamètres par seconde, l'accélération de chute n'étant presque rien, $9^m,80$ ou 1 décamètre, et la réflexion de l'éther contre le corps dense donnant en dessus comme en dessous, sensiblement $x = 2$, les forces éthérées représentent sensiblement $\frac{m(30,000,000 + 1)^x}{m(30,000,000 - 1)^x} = \frac{mV^x}{mV^x} = mV_x = mV^2$, et la force transmise au corps dense étant proportionnelle à l'action est aussi proportionnelle à MV^2.

Ainsi notre formule $\frac{MV}{mV^x}$, qui ne fait que reproduire exactement les conditions de chaque facteur du mouvement, renferme toutes les conditions de la force vive, y compris MV, dite quantité de mouvement, qui paraissait inconciliable avec MV^2. On voit que les formules aujourd'hui en usage, qui n'ont pas égard aux conditions variées que nous venons d'exposer, donnent généralement des résultats fictifs, et que c'est une illusion, une grave erreur de les prendre au sérieux dans des calculs exacts. — Cette formule répond à l'expérience et à la loi : *La force vive se transmet mieux entre corps semblables qu'entre corps différents.*

Voilà donc enfin la solution répondant aux divers cas de « cette force vive « aux bruyants et longs débats (académiques) dont la discussion ne fut un temps « écartée que par lassitude, et que les applications de la mécanique à l'industrie « remettent toujours en scène » (dito, *le Cartésianisme*, édit. 1874, p. 335). Or, si les données académiques de la force vive avaient été satisfaisantes, il est évident qu'elles n'auraient pas été remises en discussion et contestées à chaque occasion dans ses applications mécaniques ; mais devant le public ce docte corps se déclare toujours satisfait de ses œuvres.

PRINCIPE UNIVERSEL

DU MOUVEMENT

ET DES ACTIONS DE LA MATIÈRE.

PREMIÈRE PARTIE

PRINCIPE DES TRANSMISSIONS DE FORCES ET ACTIONS DE LA MATIÈRE.

§ 1. — Cause de répulsion universelle par chocs ou vibrations.

Toutes nos machines le montrent, la pression ou répulsion est l'unique effort qui leur donne le mouvement et les fait travailler de mille manières. La pression est aussi l'unique effort que le milieu où nous vivons puisse exercer ; elle équivaut, pour les seuls fluides tangibles de l'atmosphère, à 0.76 de mercure ou 103 kilogrammes par décimètre carré et pourtant nous ne sentons rien à cause des équilibres qui s'établissent.

Nous savons aussi que la force des gaz et des vapeurs résulte des chocs ou vibrations moléculaires, de même que la chaleur et la lumière, et nous voyons de toute part que les chocs ne peuvent produire que de la répulsion. Regardons sur le tapis vert du billard les chocs des billes entre elles comme avec les queues ou lorsqu'elles sont répercutées entre les bandes ; ils ne produisent que de la répulsion, jamais de l'attraction. La boule qui frappe les quilles, le marteau qui frappe l'enclume, toujours de la répulsion. Il en est de même de nos efforts mécaniques : le coin, le levier, l'engrenage ne sont que des modes de pression. Le cheval même, qui semble tirer, ne fait que s'appuyer sur son collier pour agir sur des corps solides dont nous verrons encore la même cause d'union. Tout le monde sait aujourd'hui que la puissance de nos machines dérive de la pression ou répulsion des fluides, notamment de celle des gaz que la chaleur développe. Cette répulsion nous montre très-clairement que la force et le mouvement résultent de la différence des pressions révulsives qui luttent entre

Page 23, dernière ligne et page 24, ligne 32, lire mV^2 au lieu de mVx.

elles. Lorsque l'agitation moléculaire domine dans le récipient de vapeur, considéré dans sa plus simple expression et placé horizontalement pour éviter la pesanteur, elle *repousse* le piston à l'extérieur; puis, lorsque cette répulsion diminue assez, c'est la pression extérieure, seul et unique effort que l'atmosphère puisse exercer, qui refoule le piston dans l'intérieur ; alors il se rapproche *comme s'il était attiré*, par cela seul que la répulsion intérieure est plus faible.

L'expérience nous le montre, tous les chocs des corps ne peuvent donner que de la répulsion, et par une incontestable conséquence l'éther qui subit des centaines de millions de vibrations par seconde, ne peut produire qu'une pression immense, que deux causes nous empêchent généralement de sentir. D'abord l'équilibre qu'il établit en s'introduisant entre les autres corps, équilibre qui nous empêche même de sentir la pression des fluides tangibles, et ensuite les modes différents de transmission de force que nous allons examiner. D'ailleurs, quand nous nous déplaçons avec une vitesse de chemin de fer de 10 mètres par seconde, la vitesse des vibrations éthérées étant de 300 000 kilomètres ou 30 millions de décamètres dans le même temps, nous ne troublons cette force que de $\pm \frac{1}{30\,000\,000}$, c'est-à-dire d'une manière tout à fait insensible. Nous verrons son action sous d'autres formes.

Depuis Fresnel, on mesure par des moyens assez faciles le nombre des vibrations lumineuses qui, des rayons rouges aux rayons violets, se multiplient au nombre prodigieux de 394 à 758 millions par seconde, en se basant sur la vitesse de 300 000 kilomètres par seconde. Pour que tous les corps, toutes les pressions puissent se faire équilibre, il faut en effet que la vitesse augmente à mesure que la densité diminue.

Depuis près de trois siècles que les propriétés de la vapeur furent découvertes par Salomon de Caus, la science officielle connaît la propriété répulsive des milieux en général que l'on désigne sous le nom de *force vive*, et même que l'on croyait calculer exactement. Mais, sans connaître encore la loi des transmissions de cette force, on a cru qu'elle devait expliquer d'une manière immédiate ou consécutive tous les phénomènes de la nature et par conséquent conduire au matérialisme et nuire à la morale. Sans s'éclairer davantage notre philosophie se mit à l'œuvre pour imaginer une foule d'hypothèses fausses, propres à dérouter la science tout en lui laissant une certaine latitude. Telle est l'hypothèse de l'attraction, qui n'est que le côté négatif de la répulsion universelle et qui permet certains calculs astronomiques moyennant des substitutions de signes. Mais la répulsion universelle dans son idée simple, pas plus que l'attraction fictive, n'explique l'infinie variété des mouvements et des phénomènes de la nature. Il fallait encore connaître la loi de transmission de la force vive, pour que l'homme puisse apprécier le milieu où il vit et prendre possession des ressources infinies qu'il met à sa disposition.

Nos recherches faites sous bien des formes, nous ont conduit en premier lieu à cette loi qui exprime les faits, mais non leur cause : *chaleur ou matière se repoussent en raison de leur similitude, et relativement s'attirent en raison de leur différence.* Cette loi renferme en germe le principe des transmissions de force.

§ 2. — Principe des transmissions de force démontré par l'expérience et les faits.

Maintenant, il importe de remarquer comment ces mouvements, cette force vive se transmettent entre tant de corps différents. La loi des actions ne changeant pas selon le plus ou moins de grandeur des corps, nous allons d'abord expérimenter les transmissions de force vive par de simples rangées de billes, se transmettant leurs chocs ou force vive en ligne droite, et confirmer ensuite ces résultats par une foule d'autres expériences et de faits. Pour ces premières expériences nous sommes d'ailleurs dans le même cas que la théorie mécanique, qui décompose la force vive d'un milieu en trois résultantes se coupant à angle droit, pour les ramener à des actions en lignes droites. Au lieu de poser les conditions les plus compliquées et perdues dans des bases hypothétiques d'équations, nous allons exposer des résultats très-simples, mais qui auront l'avantage de nous donner facilement la clef des phénomènes.

Au moyen de diverses expériences nous pouvons constater que les corps élastiques égaux se transmettent leur mouvement ou leur force vive immédiatement avec toute leur puissance, comme nous le montre l'appareil classique formé d'une rangée de billes égales en ivoire. Le choc de la première se transmet subitement et complétement, chaque bille restant en repos après son choc, jusqu'à la dernière qui conserve seule ce mouvement, cette force vive proportionnelle au poids ou masse de chacune multiplié par sa fonction de vitesse. Mais, si les corps ne sont pas semblables, il n'en est plus de même. Si la bille incidente est plus forte, elle conserve de son mouvement direct et ne peut tout le transmettre à la bille plus petite. Si la bille incidente est plus faible, elle revient au contraire sur elle-même avec une vitesse d'autant plus rapprochée de la vitesse d'incidence, qu'il y a plus de différence de masse ou de densité entre ces billes; et la plus grosse prend une force égale à celle d'incidence détruite, plus à celle de réflexion. *Le corps dense a donc acquis plus de chaleur ou de mouvement que n'en avait le corps incident*; mais comme sa vitesse est d'autant plus faible que les corps ont plus de différence de masse, si alors il choque une autre petite bille égale à la première, il ne peut lui transmettre au plus qu'une vitesse double de la sienne et par conséquent une force beaucoup plus faible que celle de la première bille, il en résulte encore, par l'alternative des corps différents, une perte de transmission de force vive et la grosse bille conserve une force équivalente. *La transmission de force est donc complète entre corps semblables, elle ne l'est pas entre corps différents.*

Ensuite, si entre deux billes égales nous intercalons une série de billes plus ou moins puissantes, elles nous permettent de constater l'ensemble des phénomènes caloriques lumineux, etc. Après son choc, la première bille revient avec une certaine force sur elle-même, c'est la réflexion. La dernière s'éloigne, quoique faiblement, c'est la transmission calorique lumineuse ou sombre, qui est employée à d'autres actions du milieu extérieur, et dont le corps considéré ne possédera plus la puissance. De plus, on voit les billes de différents poids s'éloigner les unes des autres d'une certaine quantité par suite des réflexions internes; cet écartement répond à la dilatation des corps sous l'action du mouvement. Ensuite, nous voyons l'amplitude des oscillations diminuer, et les billes se rapprocher à mesure qu'elles perdent ce mouvement en le transmettant, ce qui répond encore à la contraction du corps qui se refroidit en transmettant sa force extérieurement.

Ainsi, les billes égales ont transmis immédiatement toute leur force vive, sans garder de mouvement et par conséquent sans s'écarter ou se dilater, ni s'échauffer. La transmission de force vive est donc complète et immédiate entre corps semblables et le corps ne s'échauffe pas. La capacité calorique serait ainsi infinie, puisqu'un tel corps peut recevoir n'importe quelle quantité de mouvement sans s'échauffer et en le transmettant complètement. Au contraire, entre corps différents, la transmission de force est moins complète, moins immédiate, et le corps s'échauffe, s'agite ou s'illumine en conséquence. Ce résultat, étant indépendant de la grandeur absolue ou de l'échelle des corps, s'applique donc également aux formes tangibles ou non tangibles de la matière.

Les expériences qui précèdent nous font constater les principaux résultats suivants : 1° la similitude des corps et leur homogénéité produit la transmission complète du mouvement depuis celui dit *quantité de mouvement pour les corps denses*, jusqu'à la transmission électrique pour les corps plus ténus ; 2° la ténuité du corps incident relativement à la densité du corps choqué détermine une réflexion puissante et la communication d'une force presque double au corps choqué *s'il est isolé*, mais ce corps transmettra cette force s'il est en rapport avec d'autres corps semblables ; alors il s'échauffe d'autant moins que la quantité en est plus grande ; 3° l'alternation des corps différents diminue la transmission de force ainsi que la réflexion et produit dans le corps considéré une accumulation de force dépendant du degré de complexité. Le principe se résume dans cette loi : *La force vive se transmet mieux entre corps semblables ou de vibrations semblables qu'entre corps différents.* Les applications de cette loi sont innombrables ; nous allons de suite en donner une idée.

Faute de principe, la plus grande confusion règne dans la science comme à l'Académie. Ainsi, MM. Hérissant, Changeux, Pelouze, Gasparin, Menier, présentent successivement à l'Académie la pulvérisation comme découverte nouvelle facilitant la dissolution des corps. D'innombrables faits sans principe se voilent les uns les autres dans les monceaux de publications académiques. Les simples lois ci-dessus nous montrent pourquoi le bois pulvérisé peut devenir un aliment ; pourquoi le verre pulvérisé peut être dissous dans l'eau chaude, quoique si résistant en masse, comment on peut arriver à la dissolution des corps réfractaires avec le plus d'efficacité, puisque chaque élément du corps isolé s'échauffe, garde la force au lieu de la transmettre à ses semblables. Avec cette loi, on voit qu'il est facile de constater les avantages de la pulvérisation de la division des aliments, engrais, etc, pour obtenir la dissolution, la digestion, l'assimilation par les êtres organisés, etc. Avec cette loi on voit pourquoi il fait un froid excessif dans les régions élevées où la ténuité des éléments de l'atmosphère ne permet qu'une faible transmission de mouvement à nos organes plus denses, tandis que la chaleur devient sensible dans le milieu inférieur où une plus grande densité d'éléments transmet mieux sa force à nos organes denses. Par cette même cause elle augmente à mesure qu'on descend dans la terre. Partout elle augmente par la pression qui rend les corps ou les milieux plus denses, aussi elle devient excessive sur le soleil, sans que les mathématiciens aient besoin d'en rechercher mille causes fantastiques.

Lorsqu'on nous dit que la pomme tombe sur le sol *comme si elle était attirée* par lui; que deux astres s'infléchissent, en passant l'un vers l'autre, par une action attractive de ce milieu sidéral qui ne peut que repousser, il y a là un énorme contre-sens. Il s'explique ?... oh! d'une manière bien simple: en remplaçant la fiction par la réalité. Si la pomme qu'observait Newton était au milieu d'un espace sidéral, uniforme, libre, elle recevrait également de toute part les vibrations éthérées qui la laisseraient en équilibre entre des pressions égales. Mais si cette pomme n'est qu'à quelques mètres au-dessus de la surface de la terre, elle reçoit encore la pression des vibrations éthérées également de tous les côtés où la voûte céleste est libre; mais du côté de la terre, les vibrations sont non pas détruites, mais seulement transformées, soit en traversant notre globe, soit pour celles opposées par réflexion contre un corps incomplétement élastique, ayant des mouvements fort différents de ceux de l'éther qu'il répercute mal et les vibrations devenant moins semblables du côté de la terre, ne pouvant plus faire équilibre à celles venant des autres côtés, la pomme tombe du côté de la terre, où elle est moins repoussée, moins soutenue. Quant aux deux astres qui passent en face l'un de l'autre, vous n'attendrez pas même que j'aie fini : vous voyez déjà que, malgré leur éloignement, ils répercutent mal les vibrations et se protégent réciproquement contre une certaine partie de celles de la voûte céleste et que, pour cela même, ils s'infléchissent l'un vers l'autre en passant, *comme s'il s'attiraient*. Newton a certainement douté de l'attraction, puisqu'il a dit que les corps agissaient *comme s'ils s'attiraient*.

Ainsi, dans un milieu uniforme, les vibrations éthérées semblables perdant doublement de leur force entre deux astres ou corps denses, qui les répercutent différemment, tandis qu'elles n'en perdent que d'un seul côté à l'extérieur, il est évident que ces deux corps denses tendront à se porter l'un vers l'autre, par le seul effet de la moindre répulsion qui les sépare. Le même effet se produit dans notre milieu entre les molécules et plus puissamment encore en raison de la propre différence de ces molécules. Pour cette raison surtout elles ne peuvent se transmettre toute leur force répulsive et il en résulte que les molécules assez différentes sont pressées les unes contre les autres, ce qui donne la solidité aux corps. La chimie les montre en effet composés, soit par l'alternation de molécules différentes, soit par des molécules qui cristallisent en raison des éléments différents dont chacune est composée.

La contre-partie de ces pressions nous montre très-clairement ce résultat. En augmentant le mouvement ou la chaleur d'un corps solide, ses molécules arrivent à pouvoir lutter contre la pression éthérée, et non-seulement nous obtenons leur écartement, leur expansion en vapeur, qui constitue la force de nos machines, mais aussi les explosions qui fendent les rochers ou lancent les projectiles de guerre. Dans tous les cas, on obtient une force de répulsion équivalente à l'excès de puissance de l'agitation calorique développée. Par contre, si l'agitation répulsive diminue sur un point, les corps voisins se rapprochent *comme s'ils s'attiraient*, par cela seul qu'ils se repoussent moins. Le plus ou moins de répulsion suffit donc à produire ces phénomènes.

Les faits les plus simples et les plus palpables nous montrent cette loi de transmission relative de la force : lorsqu'il s'agit des vibrations d'un corps dense, ce sont les corps les moins denses qui les transmettent le moins. Ainsi, en faisant résonner un timbre dans l'éther seul de la cloche pneumatique, les sons ne s'entendent pas du tout ; mais ils deviennent de plus en plus distincts, à mesure qu'on y laisse pénétrer de l'air plus dense. Le son est encore mieux transmis par un corps dont la densité approche de celui qui l'émet. C'est ainsi que le très-léger frottement d'une épingle dense, à l'extrémité d'une longue pièce de bois ou de fer, s'entend facilement à l'autre extrémité, alors que l'air est déjà impuissant à le transmettre.

C'est moins au rapprochement qu'à l'homogénéité du milieu qu'est due la transmission. Si l'on divise une chambre par une simple cloison en bois ou en métal, on entendra encore de part et d'autre ce léger frottement d'épingle, s'il a lieu immédiatement sur cette cloison ; mais si ce frottement s'opère sur un autre morceau de bois ou de fer qui en est le moindrement séparé, on n'entendra pas à quelques centimètres ce qui, par la continuité de la même matière, peut être entendu beaucoup plus loin. La non-transmission sera bien plus complète encore si les corps denses sont séparés par l'éther seul (dit *le vide*) ; dans ce cas, le bruit le plus puissant ne saurait être entendu à cette distance de quelques centimètres.

Ces faits bien connus s'expliquent d'eux-mêmes ; lorsque la puissante vibration d'un corps dense se produit dans le vide ou l'éther seul, les vibrations sont toujours excessivement lentes, par rapport à celles de l'éther, qui en produit des centaines de millions par seconde ; il en résulte que cette lenteur de vibrations appliquée à un corps d'une densité si peu appréciable que celle de l'éther est une force presque nulle et impuissante à ébranler un autre corps dense. Ces exemples nous montrent avec évidence que *la transmission est d'autant plus forte que les corps sont plus semblables, et d'autant plus faible qu'ils sont plus différents.* D'ailleurs les exemples sont partout, même au coin du feu.

Prenez la pincette, suspendez-la par un cordon dont vous tiendrez de chaque main les extrémités entre vos doigts ; faites alors heurter la pincette ainsi suspendue contre un objet résistant, vous entendrez médiocrement ces vibrations, parce qu'elles sont obligées d'emprunter l'air, moins dense, pour arriver à vos oreilles. Mais portez alors les deux extrémités de la ficelle, légèrement pressées, dans vos oreilles, sans changer ces dispositions, et les vibrations étant transmises directement par la ficelle plus dense, vous entendrez un son tellement puissant, qu'il vous semblera que le bourdon d'une cathédrale résonne près de vous.

Pour que chacun puisse remarquer que les expériences qui démontrent la grande loi universelle sont partout et constamment à sa portée, remarquons que si, dans la pièce où nous nous trouvons, les vibrations sonores, caloriques ou lumineuses sont mal ou faiblement transmises, sauf par le verre homogène et synchronique pour la lumière, c'est que les clôtures interrompent l'uniformité du milieu qui nous les transmet. Ouvrez portes et fenêtres, et la lumière, le bruit et la chaleur, entrant ou sortant selon le cas, seront transmis plus facilement. Si votre écran vous garantit du feu, c'est parce qu'il rompt l'uniformité du milieu. Regardez votre main : vous la voyez grâce à l'uniformité suffisante du milieu qui la sépare de vos yeux. Interposez un corps différent et vous ne la verrez plus, bien qu'elle continue à recevoir les mêmes vibrations lumineuses : elles ne sont plus transmises à vos yeux.

Portez votre main contre un corps de température différente : s'il est poli, vous sentirez vivement la chaleur se transmettre ; mais s'il est poreux ou séparé par la moindre couche d'air moins dense, vous la sentirez très-peu. Même dans les cristaux, où les couches sont peu sensibles, M. de Sénarmont a montré que la conductibilité est plus grande dans le sens des couches du clivage que dans le sens perpendiculaire. Il en est de même relativement aux couches des fibres du bois. Depuis que nous avons fait connaître cette loi, l'Académie l'a vérifiée amplement. (Voir les *Comptes rendus.*) En un mot, la preuve du principe universel est partout.

Le simple rapprochement de ces expériences démontre de la manière la plus évidente que la force vibratoire est d'autant moins transmise qu'elle emprunte l'intermédiaire de **corps de densités plus différentes et moins homogènes.**

Comme les transmissions de force par vibrations différentes, directes ou indirectes par échauffement et rayonnement doivent se compenser et se faire équilibre, à des distances qui dépendent de la dimension des corps, nous remarquerons que lorsque ces compensations s'opèrent entre des corps de dimensions inappréciables, comme celles des gaz et de l'éther, les équilibres et l'élasticité totale seront rétablis à des distances tellement minimes, que la transmission ne paraîtra pas troublée. Mais lorsque les différents corps ont des dimensions appréciables, comme autour de nous, ou immenses, comme pour les corps célestes, les transmissions de forces directes et rayonnantes deviennent très-distinctes et ce sont ces différences de transmission d'action qui vont nous expliquer la généralité des phénomènes en nous fournissant autant de nouvelles preuves de la loi que nous constatons par l'expérience.

§ 2. — Confirmations par l'union spontanée des matières différentes.

Par cela même que les corps différents se transmettent moins bien leur force vive, on comprend que, sous la pression générale, ils tendront à s'approcher ou à se mêler ou à réunir chacun de leurs éléments différents s'ils sont mobiles, puisque la répulsion sera moins grande entre molécules différentes qu'entre molécules semblables. Ils se mêleront avec d'autant plus de facilité que leur mobilité sera plus grande, si une autre force supérieure ne s'y oppose. L'état fluide est donc une bonne condition pour que de faibles tendances puissent se manifester, et en expérimentant d'abord au moyen des fluides tangibles, nous pouvons, avec toute facilité, confirmer expérimentalement cette loi.

1° *Moindre répulsion des liquides différents.* — Lorsqu'on superpose divers liquides de densités différentes, au moyen de quelques précautions, comme l'ont fait Priestley, Dutrochet, Dubrunfant et autres, ou comme dans l'ancienne et populaire expérience qui consiste à faire surnager du vin sur de l'eau, il semble d'abord que leur différence de densité va les maintenir chacun à leur niveau ; il n'en est rien : avec un certain temps, le mélange s'effectue parfaitement, malgré le repos le plus absolu et contrairement à l'action de la pesanteur, qui tend à les maintenir à leur niveau respectif.

Les expérimentateurs reconnaissent que « l'on est ainsi obligé d'admettre que les liquides superposés sont le siége de forces qui déterminent les mouvements nécessaires à l'accomplissement du mélange... » « La force se trouve au maximum là où *l'inégalité des densités des différents liquides se trouve elle-même au maximum...* » « La force n'agit pas dans toutes les directions, mais normalement à la surface de contact des liquides... » « L'expérience démontre en outre que la même force varie en intensité suivant *les différences de densités* des couches liquides entre lesquelles elle s'exerce... et l'action se ralentit à mesure que les différences de densités diminuent. » Ainsi les différences de densités déterminent des vibrations différentes qui, se repoussant moins bien, obligent les corps différents à s'approcher ou à se mêler; tandis que les plus semblables s'éloignent.

Nous sommes donc toujours en présence de la même loi d'action, répondant aux différences de densités. Pour que l'action demeure proportionnelle aux différences de densités ou de masses, il faut remarquer que cela suppose une température ou des vibrations caloriques sensiblement constantes. Si cette valeur changeait, la force vive ne saurait être en rapport avec les masses.

Il se présente quelquefois des exceptions apparentes, comme dans les corps gras, qui ne se mélangent pas toujours avec les liquides cristalloïdes; ces cas ne sont pas contraires au principe, car M. Chevreul a montré que les corps gras, quoique fluides, peuvent être considérés comme des sels formés de divers acides unis à une base organique : la glycérine. Si tel corps gras ne se mélange pas avec tel liquide cristallin, c'est donc simplement parce que les éléments *très-différents* des corps gras sont assez puissants pour les maintenir de préférence en contact entre eux.

MM. A. et P. Dupré (*Comptes rendus*, t. LXII, p. 1072) ont aussi calculé ce résultat : « La diffusion a lieu toutes les fois que la force de réunion des deux fluides l'un avec l'autre surpasse la moyenne arithmétique entre leur force de réunion respective. » Ainsi, dans l'un comme dans l'autre cas, les molécules obéissent aux plus grandes différences d'états ou de densités qui les sollicitent.

2° *Moindre répulsion des gaz différents.* — Si nous mettons en contact deux ou plusieurs gaz, comme les molécules semblables de chacun d'eux se transmettent mieux leur force vive, elles se repousseront davantage que les molécules différentes de l'un avec l'autre gaz qui se rapprochent en raison de la moindre transmission de force entre matières différentes. Toutes ces molécules se mêleront donc, de manière que les transmissions de force soient partout égales et équilibrées; c'est précisément ce que nous montre l'expérience.

Lorsque deux gaz différents sont enfermés dans chacun un ballon, dans les mêmes conditions de pression, et que l'on met ces ballons en communication par un long tube, même en plaçant le plus dense en bas, « ces gaz, au bout de quelque temps, se trouvent complétement mélangés... et *ce mélange s'opère d'autant plus vite que leur densité est plus différente.* » Encore et toujours, lorsqu'on opère sous la même température, l'action a lieu non en raison des masses, mais en raison des différences de masses (1). L'action, en raison des différences de masses, est du reste très-facile à établir expérimentalement. Si l'on fait diffuser de l'air ordinaire, dont la densité est 1.00, avec du chlore, dont la densité est 2.47, le temps de diffusion est considérablement plus long que si l'on fait diffuser de l'air avec de l'hydrogène dont la densité ou masse 0,069 est 36 fois moindre.

Cette union de corps différents est le résultat de la diffusion, non-seulement de tous les gaz et des vapeurs qui ne se combinent pas chimiquement, mais elle est encore confirmée par ceux qui se combinent, puisqu'ils le font en raison de leurs différences.

3° *Affinité ou moindre répulsion des molécules différentes.* — A part quelques réticences qui n'ont pas la science pour mobile, tous les traités de chimie constatent que *l'affinité s'exerce de préférence entre les corps les plus dissemblables.* Quant à la nature intime de ces différences, elle résulte de ce fait que le poids atomique ou moléculaire qui régit l'affinité est basé précisément sur les poids différents des volumes égaux de gaz ou de vapeur, c'est-à-dire sur leurs différences de densités.

Boerhaave avait constaté cette action des corps différents l'un sur l'autre, sans en connaître la cause, lorsqu'il cite l'action de l'esprit de nitre sur le fer, de l'eau régale sur l'or, et qu'il dit : « Dans ce dernier cas, pourquoi les particules d'or, dix-huit fois plus denses que l'eau régale, ne se réunissent-elles pas au fond du vase? Ne voyez-vous pas qu'il y a entre chaque particule d'or et chaque particule d'eau régale une force en vertu de laquelle elles se recherchent, s'unissent et se retiennent? » Oui, et cette

---

(1) Dans les forces vives $M v^2 = m V^2$, si une cause tend à égaliser les vitesses v^2 et V^2 sans que les masses M et m puissent changer, il y aura nécessairement inégalité de force vive, et comme le rapprochement de deux corps tend à égaliser leur mouvement, les différences d'actions tendront à devenir proportionnelles aux différences de masses, et les corps ne pouvant pas s'équilibrer doivent tendre à se réunir.

force d'union entre les corps différents amène la dissolution des molécules de l'or et leur union aux particules de l'eau régale, plus différentes. D'autre part, en se basant : 1° sur le nombre d'atomes qui entrent dans la composition de chaque molécule ; 2° sur la symétrie nécessaire à l'équilibre des forces ; 3° sur la forme que doit avoir une molécule pour donner les formes cristallines qu'elle produit, on arrive à cette nécessité que les molécules sont nécessairement alternées dans la composition ; c'est ainsi que M. Gaudin, dans un livre très-estimé (l'*Architecture du monde des atomes*), est arrivé à ne pouvoir construire les molécules qu'en satisfaisant à cette loi de l'alternance des atomes, et si M. Gaudin avait connu la loi de l'alternance des matières différentes, il n'aurait pas eu besoin de travailler quarante ans, comme il le dit, à la recherche de ces conditions. Il y a donc là encore une conséquence de la moindre transmission de force vive entre matières différentes.

4° *Moindre répulsion des électricités différentes.* — Maintenant que nous avons vu tous les corps tangibles agir selon la même loi, il nous est facile de constater que cette loi se continue sous les formes non tangibles de la matière.

Lorsqu'il s'agit des atmosphères que les corps s'attachent sous le nom d'électricité et que nous étudierons plus loin, comme ces atmosphères entraînent dans leurs mouvements les corps tangibles auxquels elles s'attachent, nous savons parfaitement qu'elles s'approchent ou s'unissent en raison de leurs différences et qu'elles se repoussent ou s'éloignent en raison de leurs similitudes ; nous n'avons donc pas à nous en occuper davantage, puisque leur mode d'action est précisément la répulsion en raison des similitudes, et la moindre répulsion qui les fait céder et se rapprocher sous la pression éthérée en raison des différences.

Seulement nous devons signaler ici une bien grosse et double erreur où conduit cette prétendue attraction en raison des masses. Voici comment s'exprime la science classique sous le titre de Loi des masses : « *Les attractions et les répulsions* électriques sont proportionnelles *aux produits des quantités d'électricité répandues sur les deux corps* qui s'attirent ou qui se repoussent !! » Ainsi nos savants nous apprennent que, lorsqu'on additionne ou qu'on multiplie une quantité positive avec une quantité négative, cela fait *une masse*, absolument comme le négociant qui, pour savoir la somme d'argent qu'il doit encaisser, additionnerait 20 000 francs de bénéfice avec 20 000 francs de perte. Total : 40 000 francs !

C'est ainsi que le savant Ampère faisait rentrer l'électricité sous la loi des masses, malgré l'opposition prévoyante de tant d'autres.

Il ne faut pas être difficile avec le classique système. Nos savants voudront-ils bien remarquer qu'ajouter une quantité négative avec une quantité positive, cela mesure, non pas des masses, mais précisément la *raison des différences de masses que nous exposons?*... Pour comble de malheur, ils ne voient pas que lorsque les électricités sont de même signe et qu'elles donnent un produit *positif ou une masse*, alors *elles se repoussent* au lieu de s'attirer!!...

Rien n'est donc plus simple que cet énoncé : les électricités, comme les autres corps, *se repoussent en raison de leurs similitudes* parce qu'ils se transmettent mieux leur force vive et *ils sont comprimés* (comme s'ils s'attiraient) *en raison de leurs différences*, faute de pouvoir se la transmettre aussi bien.

5° *Les chaleurs s'égalisent ou se mêlent en raison de leurs différences.* — Les mouvements caloriques ne sont pas tangibles, mais nous pouvons très-facilement constater qu'ils suivent la même loi que celle des autres corps. Les chaleurs différentes s'unifient ou se mêlent d'autant plus vite qu'elles sont plus différentes. Nous pouvons nous en rendre compte simplement par le toucher. Mettez le bout du doigt dans l'eau sans l'agiter ; si elle est plus froide que votre doigt, vous sentirez qu'il y a échange de température ; si elle est plus chaude, il en sera de même ; si les différences de température sont très-fortes, vous les sentirez très-vivement s'unifier ; si l'eau est à la même température, vous ne la sentirez pas du tout. En touchant le premier corps venu, vous sentirez des échanges analogues de température. Ainsi *l'action naît et augmente avec les différences de température ; donc la différence est cause de ces actions.*

La loi suivante, constatée par Newton et autres, dans les limites de température qui n'aboutissent pas à des transformations, confirme le même résultat : *Les abaissements de température que subit un corps pendant l'unité de temps varient proportionnellement aux excès de température de ce corps sur celle du milieu environnant.* Donc encore, c'est la différence qui cause l'action, puisqu'elle lui est proportionnelle.

6° *Remarques.* — Lorsque les molécules d'un corps sont à l'état fluide, si elles sont différentes, elles s'alternent en se solidifiant dès que leur force vive devient insuffisante pour résister à la pression générale ; mais si ce sont des molécules semblables, elles s'orientent en raison des éléments différents dont chacune est composée pour former les corps cristallisés, ce qui donne encore pour résultat l'alternation des matières différentes.

C'est ainsi qu'elles perdent la force vive qui leur permettait de résister aux vibrations éthérées et que le corps devient solide sous l'énorme compression de quatre à huit cents millions de vibrations par seconde. Mais, lorsqu'un corps solide est brisé, ses fragments ne peuvent se rattacher, parce que ses molécules sont si excessivement petites, qu'il est impossible de faire coïncider les molécules d'une matière donnée de l'un des fragments avec les molécules différentes de l'autre. Une molécule quelconque de l'un des morceaux éprouvera donc autant de répulsion des molécules semblables de l'autre que de compression vers les molécules différentes et les forces s'annulent. De plus, les corps solides s'attachent des atmosphères qui, étant à peu près semblables, tendent plutôt à se repousser qu'à s'unir. La solidité du corps ne peut se produire que par la fusion qui donne la mobilité aux molécules et leur permet de s'unir selon leur moindre répulsion lorsqu'elles perdent cet excès de chaleur répulsive.

Remarquons encore ici que les faits sont contraires à l'attraction en raison des masses, puisque les masses ne peuvent s'unir entre elles, tandis que les molécules constituantes s'unissent très-bien par la combinaison de leurs éléments différents. Si les corps s'attiraient en raison des masses, il est évident que ce seraient les corps solides et denses simplement mis en contact qui manifesteraient les plus nombreux effets d'attraction.

Lorsque l'on met en contact deux corps denses et polis, ils adhèreraient immédiatement, et il n'en est rien. Ils ne le font que dans les conditions qui accusent l'action moléculaire et non l'action de masse. Si l'on superpose deux glaces, elles n'adhèrent pas d'abord par leur action de masse, mais, comme les molécules complexes qui font leur force sont équidistantes, lorsqu'on prend deux corps semblables, celles qui tendent à s'unir ne peuvent différer de la coïncidence avec celles de l'autre glace que d'une quantité excessivement petite, il suffit de les laisser quelque temps soumises aux ébranlements du milieu pour que, les molécules différentes cédant le moindrement à leurs tendances, il y ait un excédant de coïncidence entre elles, provoqué par leur tendance à s'unir et suffisant pour déterminer l'adhérence des glaces, et c'est seulement dans ces conditions qu'elles peuvent s'unir. Les faits de toute nature nous montrent encore que les corps n'adhèrent pas en raison de leurs masses, mais bien *en raison de leurs différences de masses et de vibrations moléculaires.*

Les corps seront donc d'autant plus durs, d'autant plus solides que les molécules qui les composent sont plus différentes. Inversement, plus les molécules ou les atomes seront semblables et également répartis et mieux ils se transmettent la force qui les oblige à s'éloigner. Mais ce n'est pas seulement dans l'extrême diffusion de l'éther que cette similitude peut être obtenue. Lorsqu'un corps est très-dense et compacte, on comprend parfaitement que s'il subissait une pression supérieure à celle qui réunit les atomes en molécules différentes, les atomes, en se rapprochant tous extrèmement et par conséquent également, doivent alors se transmettre la force avec une puissance d'autant plus grande qu'ils sont plus rapprochés et que les chocs répulsifs seront plus excessivement multipliés sous une vitesse donnée. Un tel corps doit donc devenir fulminant par l'excès de force vive qui résulte du rapprochement extrême des atomes, et il reprendra ainsi toute la force qui a été employée à le condenser. Or une pression suffisante pour amener cette unification de la matière doit nécessairement être atteinte dans les couches profondes de notre globe ou d'un autre astre, et alors le mystère des tremblements de terre, des volcans et bien d'autres phénomènes se trouveraient expliqués par cette loi si simple, comme nous allons le voir plus loin.

En résumé, *les corps sont comprimés en raison de leurs différences, ils se repoussent en raison de leurs similitudes.* En d'autres termes, sous la pression du mouvement universel, *les corps se transmettent d'autant mieux la force vive des vibrations répulsives qu'ils sont plus semblables, et sous une même vitesse les chocs répulsifs seront d'autant plus multipliés que les corps seront plus rapprochés.*

§ 4. — Les atmosphères autour des corps denses sont la conséquence des moindres transmissions de force.

En raison de l'incomplète élasticité qui résulte de l'alternance des corps, nous venons de voir que le plus dense ne rend pas au moins dense en le répercutant ni en transmettant sa force, toute la vitesse qu'il avait; comme l'équilibre de force ne peut pas cesser d'exister dans le milieu fluide dont la pression force les corps à s'équilibrer, il en résulte que les molécules éthérées, qui perdent de leur vitesse par une réaction incomplète du corps dense, se rapprochent de sa surface, de telle sorte que la plus grande multiplicité des chocs qui résulte de ce rapprochement compense la perte de vitesse. C'est ce qui fait que nous constatons des atmosphères plus denses autour des corps solides, soit sous forme électrique pour les fluides non tangibles, soit sous forme de gaz tangibles facilement appréciables autour de certains métaux, soit sous forme tangible ou non tangible comme les atmosphères autour des astres.

On peut aussi constater ces atmosphères par le maintien sur l'eau de particules ou poussières de diverse nature et plus denses que ce liquide ; même de la limaille de fer, près de huit fois plus dense que l'eau, se maintient sur ce liquide. Il faut pour cela que le volume de l'atmosphère qu'elle a la propriété de s'attacher avec plus de puissance que l'eau dépasse huit fois celui du métal; si la particule de fer est plus volumineuse, celle de l'atmosphère très-dense ne pouvant guère dépasser une certaine épaisseur, le morceau de fer coule au fond.

Il est en effet bien naturel que le fer très-dense et peu élastique dans son ensemble s'attache le gaz très-peu dense avec plus de puissance que d'autres corps. Si la masse était la cause de cette action, il serait impossible que celle de l'air, si léger, l'emportât sur celle de l'eau, qui est 773 fois plus dense. Pourtant, bien que la différence de densité soit l'élément essentiel de l'action, on sait que le degré de rapprochement est une condition importante, de sorte qu'une fois que l'eau a mouillé le corps et s'est mise en contact avec lui, il est difficile de la déplacer. Nous voyons aussi que le volume proportionnel des atmosphères sera d'autant plus grand que les molécules denses seront plus petites, ce qui nous explique pourquoi les gaz les plus légers sont ceux qui doivent avoir les molécules les plus petites, comme l'hydrogène, qui s'insinue avec facilité dans les pores des autres corps.

Bien que les molécules des gaz soient invisibles, nous avons plusieurs moyens de nous rendre compte expérimentalement de la condensation des fluides légers à la surface des corps denses. Si nous prenons le plus léger des gaz tangibles, l'hydrogène, et que nous le mélangions avec son équivalent d'oxygène, les molécules demeurent assez éloignées les unes des autres pour ne pas se combiner; mais, si alors nous plongeons dans ce mélange le plus dense des corps connus, un morceau pur de platine, les gaz se condensent tellement à sa surface, qu'ils se trouvent assez rapprochés pour se combiner et former de l'eau, qui coule à la surface du métal.

Il n'est pas nécessaire qu'un milieu renferme des molécules de différentes densités pour qu'elles se disposent par ordre de densité décroissante. Si les molécules sont semblables, les plus rapprochées du corps dense, éprouvant la plus grande perte de vitesse, seront obligées de se rapprocher davantage pour produire un nombre de chocs équivalents, et il en résultera la décroissance de densité, aussi bien que si les molécules elles-mêmes étaient différentes, et que les plus denses, étant moins bien répercutées par leur propre atmosphère, se disposent par ordre de densité : par conséquent, que les matières fluides soient semblables ou différentes, tangibles ou non tangibles, elles se disposeront nécessairement en atmosphères par ordre de densité décroissante autour d'un corps solide et plus dense.

Pour se rendre compte de l'accroissement de force que donne le rapprochement des molécules par la compression des gaz, il faut considérer, selon la loi de Mariotte, le volume et la force des gaz que l'on comprime. Leur force répulsive devient 2, 3, 4 fois plus grande, selon que le gaz est comprimé dans un espace réduit de 1/2, 1/3, 1/4 de son volume. Par conséquent, les atmosphères des molécules devenant d'autant plus denses lorsque c'est une force de compression qui les réduit, sans que le froid ou la chaleur diminue ou augmente la vitesse, les vibrations de ces atmosphères se choquent 2, 3, 4 fois plus souvent. On constate ainsi que, chaque fois que l'on réduit successivement l'espace de *moitié*, puis de *moitié* encore, etc., la force répulsive devient 2, 4, 8, 16, 32, 64, etc. fois aussi grande (1). Il en résulte que la force et par conséquent la densité des atmosphères est inverse des distances quand la pression reste la même et que la surface réfléchissante varie en raison inverse du carré des distances, puisque la réflexion, comme la transmission varient de la totalité à la nullité, selon que les corps sont semblables ou extrêmement différents. La densité moyenne qui en résultera donc sera inverse des distances. On voit aussi que la force répulsive peut

---

(1) Cette loi de Mariotte est exacte, sauf de légères différences d'action résultant des différences de grosseur et d'élasticité moléculaire, qui s'accentuent d'autant plus que ces molécules sont plus rapprochées; cette loi serait rigoureusement exacte si les molécules pouvaient être considérées comme des points mathématiques parfaitement élastiques au milieu de leur atmosphère. Mais, comme la grosseur de la molécule diminue la distance et augmente le nombre des chocs ou la force répulsive, qu'au contraire la complexité de la molécule la diminue par une moindre réflexion de force, laquelle s'accentue en raison du nombre des chocs, il en résulte, en consultant les expériences de M. Regnault, que cette dernière condition diminue plus la force que la première ne l'augmente, lorsqu'il s'agit de la compression des gaz; sauf pour l'hydrogène qui, par sa plus grande simplicité de composition, gagne davantage de force qu'il n'en perd.

devenir infiniment grande par le seul rapprochement des molécules, qui augmentent la densité des atmosphères sans charger leur vitesse, ce qui est parfaitement conséquent, puisque la force répulsive ne se produit qu'au moment et en raison du nombre des chocs, ainsi qu'on peut le constater en regardant jouer aux boules ou au billard.

Par conséquent aussi, lorsque les vibrations éthérées perdent de leur vitesse par la réaction d'un corps plus dense, nous voyons qu'il suffit que ces molécules se rapprochent contre le corps dense sous forme d'atmosphère plus dense pour conserver la même force vive. Ce résultat est donc la conséquence inévitable de l'égalité de pression nécessaire à l'équilibre et qui ne peut se démentir sans donner naissance à des mouvements équivalents.

Ces conditions donneront ainsi à la densité des atmosphères des corps denses une décroissance de densité indéfinie, puisque près du corps dense l'atome ou la molécule de l'atmosphère éprouve un manque de réaction sur près d'une moitié de sa sphère d'action, tandis qu'en s'éloignant de plus en plus, chaque corps ne l'éprouve que relativement à un espace de plus en plus réduit. La progression de cette décroissance est *inverse du carré des distances*, puisque la partie de la sphère d'action qu'un corps dérobe à un autre est inversement proportionnelle au carré de leur distance. Néanmoins nous venons de voir par expérience et nous savons par des mesures directes que la décroissance de densité atmosphérique est seulement *inverse des distances*, et nous constaterons plus loin par l'état et les mouvements des corps sidéraux que cette même décroissance se continue dans les matières tangibles ou non tangibles de l'espace sidéral. Cela tient à ce que, dans la composition des atmosphères comme ailleurs, les matières *différentes* s'attachent les unes aux autres et qu'étant les unes répulsives ou légères, les autres compressives ou pesantes, *l'action moyenne répond à l'inverse des distances*.

Ces résultats nous expliquent avec une conséquence parfaite la décroissance de densité indéfinie des corps sidéraux complexes ou autres. Le degré de difficulté de réflexion et de transmission de la force vive règle la puissance de ces atmosphères. Quant à la vitesse de transmission lumineuse, elle restera la même dans tous les cas, parce que le rapprochement des molécules ne la change pas.

Mais ne perdons pas de vue que cette moindre transmission de force, en raison des différences de densité et d'élasticité, devient encore plus complète si le corps, au lieu d'être uniforme, est au contraire composé de diverses couches ou éléments de différentes densités irrégulièrement alternés, et dont chaque alternation diminue la transmission. Cette condition peut devenir telle, que sans aucune différence de densité dans l'ensemble des corps, il y aurait une très-grande différence de transmission de force. C'est ainsi que l'air, même humide, transmet assez bien la chaleur et la lumière, tandis qu'il la transmet fort mal et la réfléchit notablement lorsque l'eau se condense en petites particules sous forme de nuages, bien que la densité moyenne reste sensiblement la même que celle de l'espace transparent.

Les gens qui ne connaissent qu'une face des choses humaines, et ils sont très-nombreux, me disent : « Pourquoi l'Académie n'accepterait-elle pas votre principe s'il repose sur des faits vrais ? » Et cette objection semble concluante. Lorsqu'on a affaire à un adversaire invisible dans ses moyens, il est terrible, et c'est bien pis encore lorsque, sachant que cette institution croit agir avec de bonnes intentions, votre conscience vous oblige à fermer les yeux pour ne pas dévoiler ses retranchements ; c'est le cas où je me trouve sous un point de vue que vous devez comprendre sans que j'en dise davantage. Pour me tirer un peu d'embarras, qu'on me permette de montrer seulement l'une des faces de la question.

Dans la séance du 22 avril 1872, M. de S*** V***, voulant recommander l'adoption du système de calcul de M. B***, a fait distribuer à ses collègues une petite brochure sur *les Ondes lumineuses*. Dans cette brochure, il se tourmente l'esprit pour arriver à éluder les vibrations longitudinales directement répulsives de l'éther, et il tend à démontrer que les différences de densités de l'éther, qu'admettait Fresnel sans pouvoir en définir la cause, sont inconciliables avec l'égalité ou la continuité d'action en passant d'un milieu éthéré dans un milieu dense. Rien pourtant n'est plus simple, puisqu'il suffit, comme nous le montrent les faits, de la réduction de l'espace parcouru par les éléments mis en vibration pour compenser la réduction de vitesse que nous montrent encore les faits. Lorsque les molécules ou atomes des atmosphères perdent de leur vitesse par leur réaction contre un corps dense, la même pression extérieure ne cessant pas de se produire, ces molécules se compriment nécessairement jusqu'au point où l'augmentation du nombre des chocs compense la perte de vitesse, de telle sorte que la force reste la même pour équilibrer cette pression ; ce qui donne dans chaque cas, pour expression de cette force vive, $\frac{m V^2}{D} = \frac{m v^2}{d}$, D et d étant la distance parcourue par les molécules, V^2 et v^2 leur carré de vitesse. Or les plus simples éléments de calcul nous apprennent qu'en réduisant le diviseur D dans la même proportion que V^2 du dividende, le produit ou la force reste la même.

Ensuite il est dit page 45 et autres de cette brochure que l'action des molécules pondérables « *est négligeable, vu l'extrême petitesse de leur déplacement comparé à ceux de l'éther* ». Ainsi la grande pesanteur ou densité *m* des corps pondérables et l'extrême petitesse de leurs mouvements *d* sont précisément les deux facteurs qui donnent une force immense «comparée à celle de l'éther», que ce système de calcul fait vibrer *en même temps;* et c'est précisément cette force immense que l'auteur B*** et le juge de S*** V*** considèrent comme *négligeable!* Remarquons aussi que le corps pondérable ne peut pas vibrer *en même temps* que l'éther. Les mémoires de M. B*** sont insérés largement dans les *Comptes rendus* et, de plus, ont été l'objet d'un rapport à M. le ministre de l'instruction publique, qui, en conséquence, en a fait l'objet d'un discours pompeux à la réunion des délégués des sociétés savantes à la Sorbonne. Permettez-moi de relater ici un petit incident. Au moment le plus chaud de son discours, le ministre s'écrie : « Si l'auteur de ces merveilleux calculs était là, je l'embrasserais! » L'*heureux* auteur, qui peut-être ne se doute pas que dans certains systèmes *cela* peut être un titre au merveilleux, se lève, quitte sa place et s'approche du ministre. Celui-ci, qui avait déjà repris le fil de son discours et d'un autre sujet, se retourne étonné... Ils s'embrassent, et le public bat des mains plus ou moins joyeusement.

Cela est gai ; mais, au fond, il était bien triste de songer que l'on se préparait ainsi à empêtrer la science d'une absurdité de plus. C'est pourtant dans cette même séance que le ministre fit remarquer que l'Etat bénéficie de quelques centaines de mille francs sur le budget de la science en raison du prix des inscriptions, des diplômes, etc., qu'il perçoit, et que l'orateur réclamait une augmentation de ce budget. Mais pour quel usage? Si c'est dans l'intérêt bien entendu de la science, nous ne pouvons qu'applaudir. Je me décidai à en écrire au ministre et à transmettre à l'Académie les remarques que je viens de faire et d'autres encore. Bien entendu, de telles remarques ne furent pas insérées aux *Comptes rendus*. Pourtant j'ai une sorte de réponse indirecte. M. B***, qui devait être élu académicien, n'obtint pas le nombre de voix nécessaire, et il ne fut plus question de ce merveilleux système de calcul. Que M. B*** jouisse en paix, de ses couronnes, pourvu que la science ne jouisse pas de ce nouvel appoint d'impossibilités !

Par ses travaux d'obscurantisme, l'Académie s'aveugle elle-même et s'égare dans la science comme dans la philosophie qu'elle croit servir. Le fatalisme de la matière brute qu'elle prête aux êtres organisés, est la pire de ses erreurs. Avec une telle méprise, la vérité, le *Principe du mouvement*, serait le feu qui incendie, et son système l'eau qui l'éteint. Tandis qu'en réalité, son système est l'eau qui submerge, noie et engloutit; notre loi, c'est la lumière qui éclaire, c'est le phare qui sauve du naufrage! L'Académie est engagée dans le vieux sentier escarpé et tortueux des préjugés. Nul n'étant élu hors de cette voie, l'abîme devient de plus en plus profond à mesure que la science, comme l'homme, s'élève. Ce que notre loi nous montre, ce qui ressort de plus en plus de nos recherches, ce que nous réclamons de toutes nos forces, c'est une large et belle voie, où science et dogme puissent marcher de front sans se heurter.

Cause de l'élasticité. — Du moment où un corps, une molécule dense ne peut pas communiquer toute sa force répulsive aux éléments les moins denses, en raison de leurs différences de vibrations, ces éléments moins denses s'en approcheront sous forme d'atmosphère pour trouver dans ce rapprochement un excédant de force propre à maintenir l'équilibre. Deux de ces molécules plus denses ne pourront donc être pressées l'une contre l'autre qu'en comprimant et chassant une partie de leur atmosphère. Or, dès que la force comprimante disparaît, l'atmosphère, qui tend à se reconstituer, éloigne les molécules les plus denses avec la même force qu'elle a opposée à leur compression. Ainsi l'élasticité a beaucoup d'amplitude dans l'atmosphère étendue des gaz; elle en a peu dans celles réduites des solides. Dans les ondes sonores les molécules tangibles vibrent sans se toucher, parce que l'atmosphère de l'une chasse l'atmosphère de l'autre.

Est-ce simple ? Et toujours la même loi !

§ 5 — Causes de la chaleur, des transformations de force, des équivalents, de l'affinité, etc.

(Exposé à la Sorbonne le 21 avril 1876).

La science ignore ce qui distingue la *chaleur sensible*, la *chaleur spécifique*, la *chaleur latente*, etc.

Pour avoir une idée de la transformation des vitesses de mouvement par la différence de poids des corps, cela est assez facile : frappez sur des cloches ou sur des lames élastiques, le même choc les ébranlera d'autant plus vite qu'elles seront plus petites, toutes proportions gardées, ce qui donne le degré de gravité ou d'aiguïté des sons, et nous montre de suite que sous une même action, la vitesse est plus grande pour une masse moins pesante. Puis les vitesses de réflexion des molécules du milieu seront augmentées de chaque côté par le corps vibrant, attendu qu'il *rencontre plus de molécules pendant qu'il s'avance contre elles que pendant qu'il revient sur lui-même;* molécules auxquelles il ajoute sa vitesse plus un excès de réflexion à chaque retour avec leurs conséquences (voir la formule page 23). Puis les molécules avec leurs éléments atmosphériques, de plus en plus petits, agissant de même les uns contre les autres, il en résulte un accroissement de vitesse extrême pour les derniers éléments de la matière. Si un choc puissant a lieu contre un corps plus dur et plus élastique, qui vibrera plus rapidement et réfléchira plus vite encore, tel que le silex ou l'acier qui donne l'étincelle, les vibrations éthérées peuvent atteindre la vitesse nécessaire aux manifestations lumineuses, avant de se répandre. Ainsi, à mesure que le poids des corps mis en mouvement diminue, la vitesse augmente, le mouvement se transforme. La force mécanique de la masse solide devient vibrations sonores, caloriques, lumineuses, etc.

La transformation du mouvement plus rapide et de moindre masse en mouvement plus lent et de plus forte masse, peut se démontrer avec la même facilité par la transformation éthérée ou d'électricité en lumière, de lumière en chaleur, de chaleur en mouvement atmosphérique, etc.; elle se fait rapidement dans un milieu de densité très-graduée; mais lentement, si les différences de densité sont brusquement tranchées. Lorsque le vent souffle dans la voile d'un bateau, sa vitesse, bien que grande, a besoin d'agir pendant un certain temps, accumulant les chocs moléculaires pour ne donner au bateau pesant qu'une faible vitesse relative; mais qui aura une grande puissance en raison de la forte masse mise en mouvement. La force transmise au bateau et à l'eau sera à peu près égale à celle perdue par le vent, mais les vitesses sont d'autant moins grandes que les masses sont plus fortes.

Remarquons aussi que si un marteau frappe un marteau semblable ou de même poids, leurs vitesses sont échangées immédiatement et complètement; si, au contraire, le marteau ne frappe que l'air ou de petits corps suspendus, il lui faudra longtemps pour transmettre sa force et perdre son mouvement. Si notre bateau choque un autre bateau semblable, sa force serait transmise immédiatement si elle l'était par l'intermédiaire d'un corps élastique, il serait renvoyé par une masse de rocher. Mais si le bateau ne rencontrait qu'un corps moins dense, il lui faudrait longtemps encore pour perdre ou transmettre son mouvement. Ainsi répétons encore : *la force se transmet mieux entre corps semblables qu'entre corps différents.*

Avec ces lois nous pouvons nous rendre compte des résultats tangibles ou non tangibles. Là où la vue de l'homme s'arrête, celle du principe se maintient. On appelle *capacité calorique* ou chaleur spécifique des corps, la quantité de chaleur qu'un même poids de chacun nécessite pour s'échauffer d'un même degré. Comme les molécules qui entrent en plus grand nombre sous un même poids sont plus légères, elles ont et transmettent à leur atmosphère des vibrations plus rapides qui sont d'autant moins transmises aux corps denses plus différents. Par conséquent, elles sont d'autant moins senties comme chaleur.

En effet, ce sont les corps qui comprennent le plus grand nombre d'équivalents sous un même poids qui nécessitent et transforment le plus de chaleur pour atteindre un même degré d'échauffement. Il en résulte que, lorsqu'on mélange deux liquides par quantités égales, l'un à 0, l'autre à 100 degrés, si la chaleur reste au dessous de 50 degrés, on trouve que c'est le plus froid qui comprend le plus d'équivalents et qui a transformé davantage la chaleur de l'autre en vibrations plus rapides et moins sensibles ; si, au contraire, la chaleur dépasse 50 degrés, on constate que c'est le plus chaud qui possède le plus d'équivalents qui sur l'autre ont donné des vibrations plus lentes et sensibles.

Lorsque la science dit que les atomes ou les équivalents de diverses natures possèdent la même quantité de chaleur, elle fait donc une erreur en ne considérant que cette forme de la force vive. Lorsqu'on mélange 1 kilog. d'eau à 0 et 1 kilog. de mercure à 100 degrés, et qu'au lieu d'obtenir une chaleur de 50 degrés, on l'obtient de $3°,2$, évidemment il y a moins de vibrations calorifiques, mais il y a d'autant plus d'autres vibrations transformées. Ce n'est donc pas l'égalité de vibrations caloriques qu'il faut attribuer à chaque molécule, mais la même somme de force vive en vibrations diverses ; et dont une partie transmise extérieurement n'est égale que par réciprocité de transmission et d'absorption.

Ainsi les molécules des corps dits simples, déterminent des vibrations éthérées d'autant plus transmissibles aux corps denses qu'elles sont plus pesantes et d'autant plus rapides et moins sensibles qu'elles sont plus légères. Puis les vibrations rapides répercutent mieux les vibrations rapides de l'éther et laissent se condenser autour d'elles les éléments qui les ont plus lentes. Au contraire, les molécules pesantes répercutent mieux les éléments qui les ont lentes et laissent se rapprocher ceux qui les ont rapides. Ce qui donne des effets *plus* ou *moins calorifiques* par les éléments *repoussés* et des *atmosphères électriques inverses* par ceux *condensés*. (Voy. § 18.) Ainsi l'hydrogène léger donne peu de chaleur et l'électricité positive, l'oxygène, donne l'électricité négative et plus de chaleur. Mais l'absorption avec transformations peut changer considérablement l'effet électrique, de même que la densité change l'état calorifique selon l'extension ou la réduction des extrémités moins denses des atmosphères.

L'expérience montre, en effet, que la température augmente par la condensation et qu'elle diminue par la dilatation ou l'écartement des molécules, parce que, selon notre loi, en s'écartant elles sont obligées d'emprunter l'intermédiaire de vibrations plus rapides et d'autant moins puissantes sur les molécules pondérables.

Mais ce n'est pas seulement par des résultats intermoléculaires imperceptibles que nous allons démontrer ces actions, ce sont maintenant les expériences les plus simples, les plus palpables et connues de vous tous, messieurs, qui vont les mettre en évidence de la manière la plus indubitable. Chacun sait que lorsqu'on s'élève dans les régions supérieures de l'atmosphère terrestre, la densité diminue, et, comme les vibrations se rapprochent de plus en plus de celles de l'éther seul, la chaleur diminue proportionnellement à cette moindre densité ; le phénomène est parfaitement palpable ; si, au contraire, nous nous abaissons dans cette atmosphère, des effets inverses se produisent, et nous........

.... J'en étais là de cette démonstration dans le grand amphithéâtre des sciences à la Sorbonne, le 21 avril 1876, pendant la réunion des sociétés savantes, lorsque je fus subitement interrompu par le président membre de l'Académie des sciences, M. Milne-Edwards, à cause de l'évidence frappante qu'il ne voulait pas voir mettre en lumière. Il me dit d'abord que les savants de Paris ne doivent pas concourir avec ceux des départements. Je répondis que Paris était un département, et que j'habitais aussi la campagne. Ensuite il fouilla des listes en me disant que mon nom n'était que sur celle faite à l'ouverture des réunions. Je fis remarquer que M. Lecoq de Boisbaudran, qui venait d'avoir la parole pendant la présidence du Ministre de l'instruction publique, était dans le même cas, ainsi que plusieurs autres, et je me plaignis de cette interruption au moment même où j'exposais les faits les plus démonstratifs. Mes réclamations ainsi que celles de l'auditoire furent inutiles.

En voyant qu'il avait donné de mauvaises raisons, le président continua à parler plus fort encore, en disant alors qu'il était seul maître de donner la parole à qui bon lui semble. Je dus abandonner la tribune, qui ne tarda pas à rester vide, et la séance fut levée. Il serait difficile de mieux montrer les regrettables frayeurs de l'obscurantisme, qui s'effraye inconsidérément de toute vérité.

Une autre scène de sympathie générale m'attendait en sortant. Les auditeurs m'entourèrent et me demandèrent quelques feuilles imprimées que j'avais à la main, et qui pourtant n'étaient pas la suite du sujet interrompu, mais l'introduction de ce volume. Je fus littéralement assailli par ces auditeurs, par ces savants qui sont les principaux membres des universités de Paris et des départements. En raison de ce grand empressement, je pus satisfaire tout le monde en recourant plusieurs fois au tirage que j'emmenais dans une voiture. Ce que je remarquai surtout dans cet empressement général, car je ne distinguais même pas d'abstention, c'est que ces hommes sérieux, ces savants spéciaux avaient presque tous des paroles ou des manifestations sympathiques pour moi ou de désapprobation contre le président. Peu se montraient silencieux ou réservés. J'en conclus que ceux-là seuls penchaient pour le système des réticences ou étaient dans l'incertitude. Voilà donc une université qui, presque tout entière, marche dans le système de l'obscurantisme, parce qu'elle est engrenée sur un vieux rouage dont elle n'a pas compris le mécanisme ou parce qu'elle est retenue par les liens de la nécessité. Ceux-là mêmes qui dirigent le système ne semblent plus convaincus de la bonté de leur cause ; le lendemain soir, à la réception des délégués de la science par le Ministre, M. de Q..., que j'ai critiqué dans cet opuscule, distribué d'abord aux membres de l'Académie des sciences, me tendit silencieusement la main en passant. Peu après, M. Milne-Edwards lui-même m'adressa quelques paroles que je ne puis appeler que d'excuse, en me demandant si je ne lui en voulais pas. — Hélas ! non, Monsieur ; car je pense que si vous agissez ainsi, c'est par une trop ancienne conviction. — Mais écoutez au moins la raison et remarquez que la grossière fatalité que supposent l'Académie et la philosophie est absolument démentie par ce fait que : *dans les principales fonctions et dispositions des êtres organisés, rien n'est livré au hasard, que tout est prévu avec une perfection inaccessible*, qui dépasse infiniment les facultés humaines ; de plus, pour éloigner toute incertitude, je vous montre la raison même de *ce choix*, de cette perfection, lorsqu'il s'agit des phénomènes matériels. Puis, les résultats deviennent merveilleux lorsqu'on arrive à la volonté intelligente ! Qu'il y a loin de là au grossier fatalisme, au hasard que vous avez supposé, et qui motive vos déplorables réticences scientifiques !

Quant aux modifications d'interprétations dogmatiques qui peuvent être nécessaires, on en a fait de telles dans ces derniers temps, qu'on ne saurait dire qu'il y a là une difficulté réelle.

Je vais donc continuer ici le sujet interrompu :

Si nous nous abaissons dans l'atmosphère à mesure que la densité s'accroît, la part des vibrations plus lentes augmente et nous sentons, en conséquence, de plus en plus la chaleur. Si nous pénétrons dans les profondeurs de la terre, la densité de l'atmosphère augmente encore sous une plus forte pression, et la chaleur continue à s'accroître en raison d'une moins grande différence entre ces vibrations avec celle de la moyenne des éléments pondérables. Pourtant il ne faudrait pas en conclure que si la manifestation calorique augmente par la densité générale qui supprime de plus en plus les vibrations non sensibles, elle croîtra indéfiniment avec la densité des atmosphères ; car, lorsque les vibrations dépassent l'amplitude qui doit le plus troubler les rapports moléculaires, la sensation calorique s'affaiblit pour passer progressivement à celles des vibrations plus graves, puis aux sons, etc., et la chaleur augmente de moins en moins avec la profondeur.

La décomposition spectrale nous montre parfaitement que la densité diminue à mesure que les vibrations sont plus réfrangibles non-seulement parce que ces vibrations deviennent de plus en plus rapides et courtes, mais aussi parce que les corps qui donnent telle raie dans une partie moins réfrangible perdent cette raie en se décomposant pour en prendre d'autres plus réfrangibles ou qui répondent aux éléments du corps plus divisés. Puis, dans cette échelle de densité décroissante, chaque mode de vibration a son maximum d'effet, non pas à l'une ou l'autre extrémité de cette échelle, mais au point où chaque mode de vibration a le maximum d'effet par plus de similitude relativement aux corps sur lesquels il doit agir. Que ce soient les vibrations caloriques, lumineuses, chimiques ou celles des couleurs spéciales, toujours chaque mode d'action diminue en s'éloignant de la similitude aussi bien dans le sens de la plus grande rapidité et réfrangibilité des vibrations que dans celui des vibrations moins rapides et plus longues. De plus, comme les décroissances de densité sont inverses des distances, nous voyons encore que ces décroissances de force spéciales sont soumises à cette progression et diminuent plus rapidement du côté de la plus grande densité que dans le sens opposé. Ce sont ces modifications en sens inverse et relatives qui, dans l'état actuel de la science, font paraître les phénomènes si complexes et contradictoires.

Notre loi jette immédiatement dans cet imbroglio la plus vive lumière. Du moment où c'est *en raison des similitudes de vibrations que les corps se transmettent le mieux leur force*, il est évident que si le mode de vibration trouve son maximum de similitude à tel point de cette échelle de vribration décroissante, il s'éloignera de cette similitude par tout écart aussi bien dans un sens que dans l'autre. Chaque mode de vibrations : sonore, caloriques divers, lumineux ou de couleurs chimiques ou latentes, a donc son maximum d'effet au degré de l'échelle des densités où les vibrations sont le plus puissamment mises en jeu sur les éléments ou les organes qu'elles doivent influencer. Nous trouverons dans ce mode d'action l'explication d'une foule de faits.

Notre principe, qui est d'une ressource infinie, va aussi nous dire pourquoi les molécules gazeuses prennent un même volume d'atmosphère et possèdent toutes une même force vive dans les mêmes conditions. Pour résister à une même pression éthérée avec la moindre dépense de force, ne pouvant en prendre une plus grande sans causes distinctes, elles doivent nécessairement s'opposer le même mode de vibrations à une même longueur de rayon sphérique, car le rayon plus long serait comprimé par un excès de pression, le rayon plus petit admettrait la pression interne jusqu'à ce qu'elle puisse équilibrer cette même pression externe. Cette double condition a déterminé l'égalité de volume et l'égalité de force vive des gaz. Et, comme les matières plus denses qui ont formé le noyau de chaque molécule sont plus ou moins réfléchissantes ou absorbantes, ce noyau a dû se constituer d'une quantité de matière telle que le même rayon de vibrations semblables puisse être atteint, malgré la plus ou moins grande densité d'atmosphère qui existe près de chaque noyau, ce qui a ainsi déterminé les différences de poids atomiques ou moléculaires.

Ces molécules, formées et équilibrées sous une même pression éthérée avec un même rayon d'actions semblables et une même for. ive, peuvent et doivent s'éloigner de leurs semblables et se disperser entre celles de natures différentes sans changer ni leur force, ni leur chaleur spécifique, comme nous le montrent les faits. Et la chaleur spécifique des gaz sera la moyenne de celle des molécules composantes. Mais si l'on oblige à entrer dans un même espace un litre de tel gaz avec un litre de tel autre, la pression sera sensiblement doublée, puisqu'il y aura à peu près une double quantité de force pouvant, dans un même espace, agir sur les corps tangibles. La densité ayant doublé, on voit que la force répulsive est proportionnelle à la densité et que la chaleur spécifique nécessaire pour l'échauffer sera d'autant plus réduite que son mode de vibration sera plus calorifique.

Maintenant, si l'on réduit le volume des gaz ainsi équilibrés, soit en augmentant la compression, soit en leur enlevant de la force vive, on voit que les noyaux ou équivalents puissamment solidifiés ne peuvent plus se modifier selon le cas, et ne peuvent se combiner qu'en entier les uns avec les autres. Leurs atmosphères n'étant pas de même densité, elles ne seront plus équilibrées et s'opposeront des modes de vibration d'autant plus différents, que leurs différences de densité seront plus grandes. Eh bien, demandons encore à notre principe ce qui arrivera. — *La force des vibrations répulsives se transmet d'autant moins que les corps sont plus différents.* — En conséquence, notre principe nous dit encore pourquoi les molécules différentes s'uniront, et pourquoi elles s'uniront avec d'autant plus de force qu'elles sont plus différentes, dans les mêmes conditions ou d'autres molécules moins différentes auront peine à s'unir faiblement. Telle est la cause de l'affinité.

Lorsque des molécules se sont unies en donnant de la chaleur, il est évident qu'il faudra leur rendre cette force pour les séparer; mais ce n'est là que le petit côté de la question; le grand, le plus difficile, c'est que sous une même perte de chaleur du milieu les molécules manifestent par combinaison d'autant plus de chaleur qu'elles sont plus différentes. C'est encore à notre principe qu'il faut recourir. En s'éloignant de leur équilibre entre eux et de leur rayon commun de vibrations pour se condenser dans leurs parties d'atmosphères de densité inégale, ces corps s'écartent dans des sens différents des vibrations moyennes les plus propres à les tenir séparés; ils ne pourront donc plus se rencontrer sans se combiner. Et, en se réunissant, chacun de ces éléments donnera d'autant plus de chaleur qu'il s'était plus éloigné du mode de vibration calorifique, pourvu que ce mode soit intermédiaire à ceux des éléments qui se combinent. Il y aura donc une plus puissante manifestation calorifique, et il faudra communiquer moins de chaleur à ce nouveau corps pour l'échauffer, puisque sa nature donne plus de vibrations calorifiques; c'est, en effet, ce que constate l'expérience. (On dit que sa capacité calorique est diminuée; on devrait dire, au contraire, que sa puissance calorifique est augmentée.)

Une fois que la chaleur des combinaisons est dispersée et équilibrée dans l'espace, il faudra donc rendre aux corps d'autant plus de vibrations calorifiques ou de force vive pour leur faire reprendre leur état séparé, et c'est cette chaleur qui se transforme en vibrations plus rapides que la chaleur sur l'un des éléments, plus lente sur l'autre, qu'on appelle *chaleur latente*. Lorsque des molécules moins différentes se combinent, elles dégagent moins de chaleur, c'est-à-dire qu'elles transforment moins de vibrations ex..êmes en vibrations calorifiques ; mais elles ne contribuent pas moins à équilibrer de plus en plus les molécules denses.

La transmission est aussi favorisée par le synchronisme des vibrations que donnent leurs rapports les plus simples et le trouble de ce rapport peut amener une diminution de chaleur alors qu'une augmentation de force ou de matière, agissant inégalement sur deux corps en présence, paraîtrait devoir l'augmenter, et *vice versa*.

Conclusions. — *Nulle augmentation ni diminution de force locale n'est nécessaire pour produire le mouvement.* Lorsque sous l'impulsion universelle des corps arrivent en présence, CEUX QUI SUBISSENT DES VIBRATIONS PLUS SEMBLABLES S'ÉTENDENT, S'ÉLOIGNENT EN SE TRANSMETTANT MIEUX LEUR FORCE, *et simultanément*. CEUX QUI ONT DES VIBRATIONS PLUS DIFFÉRENTES SE RAPPROCHENT OU S'UNISSENT PAR MOINDRE PRESSION. Ainsi, lorsque des molécules différentes s'approchent ou se combinent, les corps et les éléments plus semblables s'éloignent, et *vice versa. Chaque corps est donc poussé dans un sens ou dans l'autre, selon son état relatif.* (Tous ces effets ayant leurs conséquences inévitables, ne peuvent produire, seuls, les mouvements facultatifs de la volonté.)

Dans quelques passages non refondus et abrégés de ce livre, les différences de chaleur ou de force vive doivent être entendues comme étant surtout des différences de vibrations ou leurs conséquences.

En résumé, notre principe nous montre ici : la cause des dégagements calorifiques, des chaleurs spécifiques, des chaleurs latentes, la cause de l'égalité de volume des gaz, celle de leur diffusion, celle de l'égalité de force vive, celle des poids atomiques différents, celle des maximum de chaleur, de lumière, des couleurs, de chaque mode d'action spéciale, la cause de l'affinité, celle des équilibres et des troubles de forces, etc.

Tout cela avec cette simple loi : *La force vive se transmet mieux par vibrations semblables que par vibrations différentes.* Tout cela en quelques pages, là où notre science entasse des volumes de faits sans liens et sans résultats !

Comparez cette simplicité de principe qui s'applique partout avec justesse à notre science d'hypothèse et d'imposture, comparez cela à *la chute d'une épouvantable énergie*, selon Tyndall, que feraient l'une contre l'autre en se combinant deux molécules qui parfois se touchent déjà de si près dans les liquides, qu'on ne saurait passer entre elles la dix-millième partie de l'épaisseur d'un cheveu. Tyndall attribue à cet imperceptible rapprochement la force qui résulte d'une immense quantité de vibrations se multipliant indéfiniment après avoir établi un autre équilibre de milieu. Les absurdités débitées sur la chaleur sont si considérables, que nous ne pouvons pas même entreprendre de les résumer ici. Eh bien! ces choses-là trouvent des *obscurcisseurs* pour les traduire, les prôner, les répandre, alors que par des craintes chimériques ils restent muets sur un principe simple, juste et de première utilité.

Le principe des transmissions de force montre dans quelle erreur sont nos savants qui développent l'*équivalent calorifique et mécanique de la chaleur* sans connaître cette loi si importante. Les effets de la chaleur ne résultent pas seulement de la puissance calorifique d'un corps, mais de la multitude de vibrations qui s'échangent, se transforment plus ou moins entre les corps, et qui sont en partie transmises au milieu extérieur; ils dépendent aussi bien de la nature du corps qui les reçoit que de celle du corps qui les émet. Aussi les températures comptées sur le thermomètre à mercure ne sont plus celles du thermomètre à alcool.

Ce n'est pas l'équivalent mécanique de la chaleur considérée comme une force déterminée qu'il faut étudier, mais l'équivalent mécanique de ce que tel corps dans telles conditions peut transmettre à tel autre; en un mot, la chaleur est une force relative. Alors seulement on aura des résultats exacts et utiles et non des discordances, malgré le choix des conditions. Ainsi Meyer a trouvé 365 calories pour ce prétendu équivalent, Hirn, 413; Regnault, 436, Joule 424 à 443, etc. Mais cela paraît peu importer au système de ceux pour lesquels il suffit de paraître savants.

Il en est de même pour les vibrations lumineuses ou autres; mon exposition de 1875 au palais des Tuileries en a donné un exemple remarquable: le milieu était occupé par la figure 1 qui est en tête de ce volume, avec une hauteur de $1^m,80$ sur 1 mètre de largeur; les astres se détachaient en clair sur un fond bleu très-foncé, qui néanmoins, dans la photographie de cette exposition, est ressorti avec une teinte aussi faible que le ton clair de la couverture de ce volume, à côté de laquelle il paraissait presque noir. Au contraire, le soleil était représenté par le jaune doré le plus brillant, il est ressorti avec une teinte aussi foncée que celle des cadres brun foncé qui étaient dans le voisinage Ainsi les rayons lumineux qui sont les plus sensibles pour notre vue, ne sont point ceux qui ont le plus d'action avec d'autres corps. La puissance des vibrations ne dépend donc pas seulement du corps qui les émet ou les réfléchit, mais aussi de celui qui les reçoit. Il en est de même pour les vibrations de toute nature. La chaleur développée par un corps qui tombe dépend non-seulement de sa nature, mais aussi de celle du corps qui reçoit le choc.

La théorie mécanique est inexacte et ne peut être utile sans ces conditions : 1° la force calorifique est variable selon les conditions d'émissions et d'applications dont la chaleur spécifique ne suffit pas à tenir compte ; 2° on appelle attraction interne et travail externe ce qui n'est que pressions variables et ne peut être évalué qu'avec le principe des transmissions de force ; 3° on n'emploie que les formules MV et MV², qui ne sont que les cas extrêmes de la série continue des transformations de force (voir p. 23). Il ne faut donc pas s'étonner si l'Académie est obligée de convenir que ses calculs n'ont jamais été utiles à la science.

On le voit, sans la découverte de la loi des répulsions relatives, la répulsion, pas plus qu'une attraction fictive, ne pouvait expliquer la généralité des phénomènes ; il ne faut donc pas s'étonner que notre philosophie ait pris une fausse route et fait des faux pas aussi considérables.

Les chaleurs spécifiques, selon Dulong et Petit, sont réelles ; mais leur interprétation ne l'est pas. En désignant par p le poids atomique, par C la capacité de l'unité de poids, ils supposent que c'est la molécule tangible p qui produit la tension des gaz par ses seules vibrations. Or, d'une part, il est impossible d'éliminer l'action de l'éther, d'autre part, l'expérience nous montre qu'une grosse bille, choquée de toutes parts par une infinité de petites, a des mouvements d'autant plus réduits que les oppositions de densités sont plus grandes. Par conséquent, les volumes des atmosphères ne seraient pas égaux, s'ils étaient le produit direct des vibrations des molécules denses. Ce sont donc les chocs des petits corps formant l'atmosphère de la molécule qui produisent la tension générale. Et les vibrations de ces atmosphères sont seulement modifiées comme nous l'avons vu par la présence des molécules tangibles, qui reçoivent la force de leurs atmosphères pour la transmettre aux autres corps tangibles en servant d'intermédiaires. A plus forte raison, l'hypothèse de Bernouilli, qui envoie les molécules tangibles choquer les parois des récipients, doit être rejetée ; elle ne saurait rendre compte des différences de force de compression par la faible vitesse de mouvement du piston, qui est presque nulle comparativement à celle des molécules fluides.

Les interprétations si défectueuses de la science ne sont pas conciliables entre elles ni avec le fait reconnu que la force en général, et surtout la partie représentée par la chaleur, se transmet fort inégalement *entre les corps différents*. Il faut aussi ne pas avoir réfléchi que si elle se transmettait également entre tous les corps, il n'y aurait *aucun mouvement relatif dans la nature*.

Mais l'égalité d'action calorique convient parfaitement pour exprimer que, dans les opérations inverses, une même quantité de chaleur sera rendue. En général, on trouvera que la somme de chaleur, ou mieux de force vive reçue, est égale à celle dépensée, si l'on peut faire la part qui a été transmise sous telle ou telle forme, soit celle du corps qui la reçoit le plus directement, soit celle du milieu environnant où elle opère des dilatations, et *vice versa*, ou d'autre travail, milieu où même elle pourrait être indéfiniment transmise, si une suffisante uniformité s'y prêtait.

Il y a plus de quinze ans, je fis un perfectionnement à l'harmonium par la découverte d'un registre d'*harmonie voilée* pour régler les sons souvent trop puissants des notes graves de cet instrument. Mais ce furent des prévisions incertaines qui me guidèrent en appliquant divers genres d'obstacles à un harmonium que j'avais chez moi. Dans les registres antérieurement employés, on appliquait une sourdine, de manière à diminuer l'intensité des sons *après leur émission*. Or l'air, ébranlé selon les vibrations propres à telle note, en venant se réfléchir contre cet obstacle, modifiait son mode de vibration, ce qui faussait la note en la baissant, c'est-à-dire en la faisant participer des vibrations lentes du corps interposé. Mon système consiste à régler, *avant l'émission du son*, l'introduction de l'air qui doit le produire par un tablette réduisant à volonté les ouvertures, surtout du côté de la basse, de sorte qu'après son émission le son n'est plus faussé par la rencontre de ce corps qui *modifie le mode de vibration* propre à la note voulue.

Cette observation est de la plus haute importance pour les facteurs d'instruments, car on tâtonne, sans se douter de la condition qui donne la qualité sous le rapport de la précision des notes. Ils doivent donc apporter le plus grand soin à ce que tous les modes de vibration se trouvent dans les mêmes conditions relatives après leur émission. Les troubles qui peuvent se produire par la présence d'un corps et qui sont considérables par le rapprochement (en raison inverse des distances) sont l'analogue des différences de vibration qui modifient les capacités caloriques. On peut même dire que cela est tout à fait semblable, puisque, en prenant les métalloïdes, par exemple, l'oxygène dense répercute en vibrations calorifiques graves, les plus semblables et s'entoure des vibrations plus ténues, plus différentes ou négatives, l'hydrogène réfléchit les plus ténues et s'entoure des plus graves ou positives.

Remarquons en passant combien de stériles recherches causent les fausses hypothèses et les contre-sens qui encombrent la science. Nos savants pourraient-ils nous dire à quoi servent leurs longues et savantes formules en présence de tant d'incohérence? D'une part, on donne l'équivalent mécanique de la chaleur, c'est-à-dire des différences de force vive, si utiles à connaître ; d'autre part, on pose une base qui empêche de reconnaître la part de force transmise de telle ou telle autre façon ; lorsque le travailleur rencontre à chaque pas ces fausses données, ces interprétations inexactes, on comprend quelles effroyables dépenses de temps et de recherches elles absorbent sans fruit, combien elles faussent le jugement, et combien elles sont préjudiciables à la science et au bien-être qu'elles devraient donner.

§ 6. — Transformations de la matière.

La loi que nous venons de développer expérimentalement nous montre que ce n'est pas seulement la température qui régit l'état de la matière, mais qu'à température égale elle se réunit et se condense en raison de ses différences d'état et par suite de mouvement, et qu'au contraire elle se transmet la force vive et se disperse en raison de ses similitudes d'état et de mouvement, qui sont également la conséquence de la similitude des éléments. Or la similitude est possible, aussi bien dans les corps les plus denses que dans les fluides les plus légers. De ces conditions, qui sont maintenant indubitables, il résulte que si les molécules de la matière dense ou mieux les atomes qui les composent étaient rapprochés également et sans interstices plus grands les uns que les autres par une compression extrême, ils pourraient alors se transmettre la totalité de la force vive des vibrations et cela avec une puissance d'autant plus immense, que les atomes étant excessivement rapprochés, le nombre des chocs, sous une vitesse donnée, sera excessivement multiplié, la force de répulsion, qui est proportionnelle au nombre des chocs, sera donc excessive et la raréfaction qui résultera de cette force extrême sera aussi excessive. Nous savons combien la condensation des atmosphères électriques donne de puissance au fluide, à la foudre, et il est facile de comprendre combien sera plus grande celle de la matière dense, si la pression parvient à égaliser ses éléments.

Divers savants ont pressenti que la matière devait aboutir à une transformation inverse de celle de la condensation par des causes plus puissantes que celles des fluctuations caloriques que nous observons ; mais comment l'expliquer, comment la définir, sans base précise ? M. Lamy, dans son ouvrage : *Unité de la matière* (Clermont, 1871), cite une expérience de M. Cheneau qui vient complétement à l'appui de notre principe ; nous allons la rapporter en même temps que les observations de M. Lamy. Ce savant fait remarquer que les différentes propriétés de la matière viennent des différences de groupement moléculaire et que les calculs algébriques mêmes n'ont pas de but pratique sans différence d'éléments. Il en résulte que les éléments de tous les corps qui seraient amenés au contact auraient *les mêmes propriétés*. « Il serait, dit-il, p. 249, très-curieux d'observer la matière ramenée à ce dernier état ; si tous les corps convergent vers un même inconnu que, dans l'état actuel de la science, on ne peut produire, il est certain qu'on ne peut douter que les propriétés des molécules ne se modifient par degrés insensibles, et au fur et à mesure de la contraction les corps révèlent des propriétés nouvelles. Ces **propriétés deviennent à peu près les mêmes pour les différents corps de la nature, et à la limite extrême, au zéro absolu, toutes les propriétés des corps ont été tellement modifiées, qu'ils sont tous ramenés à un groupement et à une forme unique. Bien plus, certaines propriétés générales de la matière, sinon essentielles, ont disparu ; par exemple la porosité. C'est ainsi qu'au zéro absolu tous les atomes sont en contact parfait, et le groupement de l'atome dans la molécule n'existe plus. Par conséquent, toutes les circonstances qui différenciaient les corps, toutes les propriétés de la matière sont concentrées dans un même état, et les caractères distinctifs de ces propriétés se sont effacés.**

« S'il nous était permis de produire un froid assez intense ou une compression assez forte pour amener tous les atomes au contact, nous serions sans doute étonnés de l'imprévu et des nouvelles propriétés des corps. En effet, si on rapproche cet état de celui obtenu par l'expérience de Cheneau, on peut dès à présent avoir un avant-goût de ces propriétés inconnues. Cheneau (ingénieur à l'usine de Pontgibaud, Puy-de-Dôme) avait l'habitude de suivre des sentiers non frayés : il avait imaginé de soumettre les corps à des pressions énormes, telles que 300 ou 400 atmosphères. La première expérience, faite dans de telles conditions sur un

lingot d'argent, avait produit une explosion qui fit renoncer aux essais ultérieurs ; l'argent était devenu fulminant et la condensation ou le rapprochement des molécules avait suffi pour donner à l'argent une propriété nouvelle. Cette expérience, qu'on devrait répéter, dans l'intérêt de la science, sur des corps de nature différente, semblerait prouver que, lorsque les molécules sont amenées au contact, la force répulsive de la chaleur doit être considérable pour vaincre l'enchaînement des molécules, la force de cohésion; mais cette dernière, une fois vaincue, les molécules et peut-être les atomes cédant instantanément à la force répulsive, une explosion ou une dislocation de la matière est le résultat de la collision des forces antagonistes : la force moléculaire et la force répulsive de la chaleur. » (Ces forces sont considérées par M. Lamy, selon l'ancien usage, comme des forces opposées et non pas comme des forces semblables dont l'une est plus faible que l'autre ; c'est ce qui rend l'explication impossible, malgré ses sages prévisions.)
« L'expérience que je viens de rapporter pourrait peut-être nous mettre sur la voie de ces explosions qui se produisent dans quelques bolides, lorsqu'ils sont parvenus à une certaine distance de la terre. En effet, les aérolithes peuvent être comparés à de petits astéroïdes qui se meuvent dans l'espace avec une très-grande vitesse. Lorsque le mouvement se fait dans les espaces interplanétaires, aucun phénomène apparent n'a lieu. Mais le bolide vient-il à se mouvoir dans une masse plus dense, comme le serait notre atmosphère relativement à ce qu'on appelle *le vide interplanétaire*; alors la résistance qui en résulte, résistance qui est une fonction de la vitesse du mobile, produit un double phénomène, l'incandescence et la compression. Le premier résultat est de faire apparaître, sous la forme d'un globe lumineux, le corps tout d'abord invisible. Le second a pour but de rapprocher les molécules et d'amener le corps à l'état fulminant. »

Ainsi M. Lamy reconnaît que c'est la pression qui amène l'état fulminant ; mais pourquoi le résultat est-il contraire à l'action exercée? voilà ce qui est inexplicable avec la science qu'on nous enseigne. Notre loi nous révèle la cause inconnue de ces explosions alors que les molécules perdent leurs différences de dispositions et d'éloignement : nous savons que la force vive est transmise avec toute la puissance des corps semblables et avec l'immense force de répulsion que donne, sous une même vitesse, le nombre excessivement multiplié de chocs répulsifs qui résulte de l'extrême densité, de l'extrême rapprochement des éléments de la matière, et c'est de cette force excessive de répulsion et d'unification qui se produit de proche en proche que résulte l'explosion. Les quelques combinaisons de matières différentes que l'on trouve dans les produits de certaines explosions ne représentent donc que des matières non encore suffisamment unifiées et qui se sont combinées au lieu de se séparer.

Les fulminates les plus explosibles se préparent précisément avec les corps les plus denses et les plus malléables, tels que le mercure, l'argent, l'or, qui sont en effet les corps simples les plus condensés et les mieux préparés pour atteindre facilement la limite de compression fulminante, soit sous l'action d'une compression calorique voisine agissant de proche en proche, soit sous un simple choc, résultat que l'on obtient plus facilement encore avec quelque préparation favorable à ces actions.

Quant à l'état liquide que l'on prête au centre de la terre par suite de la compression qu'il supporte, cela est tout simplement une inconséquence, puisque journellement nous employons la pression, non pas pour faire passer le corps solide à l'état liquide, mais le liquide à l'état solide ; puis, en continuant la pression, il passe comme nous le voyons à l'état fulminant.

Naturellement, si le corps est plus éloigné du point de condensation extrême propre à amener l'unification de ses atomes, il faudra une plus grande pression pour amener l'état fulminant, mais il n'est pas difficile de comprendre que, lorsqu'une planète se condense par l'action des plantes, des animaux, les actions chimiques et autres qui forment de nouvelles couches géologiques, ce degré de pression finit par être atteint d'abord vers le centre, puis dans les couches enveloppantes les plus comprimées. La matière dense, en atteignant l'état fulminant, formera nécessairement au centre des explosions un milieu éthéré qui luttera avec la compression extérieure de l'astre et agira comme elle. L'excès de force vive interne nous est accusé par la déperdition calorique qui se fait de l'intérieur à l'extérieur, aussi bien par explosion volcanique que par déperdition générale ; car si c'était la force vive extérieure qui l'emportât, les courants seraient inverses. L'expérience nous montre d'ailleurs ces résultats de plusieurs manières. Nous savons que la séparation des molécules *différentes absorbe de la chaleur* et qu'elles tendent à *s'unir en raison de leurs différences.* Les molécules *semblables* font le contraire : en s'unifiant sous une grande densité et une pression suffisante, elles deviennent fulminantes sous nos yeux, *se repoussent et dégagent de la chaleur.* Il n'est pas difficile de prévoir que ces résultats seront encore plus puissants sous la compression des masses géologiques.

William Thomson et autres ont en effet calculé qu'il était impossible que la terre, considérée comme masse dense et de faible capacité calorique, ait pu fournir même aux déperditions caloriques des temps géologiques les plus récents. Le soleil lui-même, en le supposant un bloc de houille ayant à sa disposition tout l'oxygène nécessaire, aurait moins duré que les monuments égyptiens pour subvenir à son énorme dépense de chaleur. Les déperditions caloriques du soleil et de la terre se trouvent donc ainsi parfaitement expliquées par la transformation fulminante de la matière dense, par l'énorme quantité de chaleur qu'elle produit, puisque nous savons que la condensation de la matière sous toutes ses formes et les chutes d'astéroïdes, d'aérolithes, etc., apportent sans cesse un appoint de condensation et de compression qui provoque et règle les dépenses de calorique. De plus, cette condensation de la matière en aérolithes, astéroïdes et astres, qui fait sa raréfaction dans l'espace, doit inévitablement avoir pour contre-partie équivalente le retour de la matière dense à l'état éthéré, l'une de ces transformations ne pouvant pas exister sans l'autre. De plus nous savons que les forces oscillent entre des points de réaction extrême, de sorte qu'en voyant la matière dense perdre sa capacité calorique et s'échauffer de plus en plus vite par la condensation, on doit s'attendre à la réaction inverse par la condensation extrême.

Sous un autre point de vue, nous savons parfaitement que la terre est soumise à une déperdition calorique qui va de l'intérieur à l'extérieur, et que la matière dense, qui ne modifie pas sensiblement son état, étant d'une très-faible capacité calorique, ne peut fournir une notable quantité de chaleur qu'autant qu'elle la reçoit d'une source quelconque ; c'est ce que l'expérience nous montre tous les jours. Donc, pour que la chaleur s'échappe de l'intérieur de la croûte terrestre à l'extérieur, où nous voyons un milieu très-raréfié, il faut (toute transformation de mode de vibration à part) qu'elle soit plus puissante à l'intérieur du globe qu'à l'extérieur. Cette puissance de vibration éthérée plus grande à l'intérieur déterminera une densité de milieu excessivement faible, qui fera équilibre à l'enveloppe dense de la planète pour lui permettre de flotter dans l'atmosphère du soleil comme un ballon dans l'atmosphère terrestre. La force centrifuge restant la même sur les corps solides comme sur chaque corpuscule ou matière quelconque des atmosphères, chacun prendra la distance ou le niveau que lui assigne sa densité moyenne dans ces atmosphères indéfinies de densité décroissante.

De plus, nous sommes les témoins contemporains de ces explosions souterraines qui ébranlent les continents par de formidables secousses, ainsi que des chaînes de cratères que les puissantes couches stratifiées obligent à se porter dans les plissements plus faibles de la croûte terrestre, où ils vomissent le trop-plein de cette croûte résistante. Aujourd'hui même je lis dans les journaux : « Une éruption de l'Etna vient d'avoir lieu *après plusieurs secousses de tremblement de terre*. La lave coule rapidement et menace plusieurs villages. » Les mers et les continents qui ont alternativement occupé les mêmes lieux montrent la puissance de ces commotions.

Les traces des actions caloriques internes et de leurs expansions externes sont manifestes. Les roches primitives, dites *ignées*, se relient par une communauté de transformation avec les roches sédimentaires ; de telle sorte qu'il n'est pas toujours possible de distinguer où finit la roche primitive et où commencent les couches sédimentaires, ce qui a obligé les géologues à distinguer cette transition sous le nom de *métamorphisme*. Dans les terrains jurassiques, on voit des contre-forts relevés contre les terrains granitiques et qui changent de caractère en raison de leur rapprochement avec les couches de cristallisation, elles tendent de plus en plus à présenter des signes de ressemblance. Ces roches présentent des bélemnites et autres coquillages, ainsi que des matières arénacées du lias ; puis, en pénétrant vers le centre de la chaîne, quelques bélemnites se montrent encore ; mais ces roches sont devenues compactes et cristallines ; elles tournent au granit, sur lequel elles s'appuient, sans qu'on puisse déterminer la démarcation précise qui les distinguerait si elles avaient une origine distincte. L'on ne trouve nulle part une véritable surface de terrain primitif sur lequel la vie aurait commencé.

D'autre part, la géologie atteste que la force vive souterraine s'est toujours exercée de bas en haut, par une expansion de force ou chaleur centrale. Les matières fondues par les explosions se sont fait jour à travers les couches sédimentaires, où elles ont laissé des injections de roches cristallines, parfaitement reconnaissables par la manière dont elles les ont soulevées et pénétrées. Ces faits accusent donc le double phénomène de condensation, puis d'explosion, qui transforme les couches terrestres. Quant à la forme ellipsoïde de la planète, on comprend qu'elle a dû se produire et se maintenir sous l'action centrifuge, soit par l'état gazeux originaire, soit par un vaste centre éthéré, entouré d'une croûte relativement mince et périodiquement secouée et disloquée par les explosions, et cela sans faire intervenir autre chose que des transformations progressives telles que nous les voyons encore.

Maintenant jetons les yeux sur la lune, couverte de cratères qu'une abondante végétation et de nouvelles couches n'ont pas encore recouverts, et demandons-nous ce qu'auraient pu faire tant de bouches vomissantes si une puissante transformation de la matière dense centrale, en devenant fulminante sous la pression, ne les avait alimentées par l'énorme développement que prend la moindre parcelle de matière dense. La solution s'impose d'elle-même. Puis, lorsqu'un milieu éthéré s'est formé au centre de l'astre, la plus grande pression ne se produira plus à son contact, mais dans la masse de la croûte enveloppante et plus près de la face interne, où la pression est plus grande. Le grand nombre de cratères que nous montre la lune nous apprend que c'est dans cette dernière condition, c'est-à-dire dans l'épaisseur de la croûte et non au centre de l'astre, que se sont produites les dernières explosions ; sans cela, le nombre des cratères serait moins grand pour dégager une action centrale ; un seul pourrait même suffire (1).

Maintenant voulez-vous voir de vos yeux ces explosions formidables s'exerçant sous l'action de la pression ?... Prenez un télescope et regardez le soleil. Par sa puissante masse, il détermine la chute d'une grande quantité d'astéroïdes, bolides et aérolithes de toutes sortes, incomparablement plus nombreux que sur la terre. Comme sa puissance de compression est aussi considérablement plus grande, leur explosion doit en effet se produire pour les matières les mieux préparées aussitôt en pénétrant dans la photosphère. Ne vous semble-t-il pas voir dans ce fait la cause toute trouvée de ces explosions gigantesques qui s'élèvent à des hauteurs prodigieuses à la surface du soleil, en même temps que la

---

(1) Par un autre ordre de phénomènes, nous remarquons aussi qu'avec un prétendu refroidissement progressif, il est impossible d'expliquer les alternatives de température douce succédant, sur un même point, à des époques glaciaires. Si, au contraire, une puissante explosion calorique intraterrestre fait surgir les Alpes, ou les exhausse seulement, toutes les matières de la même région, qui sont sur le point de devenir fulminantes sous la pression, auront satisfait à leurs tendances, grâce à l'excédant de pression que développe l'action elle-même. Après une puissante explosion, qui a pu se faire plus ou moins grandement jour à l'extérieur, il doit survenir une détention calorique dans les couches du sol qui laissera refroidir la surface, jusqu'à ce que, peu à peu, dans le cours des siècles cette tension se reproduise et ramène une température extérieure plus douce.

source de cette chaleur, jusqu'alors incompréhensible, que répand le soleil sans s'affaiblir et que nul phénomène connu ne peut expliquer ? Nous voyons ainsi que le soleil rend en rayonnements éthérés ce qu'il reçoit en matière condensée.

Tous ces résultats concordants sont si démonstratifs, que si le principe, l'expérience et les faits ne nous en montraient pas la cause dans ce mode de développement de chaleur centrale, il faudrait encore l'admettre, et l'admettre surtout pour la chaleur solaire.

A la surface de la terre, la pression atmosphérique est trop faible pour produire de pareils effets. Cependant, lorsqu'un bolide à croûte très-dense, équilibré dans d'autres milieux, y pénètre avec une très-grande vitesse, capable de compléter le degré de pression voulu dans les éléments les mieux préparés, il peut aussi faire explosion.

Ce mode de transformation de la matière, qui est la conséquence d'une grande loi vérifiée par l'expérience et les faits de toute nature, nous donne ainsi la clef d'une foule de phénomènes qui sont autant d'énigmes pour la science actuelle; il nous explique :

La continuité de l'émission de chaleur solaire sans combinaison et sans épuisement ;

Les projections gigantesques de matières qu'il opère journellement à sa surface ;

Comment un soleil peut être immense sans être plus dense sous une compression excessive ;

La cause de la chaleur terrestre ;

Comment les planètes peuvent flotter en équilibre dans une atmosphère qui paraît peu dense ;

La cause et l'usage des volcans terrestres et lunaires ;

La cause des tremblements de terre ;

Les alternatives d'époques chaudes et glaciaires ;

La cause des projections géologiques ignées et des transformations des couches ;

La force puissante qui a soulevé, disloqué et tourmenté les montagnes;

Le cycle complet des transformations de la matière par similitude et par différence d'action, etc., etc.

La prétendue attraction universelle ne pourrait donner que la condensation de la matière. Avec la répulsion relative, nous avons la condensation par différence d'action et la répulsion par similitude, qui nous montrent le mode d'union et de désunion des corps, ainsi que le mode d'accroissement et de transformation des planètes. Par une seule force, la *répulsion*, nous avons la cause des mouvements de toutes nos machines présentes, la voie tracée pour la découverte de toutes nos machines futures, la clef de tous les phénomènes de la nature et le cycle complet des transformations de la matière : répulsion par *similitude*, surtout aux deux extrêmes de l'état de la matière, à l'extrême densité et à l'extrême fluidité éthérée ; puis compression par *différences* entre les divers états solides, fluides et moléculaires de la matière.

Voilà le grand secret de la nature. Il nous permettra non-seulement de dévoiler ses mille et mille ressources ; mais il nous montre que la plus puissante force qui soit mise à notre disposition est celle que renferme par la compression la moindre parcelle des corps les plus denses. Ce principe doit porter l'homme au plus haut degré de puissance et de bien-être, en le rendant maître des inépuisables forces que la nature a mises à sa disposition !... Oh ! barbares continuateurs de la fanatique ignorance, quand donc aurez-vous compris que vous êtes la serre impitoyable qui étouffe et paralyse l'humanité au milieu de ses trésors ?

§ 7. — Mouvements et dispositions générales de la matière.

« L'attraction, disent nos intrépides philosophes, est une qualité occulte, en ce sens qu'il n'y a aucun moyen de l'expliquer. » En cela ils ont parfaitement raison, et c'est précisément parce qu'il n'y a aucun moyen de l'expliquer qu'il faut la considérer comme une absurdité, alors que des phénomènes simples expliquent les résultats observés. On ne croirait jamais qu'à l'époque où nous vivons, alors que la force est reconnue avoir pour expression la masse multipliée par le carré de la vitesse, MV^2, l'astronomie en soit encore à ne considérer que *l'un des facteurs de cette force*, celui de la masse, et encore en renversant la raison, en prenant l'effet pour la cause, en appelant *attraction* ce qui est *compression*; d'où résulte cet énoncé fictif : *attraction universelle en raison des masses*. Voilà où en est la science astronomique !

Et la chaleur, qui meut toute chose, n'a-t-elle plus d'influence? et les vibrations prodigieuses de cet éther dédaigné qui nous apporte chaleur et lumière, la foudre qui brise, tue, est-elle une création imaginaire? et la matière que le soleil *repousse* en projections gigantesques à sa surface comme sur la comète, est-elle *attirée* en raison des masses?

Pour faire place à *une chiquenaude contre nature*, que l'on trouve sans doute plus belle que *le principe même du mouvement universel*, voilà pourtant dans quel camp sont retranchés les philosophes et les savants qui se considèrent encore aujourd'hui comme les soutiens, les protecteurs du genre humain! Après cela, il ne faut pas s'étonner qu'en semant de telles choses on récolte avec évidence le doute en tout et, par suite, l'athéisme. Non, il ne faut pas s'étonner de la situation précaire et de plus en plus chancelante qui s'accentue à mesure que la science se développe.

Les actions éthérées s'exercent nécessairement sur chaque astre avec une puissance en rapport avec l'état de chacun. Or on supprime cette action entre matières très-différentes, astres et éther, pour supposer que ces astres agissent les uns sur les autres par un vide qui n'est qu'*un vide de sens*.

Pour calculer avec l'action dite *en raison des masses*, on a été obligé de chercher des formules empiriques et de considérer comme nulle l'action du milieu éthéré, qui nous transmet pourtant la lumière, la chaleur, le mouvement et la vie, et de supposer que les masses peuvent agir les unes sur les autres *sans nul intermédiaire*.

Quant à cette énormité de l'*attraction* substituée à la *répulsion*, que j'ai fait remarquer à plusieurs reprises à l'Académie elle-même, on s'est enfin demandé comment cela était possible, puisque les calculs astronomiques ne sont pas moins exacts en appelant la force *attraction*. M. Clausius (t. LXX, p. 1314 des *Comptes rendus*) et surtout M. Yvon Villarceau (t. LXXV, p. 232), après la lecture de nos mémoires, se sont enfin décidés à rechercher comment il était possible que l'attraction puisse être substituée à la répulsion. Ils ont remarqué qu'un corps provoque toujours une réaction égale et contraire en cherchant son équilibre, que ces deux actions *s'éliminent* dans les calculs astronomiques et autres comme étant égales et contraires. Dès lors, qu'on appelle ces deux forces contraires attractives ou répulsives, du moment où elles s'équilibrent et se détruisent, cela ne change rien au résultat. En effet, que l'on *tire* ou que l'on *pousse* également un corps de deux côtés opposés, cela ne change nullement son équilibre. Seulement, avec ce système renversé et incomplet, qui d'ailleurs ne pourrait donner que des équilibres inconstants là où la nature a mis des équilibres stables, on ne peut expliquer qu'une partie des phénomènes; mais, s'il faut dire pourquoi la terre circule autour du soleil), pourquoi elle tourne sur elle-même, pourquoi la lune est emportée sans rotation par rapport à la terre, etc., etc., autant de chiquenaudes ou de coups de pouce il faut donner. Plus l'astre est près, comme la lune, dont la connaissance des mouvements est si utile, et plus les anomalies sont évidentes. S'il n'y avait que les astres en jeu, on pourrait, sans trop d'inconvénient, les laisser aller seuls ; mais c'est qu'en tuant le principe de la science, on tue du même coup le bien-être social et la puissance de l'homme pour « courir après *l'ombre* ».

Peu après que j'eus reconnu le principe de la répulsion et le mode de transmission des forces vives, une découverte importante en fut la conséquence. En faisant remarquer que les plus fortes pressions ne sont pas senties lorsqu'elles s'équilibrent, que l'atmosphère exerce sur notre corps une pression de plus de 100 kilogrammes par décimètre carré sans que nous nous en apercevions, qu'au fond des mers les êtres les plus délicats vivent sous des pressions énormes ; que, sous la grande puissance d'un piston de vapeur, la plus légère membrane flottante reste en équilibre, tandis que la plus vigoureuse pression tend à refouler la garniture du piston qui n'est pas équilibrée ; alors il en résultait cette idée si simple : il suffit donc d'amener la pression par l'intérieur du piston contre la garniture pour qu'elle équilibre celle qui tend à s'échapper par le joint extérieur, et que cette garniture fasse le joint parfait presque sans pression ni frottement ; le moindre excédant de force en faveur du piston suffirait ainsi à faire le joint parfait ! Ce fut là un trait de lumière que ne pouvaient nullement donner les idées absurdes d'attraction ; mais la chose me parut si simple, qu'il me semblait impossible que la science ne fût pas déjà en possession de ce moyen. Mon frère Jean-Marie, qui se trouvait en famille avec moi, affirma que ce moyen si simple en théorie n'était pas encore en usage, que ce qu'on appelle *le cuir embouti*, dans les pompes, donne un excès de pression considérable, et comme sa retraite du service des ponts et chaussées le laissait libre, il en étudia l'application. Mais, malgré la simplicité du principe, l'application n'offre pas moins de sérieuses difficultés, car il s'agit de trouver des matières assez résistantes pour ne pas se détériorer dans la vapeur très-chaude et sous de puissantes actions et en même temps assez souples pour se prêter à faire des joints parfaits. En cela, mon frère a fait de nombreux essais et de sérieuses recherches qui l'ont amené à de très-bons résultats ; ses pistons sont aujourd'hui appliqués à de nombreuses machines, et voici la communication qui, après nous être entendus, fut faite à l'Académie des sciences, à la suite des premières applications :

« *Application du principe universel de répulsion au perfectionnement des pistons de machines de toutes espèces* (présenté à l'Académie des sciences, par P. Trémaux, le 14 avril 1873). — Le principe des forces répulsives qui régit les phénomènes de la nature, si éminemment propre à guider les recherches scientifiques et que je m'efforce de faire accepter par l'Académie comme base de la science, vient de recevoir une très-heureuse application par mon frère Jean-Marie Trémaux, faite à la pompe élévatoire des eaux de la banlieue, à Neuilly, mue par une machine de la force de 60 chevaux.

« On sait que nos machines subissent des pertes d'effet utile qui atteignent parfois la moitié de la force développée et que les garnitures de pistons constituent les plus puissants de ces frottements. Dans cette machine, une succession de $0^m,25$ de garniture en cuir vigoureusement comprimée sur un cylindre de $0^m,40$ de diamètre a été remplacée par une garniture de $0^m,02$ seulement, à coupures ou extensible, *librement* maintenue entre deux disques perpendiculaires à l'axe. Cette garniture reçoit par l'intérieur du piston au moyen d'un clapet, la pression même du fluide qui agit dans le cylindre, ce qui donne à la garniture, par la face intérieure, *une pression toujours égale à celle qui se produit dans le joint extérieur du piston... (Il faut que la surface de pression interne soit réduite pour ne pas donner trop d'excédant sur la pression incomplète du joint extérieur.)*

Dès que ce système fut appliqué, la machine fonctionna dans des conditions qui accusaient une grande diminution de frottement. D'autres applications avantageuses furent faites avec l'emploi de segments en bronze flexibles et extensibles au moyen de coupures. (L'expérience justifia le besoin de réduire la surface de pression interne des segments pour obtenir le minimum de frottement dans le joint.)

« Sachant que tout fluide ne peut agir que par répulsion, on s'étonne qu'une idée aussi simple ne soit pas depuis longtemps appliquée, et il faut bien reconnaître que l'hypothèse fausse d'attraction universelle que l'on inculque dans tous les esprits a pu seule détourner l'attention d'une idée aussi rationnelle. Il a suffi d'une conversation en famille, à la suite de mes recherches, pour que mon frère, usant de sa longue pratique des travaux, se décide à en faire l'application. J'espère que l'Académie comprendra l'immense utilité d'un principe vrai, en remarquant que l'économie d'un seul perfectionnement de nos machines peut représenter des sommes fabuleuses d'économies. »

Ce principe d'application est assurément parfait et chaque constructeur pourra en profiter plus ou moins, selon les besoins de ses combinaisons. Néanmoins il n'a pas même été donné un extrait de cette note dans les *Comptes rendus*; cela se comprend : l'Académie ne veut pas d'un mémoire qui laisse remarquer que nos machines se permettent de n'être pas d'accord avec le principe de *l'attraction universelle*. Pourtant le *Journal officiel* s'est aventuré à en donner une analyse en ayant soin de faire remarquer qu'*il s'agissait simplement de la pression bien connue des fluides;* cet imprudent journal ne devrait-il pas être exclu aussi pour n'avoir pas fait *une exception* en faveur du fluide éthéré universel qui, sans doute, devrait *attirer* au lieu de *repousser* comme tous les autres fluides? Pardon, messieurs, ce n'est pas moi qui dis cela, c'est... le *simple bon sens*.

Quoi qu'il en soit, il est certain que cette idée sera d'un puissant avantage pour nos machines comme pour guider dans les recherches et tirer parti d'une infinité de phénomènes qui tous agissent selon notre loi.

Nous venons de dire (§ 4) que les corps denses, comme les astres, s'entourent d'atmosphères de densité décroissante, aussi bien dans l'espace qu'autour de nous. Sachant, par les expériences de Frankland et autres, que la lumière est proportionnelle à la densité des gaz, nous en concluons tout d'abord que la lumière zodiacale accuse la plus grande densité de l'atmosphère solaire en approchant de cet astre. « Puis, dit aussi M. Vicaire (*Comptes rendus*, t. LXXVI, p. 1541, et t. LXXVII, p. 1495), quant à l'assimilation de la lumière zodiacale à une atmosphère du soleil, je serais tenté de dire que l'identité du plan de symétrie de cette nébulosité avec le plan de l'équateur solaire forme à elle seule une démonstration saisissante. Que si, pour la formation des queues de comètes, il faut qu'elle dépasse l'orbite de Mars, je vois là aussi bien une preuve qu'une objection, selon M. Faye, puisque déjà la partie qui est assez dense pour être visible dépasse l'orbite terrestre... Les difficultés de quatre grosses planètes au milieu de cette atmosphère se résolvent par une question de densité relative, ainsi que M. Faye l'a montré à propos de sa force répulsive. Les mêmes considérations s'appliquent ici sans changement aucun. » Ces faits sont la confirmation de nos mémoires, si parcimonieusement indiqués dans les *Comptes rendus*, t. LXV et LXIX, t. LXX, p. 1101, t. LXXIV, p. 235 et 370, etc.

M. Vicaire pense que c'est la densité des fluides qui fait leur visibilité ; c'est une erreur : c'est la différence de densité et de transmission de leurs éléments. L'égalité des éléments, quelle que soit leur densité, fait la transmission complète de force et l'invisibilité. C'est ainsi que dans notre atmosphère, sous la même densité moyenne, nous voyons des parties transparentes invisibles qui laissent voir les astres, et des nuages visibles qui interceptent la vue. C'est aussi par la même cause que le verre très-dense est à peu près invisible, en raison de sa grande homogénéité.

Nous savons parfaitement qu'en chauffant un corps, il perd de sa densité, se vaporise et s'élève dans l'atmosphère de notre planète d'autant plus haut qu'il est plus léger, en cherchant la zone de densité semblable où il trouvera son équilibre ; ce qui nous démontre et nous confirme, de la manière la plus positive, la décroissance de densité de notre atmosphère terrestre, et nous savons que cette décroissance est inverse des distances. Il s'agit maintenant de faire *la même expérience dans le champ de course des planètes*, pour nous assurer que la décroissance de densité existe aussi dans l'atmosphère solaire !... Ne craignez rien, cela est facile : la science est avec nous.

Passons à l'expérience : tout est prêt, nos foyers sont allumés ; commençons par observer la comète qui s'approche du soleil. A mesure que la chaleur de cet astre croît par le rapprochement, elle dissout la matière cométaire, qui, en devenant moins dense, s'élève d'abord dans l'atmosphère cométaire jusqu'au point d'équilibre des deux atmosphères cométaire et solaire ; alors, l'atmosphère solaire prenant le dessus, cette matière est déversée autour de l'atmosphère cométaire, puis rejetée loin du soleil sous forme de queue. Puis, pour vous montrer que l'atmosphère solaire est concentrique au soleil à mesure que la comète tourne, toujours la matière dissoute et plus légère se porte en rayonnant au loin du soleil, ce qui montre parfaitement qu'elle y cherche son équilibre dans une atmosphère moins dense. Au paragraphe 12, nous étudierons plus en détail ce phénomène.

Voulez-vous maintenant une expérience céleste, dans laquelle vous puissiez *toucher du doigt* les différences de chaleur et de densité qui vont se produire en même temps que vous observerez le résultat obtenu, cela est encore facile : regardez les planètes qui tournent sur elles-mêmes ; sur la nôtre, vous pouvez sentir et apprécier que la température n'est pas la même le matin et le soir, et ces différences de température, comme toute force, ont nécessairement un équivalent mécanique. Le soleil échauffe chaque planète de manière que, vers le soir, la chaleur accumulée pendant le jour se trouve à *l'est du méridien solaire* et rend sur ce côté de la planète les matières du périmètre plus chaudes et moins denses ; par conséquent, ce côté s'éloigne, tant par plus de légèreté que parce qu'il répercute plus efficacement la force vive des vibrations solaires, ce qui rend aussi plus facile la transmission de cette force répulsive à la matière dense de l'astre ; par conséquent ce côté de la planète s'éloigne du soleil. *A l'ouest du méridien solaire*, sur la planète, se trouvent au contraire les parties qui viennent d'être refroidies par la nuit et rendues plus denses. Par conséquent, ce côté de la planète se rapproche du soleil tant par plus de densité que parce que ses matières refroidies transmettent moins bien la force vive des vibrations solaires qui repoussent moins la planète de ce côté. Dès lors rien n'est plus simple que la conséquence de ces deux actions inverses ; le milieu de la planète étant en équilibre, le côté qui n'est pas suffisamment repoussé par les vibrations solaires s'approche de cet astre dans son atmosphère plus dense, le côté plus repoussé s'éloigne vers le milieu moins dense, et la planète tourne nécessairement sur elle-même, en obéissant à ces deux tendances inverses ! Elle tourne indéfiniment, puisque indéfiniment ces différences de température se reproduisent sous l'action inverse du jour et de la nuit (voir la figure 1 et le paragraphe suivant).

Voulez-vous maintenant une contre-épreuve : regardez le satellite, qui ne reçoit pas ou que peu de chaleur de la planète qui le régit ; il ne tourne pas par rapport à elle, il tourne un peu par rapport au soleil, et nous verrons pourquoi il ne peut pas tourner davantage par des faits qui sont encore fondés sur les différences de calorique et sur la décroissance de densité des atmosphères.

Enfin la terre, comme le soleil, ayant son atmosphère indéfinie de densité décroissante, il en résulte que, lorsqu'elle est à son périhélie dans une partie plus dense de l'atmosphère solaire, la lune, qui n'a pu changer de densité, se trouve trop légère pour cet accroissement d'atmosphère, et elle s'éloigne de la terre pour trouver son équilibre. Inversement, quand la terre est à son aphélie, la lune se rapproche en conséquence de la terre. L'astronomie appelle cela une *anomalie*, faute d'en reconnaître la cause. Par son atmosphère décroissante le soleil rétrécit l'orbite de la lune qu'il *repousse* au lieu d'attirer pendant son passage en conjonction et tend à rapprocher durant l'opposition. Mais chaque fois elle reprend son orbite normale aux quadratures. On appelle cela l'*évection*. Ainsi les astres combinent leurs actions d'atmosphère, qui s'étendent indéfiniment comme celle du soleil. Dans cette atmosphère grandiose, **chaque système planétaire prend la distance que lui assignent sa densité moyenne et la force qui le régit.**

Remarquons, en effet, que la densité des planètes est, autant que puissent dire les calculs astronomiques, inversement proportionnelle à leur distance solaire. Il y a pourtant celle de Mercure qui embarrasse fort les astronomes ; elle était cotée 2,94, il y a quelques années, dans les annuaires du Bureau des longitudes; elle y est cotée 1,37 aujourd'hui. Notre loi, qui sera encore vérifiée avec précision, tire d'embarras l'astronomie en montrant que cette densité est 2,58, celle de la terre étant 1.

Si maintenant nous remarquons que ce que la science a calculé sous le nom de *masse* est précisément la somme de perturbations que les astres exercent les uns sur les autres, en transmettant moins bien la force vive des vibrations éthérées, et que *l'expérience vient de nous montrer que cette moindre transmission de force est encore plus puissante lorsque les matières différentes sont alternées,* nous en conclurons immédiatement qu'*une planète aura d'autant plus d'action dite* de masse, *que ses couches seront plus différentes, plus hétérogènes et plus alternées,* c'est-à-dire que la masse d'une planète paraîtra d'autant plus grande qu'*il y aura une plus grande différence de densité entre les éléments de son enveloppe d'abord, et ensuite entre les éléments de cette enveloppe extérieure avec le fluide intérieur, qui, par conséquent, transmettra d'autant moins la force vive qu'il sera plus différent des couches denses superficielles et de l'éther extérieur* dans lequel nage la planète.

Loin de nous étonner, ce résultat va satisfaire à toutes les questions embarrassantes et ramène simplement les astres à l'équilibre parfait, que nous pouvons facilement expérimenter par le ballon, qui, au moyen d'un gaz central léger, enlève non-seulement une enveloppe plus dense, mais encore une surcharge de monde, de lest et d'autres corps denses ; tout cela pèse moins que cet air qu'on appelle *rien.* D'ailleurs, la loi des actions matérielles que nous développons nous montre, *avec expérience à l'appui, que la pression d'une puissante masse a pour conséquence le développement d'un vide relatif au centre d'une planète.* Puis les mouvements sidéraux nous donneront la preuve que *la densité moyenne d'une planète ne dépasse pas celle du milieu qui lui fait équilibre et dans lequel elle oscille.*

Dans l'échelle immense d'astres et de matières fluides qui entourent le soleil, les planètes les plus éloignées montrent l'aspect de masses gazeuses qui est le caractère d'une moindre densité, tandis qu'à mesure qu'on s'approche du soleil, les atmosphères cèdent progressivement la place aux montagnes de plus en plus accentuées, qui sont le caractère des planètes les plus condensées sous une forte pression.

Les étoiles, malgré leur éloignement immense, doivent, en raison de leur nombre, apporter un faible appoint à la densité d'atmosphère du système solaire ; mais elle ne peut avoir de décroissance déterminée, en raison de leur concours rayonnant dans toutes les directions. La densité décroissante en raison inverse des distances de l'atmosphère solaire se combinera donc avec une certaine constance de densité venant des atmosphères stellaires. Alors ces conditions se confirment, en nous rendant parfaitement compte de la loi dite *de Bode,* qui nous montre que les planètes sont réparties selon une progression inverse des distances, sauf une certaine valeur constante. En prenant la progression : 0, 3, 6, 12, 24, 48, 96, 192, 384, qui représente l'inverse de la densité de l'atmosphère solaire, en ajoutant la constante 4 à chaque nombre pour la constante des atmosphères stellaires, on obtient les nombres : 4, 7, 10, 16, 28, 52, 100, 196, 388, lesquels nombres représentent la distance très-approximative de la distribution des planètes, en considérant le groupe des petites pour une seule. On remarque que c'est près de Vénus que la somme des atmosphères stellaires serait égale à celle du soleil seul, et que les petites différences que cette progression présente avec la réalité peuvent être compensées par de faibles différences de force vive, en supposant qu'elles ne soient pas dues à des erreurs de détermination. Quant à la planète Neptune, on voit qu'on est dans l'alternative d'admettre une irrégularité qui pourrait tenir à ce que la planète n'aurait pas encore atteint le degré de compression voulu pour former un vide intérieur, ou à l'insuffisance d'observations aussi délicates que difficiles.

Cette loi indique que la matière commence à se condenser à des laps de temps réguliers vers les confins des systèmes solaires et stellaires pour être entraînée régulièrement dans le giron de chacun des soleils, en se condensant progressivement. Cette condensation régulière entraînerait la distribution inverse des distances dans une atmosphère dont la densité est aussi inverse des distances, sauf la part d'action stellaire.

Ceux qui mettent en avant la force centrifuge comme seule opposée à une prétendue attraction, ne remarquent pas qu'il existe dans le ciel une infinité de groupes stellaires qui conservent leur position relative d'*étoiles fixes* sans tourner les unes autour des autres et sans force centrifuge qui les maintienne écartées, et qui, par conséquent, tomberaient les unes sur les autres, si elles n'étaient maintenues à distance par la force répulsive de leur atmosphère, qui explique leurs positions relatives avec une merveilleuse facilité. L'absurdité d'une prétendue attraction universelle est donc aussi démontrée par la généralité des rapports stellaires ; c'est trop dire que la base de notre système philosophique n'est qu'un gâchis déplorable.

§ 8. — Cause de la rotation des astres.

Le principe qui régit la matière amène tellement de connexité dans les phénomènes, que la démonstration de la cause de rotation se trouve déjà faite par d'autres vues (§ 7). Il ne nous reste que des développements à ajouter.

La cause qui produit le mouvement de rotation des planètes, et qui a dû agir depuis l'origine de leur formation, est si manifeste, qu'en supposant même que cette rotation n'existât pas du tout, on reconnaît que l'action qui la produit s'accuserait encore plus impérieusement. Si, par exemple, l'un des côtés de la terre était constamment exposé aux rayons solaires, il acquerrait une chaleur telle, que de nombreux corps y seraient dilatés, dissous, et que des liquides seraient abondamment vaporisés. Sur la face opposée, dans une nuit constante, un froid immense se développerait, les vapeurs et les corps se condenseraient fortement, et nous savons par expérience quel est le résultat de ces deux transformations contraires ; la face de la terre chauffée deviendrait moins dense, plus répulsive, et tendrait à s'éloigner dans l'atmosphère moins dense ; la face refroidie, condensée, agirait inversement. De là naîtrait un équilibre inconstant, que la moindre irrégularité d'action suffit à rompre, et la terre se mettrait à tourner. Elle tournerait d'abord très-lentement, en raison de la forte masse qu'il s'agit de mouvoir. Mais, une fois ce premier mouvement commencé, il continuera nécessairement, puisque la face refroidie dans la nuit se réchauffe en passant sous les rayons du soleil pour acquérir son maximum de répulsion vers le soir, tandis que la face refroidie pendant la nuit reprend des tendances inverses.

Dans ces conditions, la rotation d'un astre a dû commencer à se dessiner dès que des différences de température inégalement réparties ont pu se produire, et sa vitesse de rotation s'accélérer jusqu'au point où elle fait équilibre aux différences de transmission de force vive. Alors la rotation devient régulière et ne peut plus s'accélérer tant que durent les mêmes conditions.

Ainsi le côté de l'astre qui s'échauffe s'éloigne dans l'atmosphère solaire, un peu parce qu'il perd de sa densité, mais surtout parce qu'il est plus repoussé par les vibrations solaires, qu'il répercute mieux en raison de sa moindre différence d'état. Le côté qui se refroidit se condense, fait exactement le contraire, et l'astre tourne indéfiniment, puisque indéfiniment les mêmes différences de température se reproduisent par l'alternative du jour et de la nuit. Ce double effet de la rotation constitue donc un éloignement par une augmentation de chaleur et un rapprochement par une moindre chaleur, absolument de même nature que ceux que nous constatons de toute part en physique.

Le mouvement de la terre fut un des premiers qui me guida dans la découverte de la grande loi calorique. Voici le premier récit que j'en ai donné :

« Un matin, fatigué de recherches, je sortis avant l'aurore pour jouir de notre fraîche campagne. La nature était calme, elle semblait attendre le soleil pour s'animer. La rosée condensée sur la pointe du végétal va se vaporiser, me disais-je ; la sève qui dans ce moment agit dans un sens va bientôt, sous l'influence du soleil, agir dans l'autre ; les corps contractés vont se dilater : il y a donc réellement effet contraire par suite de l'influence alternative de la lumière et de l'obscurité, ou, ce qui est à peu près la même chose, de la chaleur et du froid. Hier soir, étant à cette même place, la nature semblait fatiguée du jour, tout était chaud, et, comme si le soleil eût *repoussé* son œuvre accomplie, nous étions, suivant la rotation de la terre, emportés loin de lui avec une grande vitesse. Ce matin, la nuit vient d'agir à son tour, tout est froid, et nous volons, au contraire, comme précipités du côté du soleil, avec une vitesse de plusieurs centaines de mètres par seconde. C'était encore la chaleur et le froid produisant des effets opposés. Les faits les plus divers semblaient confirmer la même loi.

« En rentrant à la maison, une chose, qui mille fois s'était présentée à mes regards sans que j'y fisse attention, m'arrêta court et me frappa vivement ; c'était simplement le pot-au-feu. La flamme, qui ne le touchait que d'un côté, y faisait monter l'eau et les légumes ; de l'autre côté, l'action plus froide de l'air et de la paroi du vase contribuait à les faire redescendre au fond, pour recommencer leur évolution. Eh quoi ! me disais-je, c'est encore comme le mouvement de la terre devant l'action du soleil : il rompt l'équilibre, et la terre tourne comme l'eau dans ce vase, par suite des différences de densité et de chaleur !...

Quand deux ou plusieurs astres sont en présence, s'ils ont assez de différence de température pour modifier leur surface, ils s'imprimeront des mouvements de rotation aussi bien par la chaleur que par le froid qu'ils se transmettent. Si un astre émet de la chaleur, c'est le côté le plus froid de l'astre voisin qui se tournera toujours vers lui. S'il en absorbe, c'est au contraire le côté le plus chaud qui se présentera, puisque ce sont les différences qui tendent à se rapprocher ; et, à mesure que cette différence s'égalisera, ce côté sera repoussé pour faire place au côté le plus différent ; ce qui détermine le mouvement de rotation. Pour qu'un soleil tourne, il suffit donc qu'il ne soit pas au centre de sa nébuleuse ou qu'il en reçoive des forces inégalement réparties. La puissance de la rotation des astres dépend, non de la proximité du soleil, mais des différences de vibrations qui se développent sur les faces opposées.

Le radioscope que M. Crookes vient de construire selon notre principe d'action, *démontre expérimentalement la cause de rotation*. Il a placé un tourniquet libre dont chaque aile a une face noire ou rugueuse et une face polie, dans un globe de verre, où l'on a fait le vide, pour laisser agir surtout l'action éthérée. Aussitôt qu'on expose un côté à la lumière, même diffuse ou artificielle, les vibrations éthérées sont absorbées par les faces noires et transformées en vibrations caloriques plus lentes qui, étant moins différentes de celles des ailes solides, les repoussent mieux. Les vibrations des faces polies offrent ainsi une opposition plus tranchée avec celles de l'éther et sont moins repoussées. La rotation diminue avec les vibrations caloriques qui restent plus égales sur les faces polies ou noires. En réduisant l'éclairage aux faces noires, la rotation s'accélère et montre qu'elle repoussait aussi les faces polies. *Donc les faces polies s'avancent contre la lumière parce qu'elles sont moins repoussées que les faces noires ; et, comme preuve, la rotation cesse en supprimant les teintes noires qui déterminent l'excès de répulsion.* En refroidissant, les vibrations caloriques étant les moins repoussées, la rotation est inverse.

Mais nous avons une confirmation non moins puissante encore de la cause de rotation : c'est que les satellites, qui ne reçoivent pas ou presque pas de lumière ou de chaleur de la planète qui les régit, n'opère pas de mouvement de rotation par rapport à elle, et lui montrent toujours la même face. Néanmoins les satellites font une rotation par rapport au soleil en même temps que leur translation autour de la planète, et ils tourneraient probablement davantage sur eux-mêmes par rapport à l'action solaire, s'ils n'étaient retenus en face de leur planète par une action plus puissante dont voici la cause : à chaque révolution autour de la terre, la lune reçoit sur sa face *extérieure*, pendant qu'elle passe du côté du soleil, une chaleur qui est d'environ un centième plus forte que celle qu'elle reçoit sur sa face *intérieure* pendant qu'elle passe loin du soleil. Ces différences indéfiniment répétées font que la surface extérieure de la lune est moins dense que celle intérieure et que par conséquent elle se maintiendra toujours du côté le moins dense de l'atmosphère terrestre, tandis que la partie la plus dense de la lune tombe ou mieux se tourne nécessairement du côté de la terre, où la maintient sa plus grande densité.

On pourrait se demander aussi pourquoi la lune ne tournerait pas autour de son axe dirigé vers la terre. En voici la cause : si la face du satellite, échauffée pendant qu'il va de la nouvelle à la pleine lune, se mettait à fuir le soleil plus vite que l'autre, en tournant dans l'un ou l'autre sens autour de l'axe dirigé vers la terre, ce mouvement, d'abord très-lent, se trouverait contraire à l'action solaire dès que le satellite arrive dans l'autre moitié de sa translation. Ces effets contraires, ne pouvant être surmontés par une grande vitesse de rotation, se trouvent détruits.

Ces résultats si conséquents, si concordants dans tous les cas, dans toutes les situations nous donnent donc la certitude la plus complète de la cause des mouvements de rotation, qui sont d'ailleurs la conséquence d'une loi des actions matérielles déjà surabondamment démontrée et qui le sera encore à profusion.

§ 9. — Cause de la translation des astres secondaires.

Lorsque deux nébuleuses stellaires s'impriment un mouvement de rotation et que toutes les étoiles tournent ensemble autour d'un même centre de gravité, comme si leurs positions étaient à peu près fixes les unes par rapport aux autres, on voit que ce sont celles de l'extérieur qui tournent avec la plus grande rapidité, et que, par conséquent, la force de rotation de cet ensemble doit être reçue principalement par les étoiles extérieures, comme si l'ensemble formait un corps à peu près rigide. Mais il n'en est pas ainsi dans le système solaire et dans les systèmes planétaires : les astres sont transportés d'autant plus vite qu'ils sont plus rapprochés du centre, et l'on voit que c'est l'astre central qui doit recevoir une force de rotation et agir sur les astres secondaires qui l'entourent et qui sont transportés dans leurs orbites avec une force d'autant plus faible qu'ils sont plus éloignés du centre d'action rotative. Nous avons le moyen de nous assurer de ce résultat et de reconnaître si la valeur de l'action se rapporte à la force centrale de rotation.

Si l'astre central, le soleil par exemple, n'avait pas de mouvement de rotation, tous les rayons d'action vibratoire partant du périmètre du soleil pour agir sur une planète s'équilibreraient concentriquement par rapport à son centre de gravité et n'auraient aucune tendance à la pousser dans une orbite, soit à droite, soit à gauche. Mais si le soleil tourne sur lui-même, il est évident que la planète ne recevra plus les rayons solaires avec une égale force de toutes les parties du soleil; la vitesse des vibrations solaires partant du côté qui s'approche de la planète par rotation sera augmentée de toute la vitesse de rotation, tandis que celles parties du bord solaire qui s'éloigne par rotation seront diminuées de vitesse et affaiblies de toute cette vitesse de rotation. Or il est facile de voir, comme l'indique la figure 1 en tête de ce volume, ou la figure 2 ci-après, la conséquence de ces différences de force sur la planète.

En figurant, à partir du centre de la planète, par une flèche ou ligne quantitative l'excès de répulsion dans la direction opposée au bord solaire qui la produit, en indiquant par une flèche égale, à partir du même centre de planète, la moindre répulsion dans la direction du bord solaire qui la produit, nous voyons que la résultante de ces différences d'action est une force de projection tangentielle de la planète dans le même sens que celui de la rotation solaire qui la produit. La planète, poussée selon cette force tangentielle, détermine la force centrifuge, qui a pour réaction la nécessité pour la planète de retomber dans la zone concentrique au soleil, où elle doit trouver son point d'équilibre dans l'atmosphère solaire de densité inverse des distances. Lorsque l'orbite prend une forme excentrique, c'est par suite d'une force indépendante de celle dont nous nous occupons ici et que nous examinerons plus loin.

La vitesse de transmission des vibrations éthérées étant de 300 000 kilomètres par seconde, la différence produite par la rotation du soleil, qui s'opère en vingt-cinq jours et demi, serait de 1/75000 (4 000 mètres environ par seconde) entre les vitesses d'action exercées selon les deux tangentes équatoriales du soleil. La force de translation des planètes étant une action parfaitement définie, indubitable, nous pouvons donc nous dispenser de recourir à la chiquenaude astronomique newtonienne.

Mais nous avons une confirmation bien plus complète encore de la force de translation : c'est qu'elle rend compte avec la plus complète exactitude, et dans chaque système, des vitesses décroissantes de translation selon l'éloignement.

Pour établir la loi des forces translatives et l'appliquer ensuite aux systèmes solaires et planétaires, nous allons prendre les conditions et rapports les plus simples, comme dans la figure 2 ci-dessous, pour en faciliter l'intelligence :

Fig. 2. Translation des planètes.

Le soleil, dont le centre est en C et l'équateur en A R D, représente, par son rayon, l'unité de distance à laquelle se produit la force tangentielle de rotation, et par les différences de force tangentielle R et D, l'unité de force qui régit les différentes planètes figurées aux distances 2, 4, 8. Si telle est bien la force de translation qui emporte les planètes dans leur orbite, toutes les vitesses des planètes, quelle que soit leur distance, doivent être rigoureusement en rapport, et selon les densités, avec la force de translation résultante à telle ou telle distance, et c'est le rayon solaire à l'extrémité duquel se produit cette force qui représentera *l'unité de force et l'unité de distance* à partir de laquelle devront croître ou décroître toutes les progressions constatées dans le système solaire ; il en sera de même pour tout autre système. Si telles sont bien leurs forces proportionnelles à cette base et les vitesses qu'elle doit donner à chaque distance et dans tous les systèmes, nous aurons la preuve de sa réalité la plus complète.

Pour déterminer les forces relatives qui régissent chaque planète, nous remarquerons que les composantes de forces tangentielles solaires appliquées au centre de gravité de chaque planète doivent garder la même valeur linéaire, puisque la vitesse des vibrations ne change pas selon le plus ou moins d'éloignement solaire. Ces composantes obliques, appliquées à chaque planète, nous donnent des résultantes de forces *inversement proportionnelles aux distances solaires*, ainsi que le montre la construction graphique, et on peut les calculer simplement en divisant l'unité d'action par la distance du corps ou de la planète sur laquelle elle agit. Mais cette décroissance de force n'est pas la seule dont nous ayons à tenir compte, il faut encore tenir compte de la décroissance de densité des corps sur lesquels ces résultantes sont appliquées et qui sont aussi *inverses des distances*, et enfin de la décroissance du rayonnement calorique, qui est *inverse du carré des distances*. Or les forces *inverses des distances*, agissant sur des densités *inverses des distances*, se compensent exactement, puisqu'une force 1 a autant d'action sur une résistance 1 qu'une force 2 sur une résistance 2. Il reste donc pour décroissance non compensée celle de la force calorique, qui est *inverse du carré des distances*.

Maintenant, pour connaître l'emploi de ces forces, il faut recourir aux données astronomiques, et en calculant le carré des vitesses de chaque planète, on trouve que ces carrés ou vitesses V^2 sont exactement proportionnels à l'inverse des distances solaires. Or, pour que la somme de force vive MV^2 employée par chaque planète dans son mouvement de translation soit égale à la force développée qui reste inverse du carré des distances après compensation, il faut en effet que la masse M ou densité de chaque planète soit *inverse des distances* pour que le produit MV^2 soit *inverse DU CARRÉ des distances* et rigoureusement égal à la force développée à chacune des distances.

En conséquence, pour établir le tableau de la force tangentielle, nous posons des distances d facultatives, mais simples, pour plus de facilité ; nous calculons comme il vient d'être dit les résultantes r inversement proportionnelles aux distances ; les vitesses v s'obtiennent en prenant les racines des résultantes ; les puissances p s'obtiennent en multipliant les résultantes par le carré des vitesses ou par elles-mêmes, puisque la force des vibrations est inversement proportionnelle au carré des distances, et nous avons ainsi le tableau des forces de translation tirées directement des forces tangentielles et qui va nous rendre rigoureusement compte de toutes les forces et les vitesses dans tous les systèmes.

d Dist.	0,5	1	2	4	8
r Rés.	$\frac{1}{0,5}=2$	$\frac{1}{1}=1$	$\frac{1}{2}=0,5$	$\frac{1}{4}=0,25$	$\frac{1}{8}=0,125$
v Vit.	$\sqrt{2}=1,41$	$\sqrt{1}=1$	$\sqrt{0,5}=0,707$	$\sqrt{0,25}=0,5$	$\sqrt{0,125}=0,354$
p Puiss.	$2^2=4$	$1^2=1$	$0,5^2=0,25$	$0,25^2=0,062$	$0,125^2=0,0156$

Par conséquent, si nous avons constaté que la vitesse de translation est pour chaque planète en raison inverse de la racine carrée de sa distance au soleil, c'est tout simplement parce qu'elle est la résultante de la force de translation exercée par cet astre.

Si maintenant nous trouvons que ces forces et ces progressions, dérivant directement des forces tangentielles, répondent à tout; si nous trouvons, comme dans nos résultats, que le carré de chaque vitesse de planète multiplié par sa distance au soleil est un nombre constant, comme le veut l'application de nos forces; qu'il en est de même pour chaque système de satellite; que cette somme est toujours égale à l'unité d'action produite, qui résulte du multiple de la puissance exercée à chaque distance par le rayon ou *bras de levier* selon lequel elle se produit; que chaque fois que ces deux facteurs restent les mêmes, tous les mouvements qui en dépendent donnent le même produit; que chaque fois que ces facteurs ou l'un seulement change, tous les mouvements qui en sont la conséquence changent aussi; qu'il en est de même lorsqu'on passe du système solaire à un système planétaire ou de l'un à l'autre des systèmes planétaires; en un mot, si tous les mouvements sidéraux répondent à cette simple solution de mécanique, si tous les mouvements en particulier s'encadrent parfaitement dans les résultats qu'elle donne, et si, de plus, il est impossible d'en sortir sans sortir des lois sidérales dont elle rend rigoureusement compte, il sera de toute impossibilité de récuser une action qui s'impose dans de telles conditions.

Eh bien, ce sont précisément là les résultats rigoureux auxquels nous sommes conduits, comme on peut le voir par les tableaux qui suivent. En prenant celui du système solaire, on voit qu'il suffit seulement d'une *distance*, d'une *densité* ou d'une *vitesse* pour en déduire toutes les autres valeurs, comme cela résulte du calcul des actions tangentielles.

En voyant les résultats que nous exposons ci-dessous, on comprend qu'il serait superflu de confirmer notre principe par l'application des lois sidérales développées par Képler, Pascal, Newton, etc., ainsi que nous l'avons fait dans notre première édition.

Calcul des actions tangentielles

Distances............................ (a)		0,5	1
Résultantes de l'unité d'action... (b)		$\frac{1}{0,5} = 2$	$\frac{1}{1} = 1$
Racines ou vitesses................ (c)		$\sqrt{2} = 1,41$	$\sqrt{1} = 1$
2ᵉ puissance. — .... (d)		$2^2 = 4$	$1^2 = 1$
Force centrifuge $\frac{V^2}{r}$ .... (e)		$\frac{1,41^2}{0,5} = 4$	$\frac{1^2}{1} = 1$

Mouvements du

Application des *mêmes calculs d'actions tangentielles* ci-dessus aux dis
les vitesses, les forces de compression, les forces centrifuges,

INDICATIONS.	AU RAYON SOLAIRE.	MERCURE.	VÉNUS.
Distance au soleil................. (a)	(¹) 0,00437	0,3871	0,72333
Résultantes d'actions............. (b)	228,833	2,5833	1,3825
Racines ou vitesses................ (c)	15,127	1,6062	1,1757
2ᵉ puissance. — .... (d)	52364,45	6,671	1,9113
Force centrifuge $\frac{V^2}{r}$ .... (e)	52364,53 (²)	6,679	1,9113
Force tangentielle reçue.......... (f)	228,833	=	=
Force tangentielle transmise.... (g)	228,829		
Force tang. absorbée en transform. (h)	0,00394	0	0

Vérification des résultats précédents par les

NOTA. — Les puissances d'action et de force centrifuge ne se comportent pas

Temps de chaque révolution.......	25 j. 5	87,97079	224,70078
Distances au soleil.............. (a)	0,00437	0,3871	0,72333
Vitesses de translation........... (c)	0,0627	1,6062	1,1757
Carré des vitesses............. (b et h)	0,00394	2,5833	1,3825

(¹) Cette colonne indique les forces et vitesses qu'aurait la relation de
(²) Les résultats seront d'autant plus rigoureusement égaux que l'on

donnant la loi des actions sidérales.

$$
\begin{array}{|ccc|ccc|ccc|}
\hline
 & 2 & & & 4 & & & 8 & \\
\frac{1}{2} & = & 0,5 & \frac{1}{4} & = & 0,25 & \frac{1}{8} & = & 0,125 \\
\sqrt{0,5} & = & 0,707 & \sqrt{0,25} & = & 0,5 & \sqrt{0,125} & = & 0,354 \\
0,5^2 & = & 0,25 & 0,25^2 & = & 0,0625 & 0,125^2 & = & 0,0156 \\
\frac{0,707^2}{2} & = & 0,25 & \frac{0,5^2}{4} & = & 0,0625 & \frac{0,354^2}{8} & = & 0,0156 \\
\hline
\end{array}
$$

système solaire.

tances des planètes, donnant immédiatement : les résultats de translation, etc., telles qu'elles se produisent dans le système solaire.

LA TERRE.	MARS.	JUPITER.	SATURNE.	URANUS.	NEPTUNE.
1	1,52369	5,20277	9,53883	19,1824	30,037
1	0,6563	0,19412	0,10483	0,05313	0,0333
1	0,8101	0,4387	0,324	0,2283	0,1824
1	0,4307	0,0376	0,1098	0,0028	0,0011
1	0,4307	0,0373	0,1098	0,0028	0,0011
=	=	=	=	=	=
0	0	0	0	0	0

documents astronomiques calculés selon l'usage.
ces données se trouvent vérifiées réciproquement dans les calculs qui précèdent.

365,25637	686,97964	4 332,5848	10 759,2198	30 686,8205	6 0127 j.
1	1,52369	5,20277	9,53883	19,1824	30,037
1 orbite	0,8101	0,4387	0,324	0,2283	0,1824
1	0,6563	0,19412	0,10483	0,05313	0,0333

soleil si elle ne transmettait pas son mouvement à tout le système.
aura employé un plus grand nombre de décimales.

La rotation du soleil résultant de l'inégale force vive qu'il reçoit de la voie lactée dont il est loin d'occuper le centre, on voit que tous les autres mouvements de notre système sont la conséquence de cette inégalité.

Nous remarquerons que nos résultantes de force tangentielle sont égales à V^2 ou inversement proportionnelles aux distances. On voit que, si l'on multiplie cette proportion d'action répulsive, qu'elle détermine par la même progression de densité d'atmosphère qui est également en raison inverse des distances, on aura pour produit total des répulsions, dites *forces centrifuges*, des sommes inverses des carrés des distances, comme le veulent les lois sidérales. Or, en *multipliant* V^2 par une somme de répulsion atmosphérique *inversement proportionnelle aux distances*, on a V^{2^2} pour expression de la force centrifuge, comme l'indique en effet l'état de choses que nous venons d'exposer; on n'obtient les mêmes résultats qu'en di-

Mouvements du

Calculés comme l'indique le tableau qui précède les mouvements du système
nelle aux distances, il en résulte que l'on peut considérer comme unité
gnement soit considéré comme *unité de distance*. Alors la somme d'une
égale à cette unité de force et de distance.

INDICATIONS.	AU RAYON DE JUPITER.	1er SATELLITE.	2e SATELLITE.
Distances en parties de l'unité (a)	0,0005215	0,00316	0,00027
Résultantes d'action....... (b)	1 919,3	316,46	198,92
Racines ou vitesses ...... (c)	43,8	17,8	14,1
2e puissance. (d)	3 683 700,0	100 146,00	39 570,0
Force centrifuge $\frac{V^2}{r}$ .... (e)	3 683 700,0	100 146,00	39 570,0
Force tangentielle reçue.... (f)	1919,3	=	=
Force tangentielle transmise (g)	1765,8		
Force tangent^{lle} transformée. (h)	153,5	0	0

Vérification des résultats précédents par les

Temps de chaque révolution...	9h55'45"	1 j. 7691	3 j. 5512
Distances à Jupiter........ (a)	71 463k	433 072,0	688 782,0
Vitesses de translation..... (c)	12,39	17,8	14,1
Carré des vitesses..... (b et h)	153,5	316,7	198,9

visant V^2 par une somme *proportionnelle aux distances*, comme on le fait par la formule empirique et non motivée de la force centrifuge $\frac{V^2}{r}$ employée par l'école newtonienne. On a donc :

D'une part, $1.41^2 \times 2 = 4$, $1^2 \times 1 = 1$, $0.707^2 \times 0.5 = 0.25$, etc.

D'autre part, $\frac{1.41^2}{0.5} = 4$, $\frac{1^2}{1} = 1$, $\frac{0.707^2}{2} = 0.25$, etc.

Ainsi, dans un cas comme dans l'autre, les produits sont les mêmes, et il en résulte qu'en renversant d'une part la cause d'action, d'autre part le produit, l'école newtonienne obtient des résultats exacts dans tous les cas où il ne s'agit que des conditions de mouvement acquis ou en équilibre avec l'action moyenne de l'éther ; mais elle reste muette dans tous les cas de changement ou modification d'équilibre qui cause les mouvements sidéraux.

Système de Jupiter.

solaire. — La force de translation produite étant inversement proportiond'action celle produite à une distance quelconque, pourvu que cet éloidistance quelconque par le carré de vitesse qui s'y produit, sera toujours

3ᵉ SATELLITE.	4ᵉ SATELLITE.	UNITÉ D'ACTION.	DISTANCE DOUBLE.	DISTANCE QUADRUPLE.
0,00802	0,01411	1	2	4
124,66	70,87	1	0,50	0,25
11,17	8,4	1	0,707	0,5
15540,0	5022,56	1	0,25	0,0625
15540,0	5022,6	1	0,25	0,0625
=	=	=	=	=
0	0	0	0	0

documents astronomiques, calculés selon l'usage.

7 j. 1546	16 j. 6888	»	»	»
1 098 968,0	1 933 040,00	137 000 000	274 000 000	548 000 000
11,17	8,42	»	»	»
123,76	70,92	»	»	»

L'observation *des faits* nous révèle ainsi une expression rationnelle de la force centrifuge V^2 plus simple et importante, puisqu'il suffit, dans un système, de connaître la vitesse d'un astre pour déterminer très-simplement ses autres éléments indiqués dans nos tableaux.

Mouvements du système de la terre,

calculés comme l'indique le tableau pages 54 et 55.

INDICATIONS.	AU RAYON Terrestre.	SATELLITE.	UNITÉ d'action.	DISTANCE double.
Distances............ (a)	0,01581	0,0535	1	2
Résultantes........ (b)	63,254	1,0487	1	0,5
Vitesses............ (c)	7,95	1,024	1	0,708
Compression........ (d)	4 000,689	1,999	1	0,25
Force centrifuge $\frac{V^2}{r}$. (e)	4 000,87	1,999	1	0,25
Force tang^{lle} reçue. (f)	63,254 ⎫			
Force transmise... (g)	63,047 ⎬	=	=	=
Force transformée. (h)	0,207 ⎭	0	0	0

Vérification par les documents astronomiques.

Temps des révolutions.	23^{h}53'4"	27j.52166	»	»
Distances......... (a)	6 377^k	384 600^k	403 368^k	806 736^k
Vitesses......... (c)	0,455	1,0241	»	»
Carré des vitesses (b, h)	0,207	1,0488	»	»

Remarquons encore que les conditions d'équilibre newtonien entre deux forces centrifuge et attractive qui varient l'une et l'autre selon la même proportion inverse du carré des distances, ne peuvent donner que des équilibres *indifférents* et *instables*, qui ne motiveraient en aucune façon les courbures changeantes que suivent les astres! Avec ces deux forces toujours égales, un astre ne pourrait absolument que suivre une première direction acquise, puisqu'elles ne peuvent pas plus prédominer l'une que l'autre. Toutes les perturbations si nombreuses dans le ciel ne seraient nullement rétablies, le désordre y règnerait de toutes parts, tandis qu'avec les atmosphères de densité décroissante, les équilibres sont *stables*, ils se rétablissent d'eux-mêmes. Lorsqu'il se produit une perturbation qui pousse un astre plus haut ou plus bas que son point d'équilibre, il y revient de lui-même aussitôt que la cause perturbatrice cesse d'agir, comme nous allons le voir encore au paragraphe suivant.

§ 10. — Causes d'excentricité des orbites.

Toutes les expériences de Hooke et d'autres pour réaliser une orbite excentrique au moyen de la force centrifuge opposée à un centre d'attraction furent vaines; ils ne purent obtenir qu'une ellipse *autour d'un centre* et non d'un foyer, parce qu'en effet nul corps ne peut osciller que par rapport à son point d'équilibre et que la planète possède en effet un point d'équilibre à distance dans l'atmosphère solaire, lequel n'était pas reproduit dans les expériences de Hooke.

Avec cet équilibre extérieur, deux causes principales déterminent l'excentricité des orbites : d'une part, l'influence de masse des astres qui passent dans le voisinage en rompant l'équilibre des compressions au moyen de leur atmosphère; d'autre part, les influences caloriques qui modifient temporairement les densités superficielles, rendent l'astre plus ou moins répulsif et modifient ainsi son point d'équilibre dans l'atmosphère qui le régit. Ce sont toujours, comme on le voit, les deux éléments de la force vive qui interviennent avec plus ou moins de puissance. Le premier mode d'action est déjà connu et décrit sous le nom d'*attraction*; il nous suffit de lui rendre son véritable nom en l'appelant *compression*, en raison des différences de masse de chacun des corps avec l'éther. L'action de masse agissant par les atmosphères qui lui sont proportionnelles ayant été seule prise en considération et l'action calorique complétement négligée, c'est donc elle surtout que nous avons à étudier.

Tout corps tenu en suspension dans notre atmosphère décrit une orbite excentrique dans les vingt-quatre heures, par cela seul qu'étant chauffé et dilaté pendant le jour, il s'élève davantage, et que, refroidi et condensé pendant la nuit, il s'abaisse en même temps qu'il est emporté par la rotation de la terre. Il décrit donc une orbite excentrique autour de l'axe de la terre, en raison d'une modification calorique parfaitement constatée, tandis que, si l'état calorique n'avait pas changé, l'orbite serait restée circulaire. Le ballon qui prend un niveau plus ou moins élevé, selon qu'on chauffe plus ou moins son gaz, nous montre le même résultat d'une manière complétement expérimentale.

Les effets sidéraux ne sont pas moins démonstratifs que ceux de l'expérience directe. La comète, très-sensible aux fluctuations caloriques, prend beaucoup d'excentricité. Lorsque la chaleur solaire l'a puissamment dissoute et dilatée en lui ôtant de sa densité, elle est rejetée, entraînée très-loin dans l'atmosphère solaire; puis, après s'être condensée dans l'éloignement, elle retombe près du soleil. La planète, en raison de sa puissante masse, subit peu ces fluctuations momentanées de la chaleur. Mais nous savons que par son action superficielle l'hémisphère sud, en raison de sa grande étendue de mers et de son pôle glacial très-développé, est en somme moins repoussé que l'hémisphère nord. Conséquemment, pendant que l'hémisphère austral se trouve le plus tourné vers le soleil, dont il répercute moins bien les vibrations éthérées, la terre se rapproche de 1|30e plus près du soleil que lorsqu'il éclaire principalement le pôle boréal, ce qui détermine la principale cause de l'excentricité de l'orbite terrestre, et en effet l'excentricité coïncide toujours avec cette situation des pôles.

Fig. 3. Excentricité des orbites.

L'orbite résulte donc de deux forces : l'une de translation, qui tend à donner la forme circulaire par suite de l'atmosphère concentrique de l'astre moteur dans laquelle l'astre mû est obligé de chercher son équilibre et que nous appelons *composante circulaire* EO (fig. 3) autour du soleil S; l'autre, BA, est la *composante d'oscillation* selon laquelle l'astre mû tend à osciller de part et d'autre de sa zone d'équilibre sur la composante circulaire EO. La composante oscillation résulte de toute modification de force vive qui tend à éloigner ou à rapprocher l'astre mû de l'astre moteur, et lorsque les actions selon ces deux composantes s'exercent en même temps, il en résulte l'orbite excentrique, qui peut être soumise à des perturbations secondaires.

Avec l'hypothèse de Newton, toutes les perturbations normales ou rayonnantes causeraient un trouble définitif que rien ne saurait rétablir. Au contraire, avec les décroissances de densité des milieux, tout dérangement tendant à éloigner ou à rapprocher du soleil S la planète qui se trouve en équilibre à la distance E sera rétabli par une réaction oscillatoire équivalente de part et d'autre du point d'équilibre E, où la planète sera sans cesse ramenée par les différences de densité en même temps qu'elle est emportée par l'action translative. Comme un corps oscille toujours diamétralement par rapport à son point d'attache ou d'équilibre, et qu'ici la planète est en même temps soumise à un autre point d'attache qui est le soleil, relativement à la force centrifuge, il en résulte que l'oscillation tendra à se régler en même temps relativement à ces deux points d'attache, ce qui amènera l'oscillation de part et d'autre de l'équilibre sur le cercle EO à se produire dans le même temps que celle de part et d'autre du soleil, sauf l'influence d'action perturbatrice que nous examinerons ; quant à l'oscillation de la terre, elle est aussi réglée par l'influence différente de ses pôles.

Il est à remarquer que l'oscillation par rapport à la zone d'équilibre EO ne se produit pas dans un milieu de densité uniforme et que, par conséquent, les deux écarts de l'oscillation à partir du point E ne seront pas de même longueur, mais *équivalents en puissance*. La puissance d'action des atmosphères du soleil et d'une planète agissant chacune en raison inverse des distances, il en résulte que l'action combinée de l'une avec l'autre donne une puissance d'action inverse du carré de la distance qui les sépare.

Lorsque, dans une atmosphère décroissante, il y a lutte de deux corps pour se porter vers un point, il faut nécessairement que l'équilibre de force vive résultant de la densité d'atmosphère et de la vitesse s'établisse ou que le plus puissamment comprimé s'approche aux dépens de l'autre, jusqu'à ce que l'équilibre soit exact, et si c'est au moyen d'une plus grande vitesse que l'un déplace l'autre, il revient sur lui-même lorsqu'il a perdu cette vitesse. Nous pourrons donc ainsi comparer et évaluer les forces d'oscillation aussi bien que la force de translation.

Vers le haut de notre figure 3, les chiffres 32, 16, 8, 4 indiquent les distances réduites chaque fois de moitié et correspondant aux chiffres 1, 4, 16, 64, 256, représentant les sommes d'action inverses du carré des distances; les chiffres 4, voisins du centre d'action, indiquent l'espace qui peut continuer à être sous divisé à l'infini; les chiffres supérieurs indiquent les densités.

Pour trouver les valeurs équivalentes de nos moitiés d'oscillation, nous remarquerons que la somme de répulsion qui amène l'astre de l'une des extrémités de l'oscillation à son point d'équilibre doit être égale à celle qui, de ce point, le pousse à l'autre extrémité de cette trajectoire d'oscillation.

Comme nous savons que pour chacune des parties de la trajectoire la résistance totale au mouvement varie en raison inverse du carré des distances, il suffit de multiplier les parcours que nous comparons par les racines des distances moyennes pour avoir les équivalents cherchés, ou même de les multiplier par celles des extrémités analogues, puisque nous n'avons besoin que des rapports d'équivalence. Nous aurons donc, en prenant ces puissances au maximum, $\sqrt{64}=8$ qui, multiplié par la distance 8, donne 64 pour l'une des parties de l'oscillation. L'autre, qui doit être égale, est en effet $\sqrt{16}=4\times16=64$, ou encore nous avons, en prenant les puissances au minimum, $\sqrt{16}=4\times8=32$ et $\sqrt{4}=2\times16=32$, ce qui nous montre encore l'équivalence des deux parties de la trajectoire d'oscillation. Ce calcul nous donne 8 pour la longueur d'oscillation interne qui, étant ajoutée à la distance périhélie 8 dans le rayon de la composante circulaire, donne 16, qui est en effet égal à la moitié du petit axe de l'ellipse 16 que nous allons aussi calculer (1).

(1) Pour mieux nous assurer que le petit axe ne change pas quand la composante circulaire reste la même, et que les deux parties de l'oscillation ne peuvent pas cesser d'être équivalentes de chaque côté du point d'équilibre, prenons d'autres équivalents: soit de b en B, 4 qui correspond à la puissance 256, et nous aurons d'une part $\sqrt{256}=16\times4=64$, et, d'autre part, de A en a $\sqrt{4}=2\times32=64$. En comparant la somme de ces nouvelles oscillations, nous avons également les équivalents suivants de b en E $\sqrt{256}\times12=192$, et de E en a $\sqrt{16}=4\times48=192$.

Nous avons ainsi une puissance d'oscillation double, puisque tous nos équivalents sont égaux: $\sqrt{256}=16\times4=64$, $\sqrt{64}=8\times8=64$ $\sqrt{16}=4\times16=64$ et $\sqrt{4}=2\times32=64$, ce qui nous donne en effet, pour l'éloignement de l'aphélie, une distance double; néanmoins le grand axe n'est pas double, parce que la distance périhélie S B se trouve réduite à S b, ce qui, par suite de son transport par l'action tangentielle, diminue le grand axe d'autant. Malgré cette circonstance, nous allons voir que le diamètre de la composante circulaire n'ayant pas changé, le petit axe de

Maintenant, pour étudier la résultante de translation, si nous considérons l'aphélie et le périhélie de l'orbite qui correspondent aux deux points morts de l'oscillation, nous voyons que l'action translative doit agir seule sur ces points. En effet, l'action y est perpendiculaire au rayon de l'orbite, et de plus cette action, qui dépend entièrement de la translation, y est rigoureusement proportionnelle à la puissance d'action translative, eu égard aux différentes densités. Or, pendant l'instant du passage au point mort de l'oscillation, l'astre mû ne s'approche ni ne s'éloigne de l'astre moteur. Si nous prenons à son tour la partie de l'orbite comprise entre les extrémités du petit axe et le point où l'astre serait en équilibre sans oscillation, nous nous trouvons dans le passage où l'astre subit la plus grande vitesse de l'action oscillatoire ; et, en effet, nulle part ailleurs la planète ne s'approche autant du soleil dans un temps donné. En continuant vers le périhélie, malgré que la vitesse de la planète soit de plus en plus grande, elle s'approche de moins en moins vite du soleil, parce que l'action oscillatoire va en s'éteignant de plus en plus jusqu'au point mort du périhélie, qui laisse un moment d'action dépendant entièrement de la translation. Puis, à partir de ce moment, l'action oscillatoire revient sur elle-même tout en continuant à être transportée dans son orbite, c'est-à-dire qu'elle s'éloigne du soleil en repoussant la planète vers la zone où elle est en équilibre.

notre nouvelle trajectoire n'a pas changé non plus ; ce qui démontre la spécialité d'action de chacune des composantes.

Nous voyons que le demi-grand axe de notre seconde ellipse est égal à 34, et qu'il devient l'un des rayons vecteurs qui déterminent les extrémités du petit axe. Ce rayon vecteur est en même temps l'hypoténuse du triangle rectangle formé par le demi-petit axe et la partie du grand axe allant du centre au foyer, qui est égale à 30. Nous avons donc, pour le carré de l'hypoténuse, $34^2=1156$, pour le côté du triangle connu $30^2=900$, qui, ôtés de 1156, donnent 256, dont $\sqrt{256}=16$, c'est-à-dire précisément encore la valeur du rayon de la composante circulaire !

Prenons à son tour une composante circulaire ayant pour rayon $SA=32$, et pour composante d'oscillation Ea dont les valeurs nous sont déjà connues pour $EA \sqrt{16}=4\times16=64$ et pour $Aa \sqrt{4}=2\times32=64$. Nous avons une hypoténuse ou rayon vecteur égal à $SE \times Sa$, qui donne $\frac{16+64}{2}=40^2=1600$; déduisant le carré de la distance du foyer au centre, qui est $24^2=576$, il reste pour le demi-petit axe de l'ellipse $\sqrt{1024}=32$. Encore et toujours exactement le rayon de la composante circulaire ! et toujours aussi les deux extrémités de l'oscillation déterminent la longueur de l'ellipse, l'une directement, l'autre par transport.

Le calcul, appliqué selon ces données à un point quelconque de l'orbite, démontre rigoureusement que le mouvement de l'astre est la résultante des actions translatives et oscillatoires ; tandis que, s'il n'y avait que l'attraction en jeu, l'oscillation ne pourrait avoir lieu que de part et d'autre du soleil, et deux composantes qui auraient le soleil pour centre donneraient nécessairement une ellipse ayant aussi le soleil *au centre* et non à l'un des foyers.

Comme la force translative tend seule à écarter l'astre dans le sens perpendiculaire à la force d'oscillation, elle arrive en effet à donner au petit axe de l'ellipse le diamètre précis de la translation circulaire. Et si la trajectoire elliptique est plus longue dans son parcours ACP que l'oscillation directe AB ne l'eût été seule, c'est parce qu'elle est la résultante des deux actions combinées. Mais qu'on le remarque bien, la planète ne s'est pas approchée davantage du soleil, car la distance SP=SB. L'action oscillatoire a donc agi pour pénétrer à travers les couches de plus en plus denses qui enveloppent *concentriquement le soleil* comme si elle n'avait pas subi en même temps le mouvement de translation ; elle a fait son trajet comme la balle que se jettent deux voyageurs dans un wagon indépendamment de l'action translative du train. Elle a agi comme l'action qui s'exerce entre la terre et la lune, et qui a lieu indépendamment du mouvement que ces deux astres ont autour du soleil.

Il suffit de la connaissance du périhélie et de l'aphélie d'un astre pour déterminer sa trajectoire entière, ainsi que les composantes de cette trajectoire. Nous allons effectuer ces opérations, qui nous donnent des preuves précises de leurs relations.

Etant donné (fig. 3) le périhélie PS=8 et l'aphélie SA=32, nous avons ainsi 40 pour le grand axe, sur lequel nous traçons l'autre foyer F. Sachant que pour chaque point de l'ellipse la somme des rayons vecteurs menés à chacun des foyers est toujours égale, nous prenons d'abord la somme des deux rayons vecteurs de P en A, qui est 8+32=40, dont la moitié est 20 pour chacun des rayons vecteurs qui déterminent les extrémités du petit axe. Comme chacun de ces rayons vecteurs forme un triangle rectangle avec les deux axes, nous aurons aussi la valeur exacte du demi-petit axe en faisant ce calcul : le carré de l'hypoténuse, qui est celui de notre rayon vecteur, est $20^2=400$, duquel nous déduisons le carré du côté connu, qui est la moitié des distances focales, soit $12^2=144$, qui, ôtés de 400, laissent pour valeur du troisième côté du triangle ou demi-petit axe $\sqrt{256}=16$.

Maintenant, si la trajectoire elliptique est réellement la résultante de nos deux composantes, nous devons trouver que le rayon de la composante circulaire est précisément égal au demi-petit axe 16, puisque cette composante est la seule qui puisse agir dans ce sens.

On remarquera que du moment où le périhélie et l'aphélie, qui déterminent la valeur de la résultante d'oscillation, sont fixés, ces deux points ne peuvent en aucun cas être placés à une distance autre du point d'équilibre que celle où l'égalité de l'action et de la réaction sont équivalentes, et que la distance du soleil au point d'équilibre est en tout cas égale au demi-petit axe. On voit que nous avons encore sous cette forme une preuve de la réalité des deux actions qui se combinent dans la trajectoire elliptique, sans quoi, avec cette longueur d'oscillation et d'ellipse fixée, la grandeur du petit axe pourrait varier, ce qui reviendrait à dire que la planète pourrait n'être pas toujours placée à une distance telle qu'elle soit en tout point en équilibre avec la résultante de différentes actions combinées, d'où il résulte que le soleil ne peut pas être ailleurs qu'au foyer de l'ellipse.

Dans les calculs de l'excentricité de l'orbite lunaire, si utiles à la science et à la marine, on oublie plusieurs éléments importants : on oublie d'une part l'action de la chaleur, qui est plus grande sur la lune lorsqu'elle va de la nouvelle lune à la pleine lune, ce qui accélère son mouvement répulsif pendant ce temps, et sa moindre chaleur pendant qu'elle revient vers le soleil, ce qui accélère aussi son retour ou sa chute par rapport au soleil ; double action qui, en lui faisant dépasser chaque fois un peu sa demi-révolution, contribue le plus à faire exécuter à l'axe de son orbite une révolution en neuf ans environ.

On oublie, d'autre part, la décroissance de densité de l'atmosphère solaire, qui contribue à déformer l'orbite de la lune, en la repoussant lorsqu'elle est en conjonction et en la faisant retomber pendant l'opposition. On oublie aussi, ou plutôt on ignore quelle est la cause qui fait que l'orbite de la lune s'agrandit lorsque la terre est à son périhélie et pourquoi elle ralentit son mouvement pendant ce temps, tandis qu'elle fait le contraire lorsque la terre est à son aphélie. On appelle cela des anomalies, tandis qu'il n'y a d'anomale que l'interprétation adoptée. La cause de ce phénomène est très-simple ; la lune agrandit son orbite, lorsqu'elle est au périhélie de l'orbite terrestre, parce qu'en pénétrant dans l'atmosphère plus dense du soleil, qui combine sa plus grande densité avec celle de l'atmosphère terrestre, la lune est, comme nous l'avons dit, obligée d'agrandir son orbite pour retrouver dans une moindre densité de l'atmosphère terrestre une diminution équivalente à l'augmentation de densité provenant de l'atmosphère solaire, afin de rétablir ainsi son équilibre. En conséquence de cet agrandissement d'orbite, l'action translative de la rotation terrestre a moins d'action sur elle, ce qui lui fait ralentir son mouvement. Lorsque la terre est à son aphélie, tous ces phénomènes sont inverses. Rien donc n'est plus rationnel et il n'y a là pas la moindre anomalie. L'anomalie n'existe et ne peut exister que pour une fausse théorie.

Nous nous bornons à ces quelques faits, qui suffisent à attirer l'attention sur nombre d'autres résultats analogues que dans l'état actuel on corrige par des formules empiriques que l'on ajuste peu à peu avec les faits observés. Il ne faut pas s'étonner si avec les mauvais principes que l'on prône on éprouve tant de difficultés à établir les véritables mouvements de la lune, pourtant si importants à connaître pour la navigation et la science.

Bien que cela nous paraisse complétement superflu, nous allons encore démontrer sous une forme tout autre l'impossibilité de la seule attraction en raison des masses.

Si nous prenons une orbite circulaire, naturellement il n'y a aucune cause d'exentricité; mais, lorsque nous voyons l'exentricité se manifester, il suffit d'en exagérer la cause pour la mettre en évidence.

Fig. 4.

Ainsi, dans la figure 4 ci-jointe, si l'on n'a que la translation circulaire de l'orbite AA, le soleil est nécessairement au centre;

mais si l'on réduit successivement la translation circulaire ou que l'on augmente de plus en plus la cause de l'excentricité pour en mieux connaître la nature, on voit qu'à mesure que le petit axe de l'orbite devient BB, CC, DD, EE, le foyer ou soleil s'approche de plus en plus de l'extrémité de l'ellipse ; il passe successivement en *b*, *c*, *d* et *e* ; de sorte que, lorsque le petit axe, qui représente la force de translation, devient infiniment petit, la trajectoire elliptique se confond avec la ligne droite et le foyer avec l'extrémité même de cette trajectoire.

Ainsi, à mesure que le petit axe se réduit, la force qui meut l'astre à partir du soleil devient de plus en plus une force de va-et-vient, tour à tour de compression vers l'astre central, puis de répulsion vers l'extérieur. Dans ce cas extrême, la force centrifuge n'existe plus et l'attraction seule en raison inverse du carré des distances aurait précipité les astres l'un sur l'autre en les soudant avec une puissance inouïe. Si, au contraire, cette trajectoire dépend de la force vive, on voit que l'astre secondaire doit s'approcher directement de l'astre central, lorsque la compression extérieure domine, puis s'éloigner non moins directement lorsque c'est la force vive centrale qui l'emporte.

Je serais bien aise qu'un partisan de l'attraction en raison des masses voulût bien nous dire comment le corps qui en fuit directement un autre est *attiré* par lui ! Voilà pourtant où conduit la docte science qu'on nous prône encore aujourd'hui, et si elle est absurde au point de vue scientifique, ne perdons pas de vue qu'elle est non moins absurde au point de vue philosophique.

§ 11. — Causes des mouvements directs ou indirects et de l'obliquité des axes de rotation et des orbites.

Direction du mouvement dans l'orbite. — Pour reconnaître le sens que doit prendre un mouvement de translation, il faut recourir aux deux composantes de force qui produisent ce mouvement (fig. 2, p. 79, et fig. 3, p. 88). La composante circulaire agit dans un sens déterminé, qui est celui de la rotation de l'astre moteur. Au contraire, la composante d'oscillation, qui dans les comètes est excessivement puissante, peut agir indifféremment dans tous les sens. S'il s'agit d'une planète qui, par sa masse, échappe presque entièrement aux mouvements oscillatoires, elle reste presque exclusivement soumise à la force de translation circulaire, son mouvement est peu elliptique et inévitablement direct, c'est-à-dire dans le même sens que celui de l'astre moteur central.

Mais s'il s'agit d'une comète dont la masse est très-faible par suite de l'uniformité assez grande de sa composition, elle est facilement modifiée, dilatée, dissoute par la chaleur solaire qui la pénètre facilement ou par le froid qui la condense. Sa composante d'oscillation qui donne l'excentricité devient excessivement puissante, tellement grande, que plusieurs comètes disparaissent à nos yeux pendant de longues périodes de temps. Dans ces conditions, la composante de translation circulaire, agissant sur une très-faible masse, se trouve avoir reçu une faible puissance. On peut même dire qu'elle est presque nulle lorsqu'elle est excessivement éloignée, près des confins du système solaire. La comète peut alors subir des perturbations d'autant plus puissantes que sa somme de mouvement est plus faible. Mais, comme elle est soumise à une puissante force de condensation par le froid, qui accroît excessivement sa force d'oscillation en la condensant, elle doit donc retomber avec une grande puissance dans l'atmosphère solaire avec la direction qu'ont pu lui donner les perturbations.

Si cette direction est contraire à l'action translative du soleil, celle-ci ne pourra que venir en déduction de l'action de la puissante impulsion d'oscillation, dont le résultat sera une marche moins rapide; mais cela n'empêchera pas la comète de décrire une orbite elliptique en vertu de cette impulsion combinée avec la tendance qu'elle a à suivre une zone concentrique au soleil et en raison de la moindre répulsion qu'elle en éprouve jusqu'à ce qu'elle soit suffisamment transformée. Si, au contraire, la force d'impulsion oscillatoire de la comète se trouve à coïncider avec celle de translation du soleil, ces deux impulsions se combineront pour donner à la comète une vitesse plus grande.

En conséquence, comme les comètes les plus denses ou dont l'orbite est moins allongée sont plus fortement sollicitées à suivre l'impulsion tangentielle, on remarque en effet que toutes les comètes les plus denses qui s'éloignent le moins du soleil et dont les périodicités varient de trois à quinze ans ont des mouvements directs; telles sont les comètes d'Encke, de Brorsen de Winnecke, de D. Arrest, de Biéla, de Faye et de Tuttle. La première que l'on rencontre avec un mouvement rétrograde, celle de Halley, atteint déjà une période de soixante-seize ans.

Direction de la rotation. — Le mouvement de rotation partant d'un équilibre inconstant pourrait se produire aussi bien dans un sens que dans l'autre, selon les accidents de constitution ou autres, s'il ne s'agissait que de l'influence réciproque de deux astres ou de deux nébuleuses non encore en mouvement; mais du moment où l'un des corps a un mouvement de rotation, l'autre n'est plus aussi libre. En considérant le mode d'action tangentielle de la rotation d'un astre sur un autre (fig. 1), on voit que ces deux forces convergent vers le centre d'une planète; mais, comme la force agit avec plus de puissance sur la moitié de la planète la plus rapprochée que sur l'autre, il en résulte que le point d'action moyenne sera placé un peu en avant du centre de la planète sur chacune des directions tangentielles, et par suite de chaque côté de l'axe qui réunit la planète au soleil; conséquemment, comme l'un de ces centres d'action tend à s'éloigner, l'autre à se rapprocher, on voit que ces deux actions différentes, exercées sur des points voisins du centre, tendent à imprimer à la planète un mouvement de rotation dans le sens direct.

Mais, comme cette différence d'action est très-faible, surtout dans l'éloignement, elle peut être vaincue par une cause accidentelle, ce qui nous explique pourquoi les planètes opèrent en général leur rotation dans le sens direct, et aussi pourquoi l'une d'elles, Uranus avec son système, a pu prendre un sens de rotation dit *rétrograde*. L'observation n'a pu encore constater le mouvement rétrograde que par les satellites; mais la loi que nous développons nous apprend que la planète tourne nécessairement dans le même sens que ses satellites.

Cause de l'obliquité des axes de rotation. — Si une planète sous l'action solaire ne subissait que l'action de sa masse, elle aurait toujours le soleil dans le plan de son équateur; mais comme elle subit aussi l'élément calorique du soleil, il en résulte que la région équatoriale chaude est plus vivement repoussée par les vibrations caloriques que les pôles froids, ce qui donne un équilibre inconstant qui ne peut tenir, et à la moindre irrégularité d'action le pôle le plus refroidi tendra à se tourner davantage vers le soleil. Ce pôle s'échaufferait plus que l'autre et serait à son tour repoussé si la terre n'était pas transportée dans une orbite; mais, comme une faible action ne peut imprimer un mouvement à une masse aussi puissante que celle de la terre qu'en agissant pendant une longue période de temps, il s'ensuit qu'avant que ce mouvement soit suffisamment prononcé, la terre arrive après six mois à présenter au soleil son autre pôle, qui se trouve alors le plus froid et le moins répulsif. Le soleil, en repoussant moins tour à tour le pôle qui s'est le plus refroidi, continue donc de produire la même action d'obliquité.

Mais, comme l'action de masse M tend de son côté à maintenir le renflement équatorial dans la direction du soleil, cette action lutte contre le froid polaire, qui tend à amener le pôle le plus froid du côté du soleil ; il s'établit un équilibre stable entre ces deux tendances contraires, puisque la force qui tend à ramener

Fig. 5.

le renflement équatorial dans la direction solaire augmente à mesure qu'il s'en écarte en raison du sinus de l'angle de déplacement, tandis que l'action polaire diminue en raison du cosinus du même angle. Par suite, l'axe terrestre prend, par rapport au soleil, la position oblique indiquée dans la figure 5 ci-dessus et répondant à l'équilibre de ces deux forces.

Cause de l'obliquité des orbites. — L'action des différences de température polaire a aussi une influence sur l'obliquité des orbites, en provoquant, à chaque demi-révolution, une oscillation sur la position que devrait avoir l'orbite, comme nous allons le voir. Cette action, quelque faible qu'elle soit, finit par acquérir une certaine puissance en s'accumulant par une légère impulsion à chaque demi-révolution. Elle agit sur les effets d'atmosphère ou de masse déjà décrits. Il nous suffira de décrire la double action de cette force sur l'obliquité de l'orbite de la lune pour faire comprendre ce genre de perturbations.

Lorsque la lune est projetée dans son orbite par la rotation de la terre, elle n'aurait aucune raison pour s'écarter du plan de l'équateur terrestre Ee (fig. 6), si, comme au printemps ou à l'automne, les deux hémisphères de la terre étaient toujours également échauffés par le soleil. Mais en hiver, notre hémisphère est froid, l'autre chaud ; on voit que la face de la lune qui est tournée vers nous, et dont l'action est prédominante, agira en raison des modifications caloriques des hémisphères terrestres et lunaires diversement échauffés. Ainsi la nouvelle lune E, agissant en raison de sa face froide qui regarde la terre, au lieu de passer directement en E, tendra à se porter davantage en face de l'hémisphère de la terre où règne l'été, et plus loin de l'hémisphère où règne l'hiver, puisque les différences de température se repoussent moins que les similitudes. Quatorze jours plus tard, la lune, ayant décrit la moitié de son orbite, nous présentera au contraire sa face éclairée et chaude : en conséquence, au lieu de passer en *e*, elle se portera davantage du côté de l'hémisphère terrestre froid qui la repousse moins et plus loin de l'hémisphère chaud qui la repousse

Fig. 6.

davantage. Ainsi, dans ses positions successives, à quatorze jours d'intervalle, ces actions concourent également à imprimer une même oscillation, c'est-à-dire une même obliquité au plan de l'orbite lunaire. Ce n'est pas tout : six mois plus tard, lorsque le soleil éclairera la terre et la lune dans une direction diamétralement opposée, comme l'indique la figure inférieure, tous les effets que nous venons de décrire seront intervertis; mais ils concourront encore à produire la même obliquité d'orbite.

La conséquence de ce concours d'actions indéfiniment accumulées est que le plan de l'orbite lunaire fait avec le plan équatorial de la terre, qui régit la lune, un angle de 23° 27′ 32″ en moyenne, subissant, par une autre cause déjà connue, une variation de 5° 8′ 48″ tantôt en plus, tantôt en moins, en raison de l'inégale action que le soleil exerce sur la terre et sur la lune dans leurs diverses positions réciproques.

L'obliquité est en moyenne égale à celle de l'inclinaison de l'axe de la terre sur l'écliptique. On remarque en effet que, si l'on diminuait cette inclinaison, celle de l'orbite lunaire devrait diminuer dans la même proportion pour arriver à 0 en même temps que celle de l'axe de la terre dont elle dépend ; tandis que si on la poussait à l'extrême, c'est-à-dire à 90 degrés, on aurait encore un équilibre, ce qui nous montre que l'une des obliquités est la conséquence de l'autre.

Lorsqu'il s'agit de l'action exercée sur les hémisphères d'une planète par rapport au soleil, elle est moins puissante que l'action réciproque de deux astres voisins ; néanmoins on distingue facilement l'influence exercée sur les planètes les plus rapprochées du soleil ainsi que celle résultant des anneaux de Saturne.

§ 12. — Transformations cométaires et mouvements qui en résultent.

Il faut véritablement que l'astronomie classique ait du courage pour oser affirmer, en présence des phénomènes cométaires, que l'attraction universelle est tout ce qu'il y a de mieux démontré. M. Faye, en considérant la contradiction flagrante que ce principe rencontre dans les comètes, « ne peut s'empêcher » de trouver le principe newtonien insuffisant et dit « *qu'il masque la vérité à peu près comme une œillère que l'on met à un cheval lui masque ce qu'on ne veut pas lui laisser voir.* » Pour remédier à ces flagrantes contradictions, M. Faye veut introduire la répulsion simultanément avec l'attraction. Mais, à la manière dont il est obligé de s'y prendre pour obtenir *le résultat désiré*, on voit trop clairement que ce serait une œillère de plus appliquée à ce cheval, déjà trop malheureusement aveuglé. Il suffit de la seule description des phénomènes par M. Faye pour voir facilement qu'il se place à côté de la vérité.

En admettant la répulsion, M. Faye écarte tout d'abord par des affirmations gratuites ses premières conséquences, qui sont la disposition des fluides éthérés et gazeux en atmosphères décroissantes par la répulsion plus forte des fluides légers et moins forte des gaz plus denses qui les disposera nécessairement en atmosphères de densité décroissante autour du soleil.

« Le caractère *indéniable* de cette atmosphère, dit M. Faye, serait *d'être tangible* (?) et de s'appuyer par sa gravité sur le soleil lui-même ; cela me suffit, dit-il ; l'atmosphère de Newton (?) est impossible, parce que le soleil tourne... De ce seul fait il résulte que son atmosphère ne saurait dépasser une étroite limite qui laisserait en dehors d'elle presque toutes les comètes, condamnées dès lors à nous apparaître sans queues. » Ainsi M. Faye refuse tout simplement à l'éther la possibilité d'être plus ou moins dense et de suivre la loi commune des corps !... Il oublie les expériences de M. Fizeau, montrant que l'éther marche simultanément avec les astres. Il pense par exemple que l'électricité, que la foudre qui brise les corps denses, ne pourrait pas faire équilibre à des effluves cométaires si excessivement légères. La vitesse des vibrations éthérées, qui détermine la force vive de l'éther, étant de 300 000 kilomètres par seconde, il ne remarque pas que les plus grandes vitesses des comètes ne pourraient que très-faiblement troubler cette force. Pour anéantir les affirmations non fondées de M. Faye, il suffit de mettre à côté la description même des faits qu'il donne.

« Nous voyons la matière des queues, dit-il, sortir du noyau de
« la comète, se mouvoir *lentement* vers le soleil, puis, *comme si* elle
« était saisie *à un certain point* par une répulsion énergique, re-
« tourner en arrière et *fuir rapidement en sens inverse de l'attrac-
« tion... Loin du soleil*, cette même matière que nous venons de
« voir fuir le soleil au périhélie, *s'arrangeait très-bien en couches
« concentriques et sphériques autour du noyau de la comète*, obéis-
« sant ainsi aux plus simples allures de l'attraction. »

Ainsi l'action des atmosphères se montre dans une complète évidence. La matière de la comète, dissoute par le soleil, perd de sa densité et s'élève en conséquence dans l'atmosphère de la comète. Mais du côté du soleil elle ne peut le faire qu'en raison de la différence de décroissance de densité des deux atmosphères cométaire et solaire, c'est-à-dire « *lentement* ». Lorsque cette matière atteint la limite de la puissance de l'atmosphère cométaire, elle est déversée autour de cet astre et marche ensuite en sens inverse du soleil avec *la somme* de décroissance de densité des deux atmosphères, c'est-à-dire très-vite : « *elle fuit rapidement en sens inverse de l'attraction.* » Puis « *loin du soleil* » cette matière se refroidit, se condense et retombe ou se rapproche de la comète, mais « *en s'arrangeant très-bien en couches concentriques et sphériques autour du noyau de la comète* », c'est-à-dire en cherchant toujours son équilibre dans la zone de densité correspondante de l'atmosphère qui entoure la comète pour continuer à se condenser et à se rapprocher, à mesure qu'elle se refroidira. Rien ne saurait mieux nous montrer l'action des atmosphères, tandis que si l'on se demande : Est-ce de l'attraction ? Non, puisque la matière qui fuit agit dans le sens contraire ! Est-ce de la répulsion solaire seule dans un vide réel ? Non encore, puisque la matière qui s'approche agit inversement et s'arrange très-bien en couches concentriques ; ce n'est donc nullement l'attraction seule qui la ferait retomber directement, mais l'action des atmosphères et des différences de densité qui agit.

Si nous prenons la comète dans son ensemble, nous voyons

encore les mêmes résultats ; plus cet astre, très-sensible aux rayons solaires, aura été réchauffé au périhélie, plus il s'éloignera dans l'atmosphère de densité décroissante du soleil, tout en obéissant aux actions qui le meuvent dans son orbite, et la queue plus légère, dans quelque position que prenne l'astre, se tourne toujours du côté opposé au soleil dans son atmosphère moins dense, comme une flamme terrestre qui s'élève aussi dans l'atmosphère. Puis au loin la comète, après s'être condensée par le froid, revient dans la zone plus dense de l'atmosphère solaire, toujours comme le corps qui se condense dans notre atmosphère et retombe vers la terre.

On a constaté que les deux parties dans lesquelles s'est divisée la comète de Biéla prenaient leur maximum d'éloignement en passant au périhélie, de même que la lune prend son maximum d'éloignement de la terre lorsque celle-ci est à son périhélie ; ce qui nous montre que la plus grande densité de l'atmosphère solaire, en combinant son action avec celle de ces astres, les oblige à s'éloigner davantage pour trouver leur point d'équilibre. De même on a constaté que le temps des révolutions des comètes d'Encke, de Biéla, etc., s'accélère. Avec le système de l'attraction, nos astronomes sont obligés d'attribuer ces « *accélérations* à la *résistance* de l'éther » ; ce fait même accuse donc aussi l'existence d'un milieu résistant ou atmosphère indéfinie. Avec notre système, rien n'est plus simple : la comète, perdant de sa matière la moins dense à chaque révolution, prend plus de densité, pénètre davantage dans l'atmosphère solaire et accélère en conséquence son mouvement.

Nous bornons ici nos remarques sur les comètes, déjà examinées à divers points de vue dans les paragraphes précédents.

§ 13. — Confirmation des décroissances de densité des milieux et des astres qui y sont équilibrés.

Nous avons déjà constaté par les forces de compression des gaz, comme par le mode de formation des atmosphères, que leur densité est inverse des distances, et de plus cette progression a été constatée dans la partie tangible de notre atmosphère terrestre ; mais cette question, qui renverse le système admis, a tellement d'importance, qu'il convient d'en donner encore des démonstrations, surtout pour les parties non tangibles des atmosphères sidérales.

Dans toute force équilibrée, la résistance est égale à la force développée. Or nous avons vu, par les calculs astronomiques, que la force est égale à l'inverse du carré des distances, et nous savons aussi (voir § 9) que les carrés de vitesse V^2 des planètes sont inverses des distances; donc, pour que la résistance MV^2 soit inverse du carré des distances, il faut que les densités ou masses M qu'il s'agit de mouvoir soient aussi inverses des simples distances pour que leur produit MV^2 donne les progressions de forces constatées inverses du carré des distances.

En retournant simplement ces données, elles s'appliquent aussi au milieu; nous remarquons que la décroissance de force des vibrations solaires est inverse du carré des distances, que nos résultantes d'actions translatives sont inverses des distances, et il faut nécessairement que cette dernière progression soit compensée par la décroissance de densité du milieu inverse des distances, qui lui oppose une somme de résistance proportionnelle, pour qu'il ne reste qu'une décroissance de force inverse du carré des distances.

D'ailleurs, pour que les planètes de densité inverse des distances soient équilibrées par le milieu sidéral, il faut nécessairement qu'il présente la même décroissance de densité. Par conséquent, astre et milieu ayant les mêmes densités moyennes sont nécessairement transportés en même temps et avec les mêmes vitesses par les mêmes résultantes de force relatives à chaque distance, et subissent les mêmes forces centrifuges et les mêmes tendances de chute opposée à cette dernière force pour revenir vers le milieu qui leur conviendrait s'ils n'avaient pas de mouvement de translation.

Les mouvements comparatifs de diverses planètes à leurs distances respectives et ceux d'une même planète à diverses distances, en parcourant son orbite elliptique, peuvent aussi nous faire connaître leur densité relative, ainsi que celle du milieu qui leur transmet le mouvement.

On sait par l'observation que pour deux planètes différentes éloignées du soleil, l'une de 4, l'autre de 1, les vitesses sont entre elles comme 1 est à 2, tandis que si l'on considère la loi des vitesses que prend une même planète dans son orbite, en développant son excentricité, on voit que si cette vitesse est 1 à son aphélie, elle serait 4 à son périhélie si celui-ci était quatre fois moins éloigné. Nous devons en conclure que ces résultats sont dus aux différences de densités des planètes et du milieu sidéral, puisque la force tangentielle qui s'y produit reste proportionnelle **au carré des vitesses et inverse de la distance.**

En effet, si, en nous reportant à notre tableau, p. 82, nous considérons les trois planètes correspondant aux distances 0,5, 1 et 2, nous voyons que les planètes 0,5 et 2 ont des vitesses de 1,41 et 0,707; au contraire, si c'était la planète 1 qui, en prenant de l'excentricité, porte son périhélie à 0,5 et son aphélie à 2, les vitesses que cette planète prendrait à chacun de ces points seraient de 2 et 0,5. Cette apparente anomalie disparaît dès que l'on calcule les puissances d'action en faisant intervenir les densités de chaque planète. Pour la planète 0,5, en multipliant le carré de sa vitesse $1,41^2 = 2$ par sa densité 2, on a 4. Pour la planète 1 à la distance 0,5, on a le carré de sa vitesse $2^2 = 4$, multiplié par sa densité $1 = 4$. Ainsi, malgré les vitesses différentes, les puissances d'action sont égales à la même distance. On trouve de même, en considérant la planète 2 à sa distance et la planète 1 poussée à la même distance : planète 2, vitesse $0,707^2 = 0,50 \times 0,5 = 0,25$, et planète 1, vitesse $0,50^2 = 0,25 \times 1 = 0,25$. Ces résultats nous démontrent que les différences de vitesses dépendent exactement des différences de densité inverses des distances.

Si l'on veut appliquer les mêmes calculs aux ellipses de la figure 3, p. 60, il faut prendre les racines des nombres supérieurs $\sqrt{256} = 16$, $\sqrt{64} = 8$, $\sqrt{16} = 4$, $\sqrt{4} = 2$, $\sqrt{1} = 1$; ces racines expriment en même temps les résultantes de force et les densités correspondantes, et nous donneront les égalités d'action translative suivantes :

Planètes b, B, E, A, a, dans leurs milieux respectifs.

Planètes.	Vitesses.		Densités.		Sommes d'action.
b	$4^2 = 16$	×	16	=	256
B	$2,83^2 = 8$	×	8	=	64
E	$2^2 = 4$	×	4	=	16
A	$1,41^2 = 2$	×	2	=	4
a	$1^2 = 1$	×	1	=	1

Planète E poussée aux distances b, B, A, a.

Planètes.	Vitesses.		Densités.		Sommes d'actions.
E	$8^2 = 64$	×	4	=	256
E	$4^2 = 16$	×	4	=	64
—	—	—	—		—
E	$1^2 = 1$	×	4	=	4
E	$0,5^2 = 0,25$	×	4	=	1

Ainsi, dans chaque cas, les sommes d'action translative sont égales à égales distances, moyennant les densités inverses des distances.

Le problème de la translation étant ainsi justifié, examinons celui de l'oscillation, que permet la décomposition de l'orbite dans ses deux éléments réguliers.

Nous savons que la courbure variable de l'orbite elliptique est la résultante de deux mouvements, l'un de translation et l'autre d'oscillation, qui la produisent par leur combinaison d'action. La résultante de ces mouvements résout donc toute question d'équilibre du mobile qui les subit en même temps, et la science n'a pas de moyen plus sûr pour bien comprendre le résultat que de la décomposer dans ses éléments. Voici donc quelles sont les conditions qu'*impose* le mouvement oscillatoire produit en même temps que la translation : 1° la planète qui s'approche du soleil doit rencontrer une résistance propre à vaincre l'impulsion qui la rapproche ; 2° ce mouvement étant éteint, elle doit éprouver une force qui la repousse avec une égale puissance ; 3° puis rencontrer une résistance inverse en se rendant à l'aphélie ; 4° y éprouver une action qui la ramène avec une force inverse ; 5° enfin il faut que toutes ces actions et réactions soient égales pour que le mouvement oscillatoire se perpétue.

Pour nous assurer que toutes ces conditions sont satisfaites avec la décroissance de densité du milieu interplanétaire, reprenons les conditions de notre figure 3 et du tableau que nous venons de calculer ci-dessus. Si la planète E de densité 4 est lancée vers son périhélie avec une force propre à lui faire atteindre la distance B, où la densité est 8, l'excédant moyen de la densité est, à partir du point d'équilibre, de 0 à $4 = 2$ multiplié par la distance 8, soit $2 \times 8 = 16$; mais la planète E, se trouvant dans un milieu qui a une densité double, sera rejetée avec une puissance de 4 à $0 = 2 \times 8 = 16$, exactement égale à celle qui a éteint son mouvement. Cette impulsion devra donc rencontrer de l'autre part du point d'équilibre de la planète E une somme de résistance égale à 16, non plus par un excédant de légèreté qui l'a fait repousser, mais par un excédant de poids qui éteindra son mouvement et la fera retomber ; et comme les différences de densités se prononcent moins vite, il faudra que le parcours soit plus long. Nous avons, en effet, pour différence de densité de 0 à $2 = 1 \times 16 = 16$, résistance qui est en effet égale à l'impulsion ; mais la planète E de densité 4, se trouvant alors dans un milieu de densité 2, retombera avec une force égale à la moyenne de 2 à $0 = 1 \times 16 = 16$, et le mouvement se trouve ainsi parfaitement motivé, parfaitement inévitable par les différences de densité.

La décroissance de densité des atmosphères en raison inverse de la distance est encore prouvée par les calculs astronomiques, qui montrent que la force troublante *radiale*, c'est-à-dire la composante de force qui rayonne sans avoir la direction de l'astre troublant, varie précisément *comme cette décroissance de densité inverse des distances*.

Lorsqu'une planète, par sa force d'oscillation, passe dans un milieu de densité différente, elle en reçoit une plus grande vitesse, inversement proportionnelle à sa masse, ou la lui rend avec la même puissance, dans le même temps et avec la même valeur d'impulsion motrice. Donc la moyenne de la densité des planètes est égale à celle du milieu où elles peuvent demeurer en équilibre. Ce résultat d'équilibre est par conséquent le même que celui d'un ballon à enveloppe dense et chargé de monde et autres objets denses, et qui néanmoins se trouve parfaitement équilibré dans l'atmosphère transparente de la terre, grâce au fluide plus léger qu'il renferme.

Ces faits confirment les résultats suivants :

1° Les densités des planètes, ainsi que celles des milieux où elles circulent, décroissent les unes et les autres en raison inverse des distances ;

2° La force de translation se produit avec une égale puissance sur les planètes et sur le milieu sidéral à une même distance, puisqu'en changeant de distance ces corps reçoivent ou se rendent leur excédant de vitesse dans le même temps ou proportionnellement à la puissance d'action ;

3° Astres et milieux subissent à la même distance la même force centrifuge, sans quoi les mêmes densités ne pourraient pas s'équilibrer.

Nous venons de voir avec quelle précision de force, de densité et de vitesse tous les mouvements sont motivés, équilibrés ou échangés. Si maintenant vous tenez à savoir quel moyen la théorie newtonienne emploie pour produire tous ces phénomènes, cela est bien facile :

Lorsque Newton supprime toute résistance de translation, il fait nécessairement la force impulsive égale à 0, puisque la puissance est toujours égale à la résistance ; et il se trouve en présence d'un astre qui, par sa composante d'oscillation, est lancé dans la direction du soleil, et qui s'arrête sans aucune résistance et malgré l'attraction, astre qui ensuite est lancé dans le sens opposé sans aucune force, etc., etc.; tous les équivalents de force que nous venons d'examiner s'équilibrent avec *rien* dans notre merveilleux système classique.

Lorsque la science en est arrivée à constater que toute modification calorique, ou de masse, a pour conséquence un mouvement équivalent, qu'elle évalue avec une certaine précision ; que nous usons de toute part de la chaleur pour produire le mouvement; lorsque le soleil nous offre le plus prodigieux foyer de chaleur, l'espace le plus vaste réfrigérant, et que nous sommes parfaitement certains que les planètes subissent ces différences de températures, que pensez-vous d'une science qui vient dire : Une veilleuse sur une table de nuit chauffe l'infusion, la fait déborder, transforme l'eau et la chasse dans l'espace, brise le vase s'il est trop bien bouché? Quant au soleil, qui est des milliards de milliards de fois plus fort et si grand que son rayon s'étendrait de la terre à une double distance au delà de la lune, eh bien, malgré cela, sachez et répétez qu'il est incapable de produire la force d'une veilleuse, que son action motrice ou répulsive est égale à 0 ; entendez-vous bien ? 0 !

Ce sont ces choses-là que l'on prend pour de la haute philosophie.

§ 14. — Causes des marées et des courants maritimes.

La théorie classique élude sans scrupule les difficultés qu'elle éprouve à expliquer les phénomènes des marées en nous disant que l'attraction newtonienne en rend compte *avec une admirable précision*. Voici en quoi consiste cette admirable précision :

Avec l'attraction, le phénomène ne se produit pas pendant le temps où cette action s'exerce, comme le voudrait cette théorie, mais *trente-six heures après le passage de la lune au méridien;* et pour mieux montrer que ce n'est pas l'attraction qui agit, l'effet se produit, d'autre part, *trois heures après le passage du soleil au même méridien !* Pour dissimuler autant que possible cette double contradiction, on comprend souvent ce dernier maximum avec ce qu'on appelle *l'établissement du port*. En outre, si les marées étaient dues seulement aux actions de masse du soleil et de la lune, leurs effets devraient être dans la proportion de 0,45 à 1, tandis qu'elle est de 0,33 à 1. Si l'action s'exerce au moment du passage au méridien, comment admettre que le retard serait de *trois heures* pour l'action solaire et de *trente-six heures* pour l'action de la lune, qui est beaucoup plus rapprochée ? Il en résulterait, d'ailleurs, que, l'action étant produite à chaque passage d'un point de la mer sous la lune, la marée se serait abaissée ou relevée *six* fois avant de manifester cet effet !

Ainsi, l'action ne correspond *ni au temps lunaire, ni au temps solaire, ni à la puissance, ni à la durée* des actions de masses seules. Voilà en quoi consiste *l'admirable précision,* et c'est avec cela qu'on veut faire des *croyants !*

C'est par suite de l'omission des principaux éléments de la force qu'on se trouve en face de résultats si discordants. Les marées résultent de deux actions principales, qui sont les modifications caloriques superficielles de la lune et de la terre et les différences de forces centrifuges ; il suffit de les prendre en considération pour voir tous ces phénomènes s'éclaircir et concorder.

De même que ce n'est pas à midi, mais vers trois heures que la terre est le plus échauffée, de même aussi c'est trente-six heures environ après son passage en conjonction ou en opposition que la face de la lune qui regarde la terre est le plus refroidie après la nouvelle lune, ou le plus échauffée après la pleine lune, et qu'elle vient ajouter son action calorique aux autres forces pour former les marées maximum. En raison de l'action de la face de la lune la plus rapprochée de la terre sur les vibrations éthérées, nous remarquons que trente-six heures après son passage en conjonction la face de la lune qui est à son maximum de refroidissement se trouve en présence de la face de la terre qui est à son maximum d'échauffement ; il y a donc soulèvement de la mer ou rapprochement vers la lune en raison des plus grandes différences de calorique, ou plus exactement par les différences de vibration et de force vive que nous désignons souvent par sa forme calorifique, qui est plus facilement appréciable. Trente-six heures après son passage en opposition, la face de la lune se trouve, au contraire, à son maximum d'échauffement et en présence de la face de la terre refroidie par la nuit ; il y a encore moindre répulsion ou soulèvement de la mer vers la lune. Quant aux marées semi-diurnes qui combinent leurs effets avec les précédentes, elles sont dues en même temps à des différences de force centrifuge que nous allons décrire et aux différences de densités atmosphériques dépendant des masses à l'*évection* lunaire, etc. Nous avons appris plus tard que les marées diurnes étaient constatées par les documents officiels de la marine sans qu'on ait pu en définir la cause.

Quelque temps après, les quadratures, les actions calorifiques s'équilibrent, et il ne reste que les actions des différences de forces centrifuges, qui produisent des marées souvent réduites de plus de moitié. Quant à la partie solide de la terre, elle se maintient fixe selon les moyennes d'actions exercées.

Lorsque la lune est près de sa conjonction ou de son opposition, on remarque encore un maximum relatif qui correspond à environ trois heures après le passage de la terre au méridien solaire, et qui produit aussi des excédants de marées analogues à ceux que nous venons de décrire, par suite de ce fait que c'est vers trois heures après midi et minuit que la terre est le plus échauffée ou le plus refroidie.

Ce qui se passe à la surface de la lune, selon qu'elle est refroidie ou échauffée, est l'analogue de ce qui a lieu à la surface d'un corps électrique : s'il est froid, les vibrations éthérées sont moins répercutées normalement et se condensent à sa surface ; si l'on chauffe le corps, cette couche condensée reprend sa force d'élasticité ou de rayonnement et de réflexion des vibrations éthérées.

Ces forces ne sont pas les seules qui agissent sur les marées. Lorsque la terre marche dans son orbite avec une vitesse de 30 400 mètres environ par seconde, elle détermine par rapport au soleil une répulsion équivalente à la projection tangentielle. Mais en même temps la terre tourne sur elle-même avec une vitesse de 462 mètres par seconde. Cette force centrifuge, qui est constante pour le centre de la terre, ne l'est pas pour les autres points. A minuit, la surface de la terre marche par rapport au soleil avec une vitesse de $30\,400 + 462 = 30\,862$ mètres ; cet excédant de force tangentielle tend donc à éloigner davantage les molécules liquides de la surface terrestre ; à midi, le mouvement de rotation de sa surface est inverse par rapport au soleil ; la projection tangentielle relative au soleil sera donc de $30\,400 - 462 = 29\,938$ mètres. A ce moment les molécules liquides, étant projetées moins vivement par rapport au soleil, tendront à s'en rapprocher. Ces différences d'action, *étant relatives*, sont encore plus puissantes par rapport à la lune, en raison de son rapprochement ; elles concourent donc à donner deux intumescences opposées d'autant plus puissantes qu'elles sont proportionnelles à la densité des fluides en mouvement.

Tous ces effets de la lune résultent de ce que, sans être en somme plus dense que le milieu uniforme et par conséquent transparent où elle nage, elle transmet d'autant moins la force vive qu'il y a plus de différence de densité entre l'éther et sa croûte, et avec son centre qui pourtant a dégagé une grande partie de ses transformations fulminantes par une multitude de cratères.

Il faut maintenant remarquer que ces soulèvements de la mer, par une modification de force centrifuge, agrandissent à l'équateur le rayon r de la force centrifuge $\dfrac{MV^2}{r}$ qui agit sur les mers, et par conséquent la vitesse tend à diminuer proportionnellement à l'augmentation de ce diviseur r. Il en résulte en effet des courants relativement rétrogrades des mers à l'équateur, et en combinant cette force avec les actions caloriques qui se produisent : 1° par une action rotative moins puissante sur la mer, dont les différences de température diurnes sont moins grandes que sur les continents ; 2° par les différences de températures équatoriales et polaires, on obtient le résultat général des courants maritimes. Il est bien certain que les différences de densités polaires et équatoriales que l'on invoque seules produiraient une pente si minime qu'elle serait absolument insuffisante pour expliquer la vitesse des courants, telle que celle du Gulfstream, qui est celle d'un fleuve rapide.

On voit que, contrairement au principe de Newton qui ne suppose que des marées *semi-diurnes*, les forces que nous venons de faire connaître donnent des marées *semi-diurnes* par les forces centrifuges, et des marées *diurnes* par la température terrestre qui n'est modifiée qu'une fois dans chaque révolution. Ces résultats, qui s'étendent aux dépressions atmosphériques, ont été confirmés au congrès de 1875, au palais des Tuileries, par les documents du ministère de la marine, et ont motivé la nomination d'une commission internationale pour en poursuivre l'étude. Ces faits ne répondent donc, ni comme temps, ni comme lieu, ni comme puissance, à une prétendue attraction.

§ 15. — Mécanisme des actions caloriques.

Le mécanisme des actions caloriques sous ses diverses formes résultant de tout cet ouvrage, nous ne voulons signaler ici que la fausse interprétation qui intitule les actions caloriques sous le nom d'*équivalent mécanique de la chaleur*.

M. C. Tellier, par exemple, intitule les recherches qu'il fait par la production du froid, au moyen de diverses combinaisons, *production du froid ou de la force*. Puis nous trouvons dans diverses études faites sur la force des machines à vapeur des calculs desquels on peut facilement tirer cette conclusion : que la puissance motrice dépend de l'écart qu'il y a entre le degré d'échauffement et celui de condensation du liquide employé.

Au lieu de se demander : Est-ce la chaleur, est-ce le froid qui produit la force ? on voit qu'il suffit encore de rentrer dans notre principe, qui montre que la cause de tout mouvement dépend des différences de température qui détruisent l'équilibre et occasionnent le mouvement qui tend à rétablir cet équilibre. Il suffit donc, pour concilier les cas que nous venons de citer, de remplacer l'expression d'*équivalent mécanique de la chaleur*, consacrée à tort, par celle que nous révèle notre loi, c'est-à-dire par celle d'*équivalent mécanique des* DIFFÉRENCES *de température*.

En effet, si dans un milieu qui sert à ramener l'équilibre de température à un degré donné, nous produisons de la chaleur, elle aura d'autant plus d'effet mécanique qu'elle aura atteint un degré plus différent de ce milieu. Si dans ce même milieu nous produisons du froid, comme le fait M. Tellier par l'emploi varié de l'ammoniaque, nous obtenons encore des effets proportionnés aux différences de température. Enfin, dans les machines à vapeur, augmenter l'écart entre le degré d'échauffement et celui de condensation, c'est encore agir directement en raison des différences de température.

L'expression de notre loi renferme et éclaire, comme on le voit, les diverses opinions. Elle est donc de nature à guider puissamment les recherches sur le meilleur mode de produire la force motrice qui de nos jours a une si large part dans le bien-être social.

Remarquons en effet qu'en raison des répulsions relatives qui dans l'état statique se font équilibre, toute modification calorique, aussi bien par le froid que par la chaleur, est une cause de mouvement et de force. Si dans la pression qui soutient le piston d'une machine à vapeur équilibré avec la température ambiante, le froid ne peut donner qu'une partie de la pression atmosphérique, dans nombre d'autres cas la force développée par le froid est très-grande ; elle peut faire éclater un obus plein d'eau, ou resserrer, ainsi que cela a été fait, le dôme de Saint-Pierre de Rome, au moyen d'un cercle en fer qui se refroidit. La force est donc l'équivalent, non de la chaleur seulement, mais de tout changement de température en raison des différences de température obtenues.

§ 16. — Cause des manifestations lumineuses.

Lorsque la science est sans principe pour guide, voici dans quelles contradictions on arrive.

Ecoutez ce trilemme académique :

L'intensité de la lumière est due à la présence de particules solides dans la flamme, a dit M. Davy (voyez la plupart des traités de physique).

Erreur, répond M. Frankland, *elle est due à la densité des gaz dans lesquels elle se produit.*

Non, réplique M. H. Sainte-Claire Deville, *l'intensité de la lumière est due à la température des gaz qui la produisent*, « c'est la vraie, la seule raison. » (*Comptes rendus de l'Académie des sciences*, séance du 29 novembre 1868.)

Chacun de ces savants, très-capables et renommés, prouve son opinion par maintes expériences et se trouve en même temps en face de deux adversaires qui lui démontrent aussi, par expérience, qu'il en est autrement.

Pourquoi cela ? Toujours pour ne vouloir considérer qu'une face des phénomènes : Davy ne considère que les particules solides ; Frankland, la densité des gaz, ce qui est la même chose ; c'est la résistance d'une masse M. Au contraire, M. Deville ne considère que l'agitation éthérée V^2 agissant contre cette masse. Eh bien, assemblons les divers éléments du phénomène et nous aurons la solution du problème.

Nous remarquons que la lumière solaire ne se manifeste nullement en traversant les espaces interplanétaires, où les vibrations dans un même milieu éthéré sont entièrement transmises comme celles de nos billes élastiques égales. Dès qu'elles arrivent dans les régions supérieures de l'atmosphère, où elles rencontrent des molécules déjà plus denses, la transmission est moins complète et une faible partie des vibrations est réfléchie en teinte azurée. A mesure qu'elles pénètrent dans l'atmosphère plus dense, la transmission est moins complète et la réflexion plus grande. Enfin, lorsque ces vibrations atteignent les corps solides et denses très-différents, elles ne sont plus sensiblement transmises, mais abondamment réfléchies sous forme de lumière. Ce n'est donc pas seulement dans l'atmosphère dense qui entoure le soleil que la lumière se manifeste, mais chaque fois que des vibrations éthérées d'une certaine puissance rencontrent un corps dense très-différent.

Dans la décomposition de la lumière par le prisme, tels rayons ultra-violets ne produisent aucune lumière, bien que leur activité chimique soit très-puissante. Si l'on introduit sur ce point sombre une bandelette de papier mouillée de sulfate de quinine, immédiatement cette partie sombre devient lumineuse, ce qui nous montre aussi que la lumière ne dépend pas seulement du rayon émis, mais aussi de la surface réfléchissante.

La généralité de ce phénomène nous permet donc de conclure que la lumière n'est ni le résultat des vibrations des corps denses seuls, ni celui des vibrations éthérées ou caloriques seules, mais bien la conséquence de la *réflexion* de certaines vibrations éthérées par les corps denses, et nous savons d'autre part que les vibrations qui agissent sur la rétine sont celles dont le nombre de vibrations varie du rouge au violet et qui par leur ensemble donnent le blanc plus lumineux.

Rien ne saurait mieux démontrer ce résultat que le *reflet* même de la lumière par un corps dense et poli. Nous savons parfaitement que le choc d'un corps plus léger contre la surface d'un corps beaucoup plus puissant est réfléchi de telle sorte que l'angle de réflexion est égal à l'angle d'incidence. Or ce sont précisément les rayons qui nous arrivent dans ces conditions qui sont lumineux et qui forment les parties brillantes de tous les corps polis. Lorsque les corps ne sont pas polis, l'irrégularité des surfaces cause la diffusion des rayons réfléchis et, par conséquent, celle de la lumière, qui se trouve dispersée. Chaque point lumineux est toujours celui pour lequel l'angle d'incidence est égal à l'angle de réflexion par rapport à l'œil qui reçoit la lumière. Lorsque le corps a la propriété de réfléchir plutôt tels rayons que tels autres, il en résulte la couleur propre à la longueur d'ondes des rayons réfléchis, qui varie du rouge au violet ou qui est un mélange de ces différentes longueurs d'ondes.

Ces faits nous permettent de conclure que la lumière résulte d'une puissante classe de vibrations éthérées modifiées par l'excès de collision qui résulte des rayons directement réfléchis contre les corps denses; la lumière diffuse n'étant que des réflexions partielles et secondaires. Comme les corps les moins homogènes et les moins élastiques sont ceux qui réfléchissent le moins et que rien ne se perd, nous remarquons aussi que ce sont ceux qui absorbent les vibrations, qu'ils s'échauffent et rayonnent ensuite cette force de vibration sous une autre forme. Dans ces conditions, les corps solides peuvent atteindre la force nécessaire à l'émission de lumière directe, qui commence à se manifester vers la température de 500 degrés. Cette lumière résulte alors du choc de leur propre élément dense et moins dense les uns contre les autres et qui ne seraient pas visibles si le corps lumineux ne possédait pas de molécules assez denses pour les réfléchir sous une forme assez puissante pour agir sur les yeux.

Ainsi la lumière résulte de certaines classes de vibrations éthérées rendues propres à agir sur la vue par une réflexion puissante qui modifie leur mode de vibration, ce qui nous permet de concilier les opinions de nos savants. Lorsque Davy indique la présence des particules solides dans la flamme comme condition nécessaire de la manifestation lumineuse, il est entièrement dans la loi de réflexion des vibrations éthérées par un corps dense. Lorsque Frankland brûle de l'arsenic métallique, du sulfure de carbone ou du protoxyde d'azote, qui rendent la flamme plus lumineuse, il est évident que les éléments denses de ces corps tangibles se trouvent aussi dans le milieu enflammé en opposition avec les vibrations éthérées ou caloriques. Lorsque ce savant comprime ces gaz du quart ou de moitié et qu'il remarque que la lumière s'accroît dans la même proportion, il est non moins évident que les molécules réfléchissantes se trouvent, dans un espace donné, aussi augmentées du quart ou de moitié, ce qui augmente la réflexion dans le même rapport. Enfin, quand M. Deville chauffe un gaz, il augmente nécessairement l'autre facteur de la lumière, c'est-à-dire la puissance des collisions des vibrations qui font la réflexion lumineuse.

Nos savants se trouvent donc ainsi conciliés et nous voyons que la lumière résulte des plus puissantes vibrations éthérées suffisamment réfléchies par les corps denses. La lumière disparaît d'autant plus que les corps sont plus absorbants et moins réfléchissants ou que la ténuité des molécules se rapproche davantage des éléments éthérés qui transmettent complétement leurs vibrations et ne les réfléchissent pas du tout.

Les corps mêmes qui paraissent émettre directement de la lumière, par suite des puissants dégagements caloriques qui s'y produisent, ne le font qu'en raison des molécules, particules ou corps qui puissent réfléchir ces vibrations. Dès lors, si l'on interpose sur le trajet de rayons lumineux la vapeur des corps qui les ont émis ou mieux réfléchis, ces mêmes rayons seront de nouveau réfléchis et dispersés et non pas absorbés, comme on le dit ; ce qui, dans les spectres lumineux, substitue la raie sombre à la raie brillante.

Avec un principe vrai, il est facile d'arriver au perfectionnement. Pour obtenir la lumière la plus puissante, que faut-il? Le dégagement de chaleur le plus puissant et le corps dense le plus réfléchissant qui puisse résister à cette chaleur! Si la lumière Drummond n'avait pas été trouvée par le hasard de pénibles tâtonnements, on voit qu'il suffit de dire : — Projetez un puissant dégagement calorique des gaz hydrogène et oxygène, par exemple, sur un morceau de craie qui le réfléchit beaucoup ou sur tout autre corps réfléchissant qui puisse le mieux résister à la chaleur. — Vous savez maintenant qu'il s'agit de trouver le meilleur corps réfléchissant, soit directement, soit en particules dans la flamme selon le but, en facilitant la combinaison calorique la plus puissante. Cherchez dans cette voie et vous trouverez facilement.

§ 17. — Chimie ou physique moléculaire.

D'après les principes que nous avons déjà développés, il est facile de constater que la chimie n'est que de la physique moléculaire et que le principe des forces vives, combiné avec la difficulté de transmission entre les corps différents, doit être le souverain guide de la chimie. Cette double voie, dont l'une des faces a toujours été méconnue jusqu'ici, conduira sûrement cette science au perfectionnement et aux découvertes les plus certaines.

La chaleur ou force vive règle l'état des corps qui sont solides, liquides ou gazeux, selon le degré de force moléculaire qu'ils peuvent opposer à la compression du milieu, degré qui dépend non-seulement de la somme brute de chaleur que les corps peuvent recevoir, mais aussi de la similitude d'état et de vibration qui leur permet d'échapper plus ou moins à cette pression. En général, lorsqu'un milieu perd de sa chaleur ou vitesse de vibration, il est évident que ses molécules cèdent de plus en plus à la pression extérieure et tendent à se solidifier. Mais cela ne suffit pas pour expliquer les particularités des phénomènes, puisque toutes les parties ne se compriment pas également. Il faut encore considérer les facultés plus ou moins grandes qu'ont les corps de se transmettre la force vive et les conditions dans lesquelles elles se produisent.

Les différences de masse et d'état des molécules les font s'entourer d'atmosphères qu'elles modifient selon leur nature, et ce sont ces différences de molécules et d'atmosphères qui, en se transmettant moins bien la force vive, déterminent les corps les plus différents à s'unir de préférence, faute de pouvoir résister aussi bien que les corps plus semblables à la compression de la force vive extérieure.

D'autre part, ces molécules ayant des atmosphères de densités différentes et décroissantes, dont les atomes auront d'autant moins de vitesse qu'ils seront plus rapprochés, puisque la force vive doit s'équilibrer partout sous une même pression, il en résulte que, s'il survient une perte de chaleur ou *de vitesse*, elle fera tout d'abord perdre plus de force aux corps les plus denses. Si nous prenons pour exemple deux forces égales, l'une de densité 1 et de vitesse 2, soit $d1 \times v2^2 = 4$, l'autre de densité 2 et de vitesse 1,41, nous aurons une même puissance $d2 \times v1,41^2 = 4$; mais, en ôtant 1 de vitesse à chacun de ces corps, il reste pour le premier $d1 \times v1^2 = 1$, et pour le second $d2 \times v0,41^2 = 0,33$. Ainsi une même diminution de vitesse réduit l'une de ces forces à 1 et l'autre à 0,33. Malgré que les compensations tendent à se rétablir, on voit que la perte de force sera d'abord plus sensible pour les corps dont les atmosphères sont les plus denses; et, en combinant cette perte de force avec celles que donnent les différences d'état, on voit que ce sont les corps les plus différents qui s'uniront de préférence en subissant l'influence d'une plus grande densité d'atmosphère. Inversement, lorsque la chaleur, la force croissante de répulsion, viendra désunir les molécules, celles qui ont perdu le plus de force vive sous une diminution donnée de vitesse en regagneront aussi davantage sous la même augmentation, et la désunion aura lieu dans l'ordre inverse. Il suffit donc de rendre la même quantité de force qui a été enlevée pour que les molécules puissent être maintenues à la même distance et dans les mêmes conditions où elles étaient avant, attendu que la pression éthérée extérieure à laquelle elles doivent résister est restée la même en général.

Sachant que les atmosphères des molécules, comme celles des autres corps pondérables, décroissent de densité en raison inverse des distances, c'est à tort que l'on attribue au coefficient de dilatation une progression arithmétique dont chaque partie représente $\frac{1}{273°}$ des distances moléculaires ou de la condensation totale. Du moment où la résistance augmente infiniment en arrivant au contact, le coefficient de dilatation ou de contraction se modifiera aussi infiniment peu en approchant de ce contact, et le 0 absolu sera infiniment éloigné, et non pas à —273 degrés, à —267 degrés ou à —160 degrés, ni même à —4 000 ou —5 000 degrés selon d'autres.

D'ailleurs, sachant que la compression agit selon une loi inverse de la chaleur, et que la compression, selon nos atmosphères et selon la loi de Mariotte, suit une progression inverse des distances, il faut bien aussi en conclure que la force calorique qui règle les condensations ou dilatations suit une progression analogue. D'autre part, si l'on se donne la peine de rapporter, au moyen de coordonnées, les pressions et les températures auxquelles les gaz se liquéfient, selon les expériences de Faraday ou d'autres, on voit parfaitement que la condensation ne suit pas une progression arithmétique et que la résistance tend à augmenter de plus en plus à mesure que les molécules se rapprochent. C'est le reste de couche éthérée de résistance indéfinie, agissant dans un espace de plus en plus dense et mince, qui fait que les corps solides sont toujours susceptibles d'une certaine compression ou de dilatation, et que la solidité des corps, qui paraît donner un contact absolu, ne le donne qu'à peu près. Nous pouvons même reconnaître que si les molécules denses arrivaient à se transmettre directement la force de vibration, leur force de répulsion serait immense, en raison de la grande puissance non atténuée des deux facteurs de la force, et elles ne demeureraient pas à l'état solide.

Lorsqu'on dissout un corps par la chaleur, il passe d'abord à l'état liquide; à ce moment, il ne reste plus à vaincre que la pression atmosphérique, ce dont il est facile de s'assurer en faisant le vide des matières tangibles au-dessus de ce liquide : il passe à l'état de vapeur. On obtient le même résultat en chauffant davantage, ce qui nous montre, de la manière la plus précise, que c'est bien une pression qu'il s'agit de vaincre par la chaleur ou agitation répulsive. Il est donc aussi certain que c'est la pression éthérée qui fait la solidité des corps, qu'il est certain que l'atmosphère tangible de la terre exerce une pression ; puisque c'est en opposant à ces pressions la même agitation répulsive de la chaleur qu'elles sont vaincues l'une et l'autre.

Les molécules tangibles de l'atmosphère sont celles qui conservent le plus longtemps leur action compressive sur les liquides, parce qu'étant plus semblables aux éléments des liquides, elles lui transmettent plus efficacement leur pression. Lorsque la pression atmosphérique n'agit pas avec le plus d'efficacité, le corps se décompose sans passer à l'état liquide.

On remarque aussi que ce sont les corps les plus tenaces et les plus durs qui demandent le plus de répulsion calorique pour être désunis. En d'autres termes, les résistances à la répulsion calorique de dissolution sont en général proportionnelles à la cohésion des corps, sauf les plus ou moins grandes facilités de transmission entre corps semblables ou différents.

Lorsque les molécules qui doivent s'unir entre elles ne sont pas semblables, elles s'alterneront en raison de leurs différences, puisque, lorsqu'une molécule vient de s'adjoindre au corps, c'est la molécule la plus différente qui offre le moins de résistance pour s'en tenir écartée. Les combinaisons chimiques, étant d'autant plus puissantes que les corps qui se combinent sont plus différents, nous donnent l'une des nombreuses preuves de ce résultat.

Par suite du même principe, la cristallisation a lieu entre des molécules semblables, mais qui, étant composées chacune de deux ou plusieurs sortes d'éléments différents déjà réunis, s'orientent entre elles comme des aimants, ce qui donne également pour résultat l'alternation des matières différentes. Lorsque les différences entre les éléments sont très-faibles, il arrive quelquefois que l'intervention d'un corps moins répulsif est nécessaire pour déterminer les premières unions, qui donnent ensuite plus de force à l'action. C'est ainsi qu'il suffit de jeter dans le liquide une particule de cristal déjà formée, ou même une particule solide quelconque, pour déterminer les autres molécules à s'orienter et à s'unir en conséquence de leurs tendances.

Les recherches sur le groupement des atomes dans une même molécule ne sont encore qu'à leur début. D'après ce que nous venons de dire, la facilité de cristallisation des corps doit aussi être un guide pour ces recherches. Par exemple :

Le sucre de canne... $C^{12} H^{11} O^{11}$ cristallise facilement.
Le sucre de raisin... $C^{12} H^{12} O^{12}+2HO$ cristallise assez bien.
Le caramel......... $C^{12} H^9 O^9$ cristallise difficilement.
Le sucre de fruit.... $C^{12} H^{12} O^{12}$ n'est pas cristallisable.

Nous remarquons que, dans la première molécule, un seul des groupes, CHO, diffère des autres ; dans la seconde, deux groupes peuvent s'équilibrer dans un sens ; dans la troisième, trois groupes peuvent s'équilibrer, et dans la quatrième, tous peuvent le faire. Ces molécules cristallisent donc de moins en moins bien, à mesure que les éléments peuvent mieux se répartir et s'équilibrer dans chaque molécule.

Enfin, comme les corps tendent à se mêler, à s'égaliser, par suite de la tendance des molécules différentes à s'unir, on voit pourquoi, au moyen d'un acide, il est facile de rendre un sucre incristallisable, en fournissant aux molécules le moyen de s'égaliser, de s'équilibrer, tandis que l'opération inverse est impossible par des combinaisons libres. La pression générale pousse les corps à s'équilibrer ; au contraire, pour rompre l'équilibre, il faut lutter contre elle au moyen d'une force spéciale.

La nature de l'action des bases résulte des puissantes atmosphères que s'attachent les métaux en général, et qui sont caractérisées par des ondes plus grandes qui ont le plus d'action sur les corps denses. Les acides, au contraire, ont des atmosphères moins denses, ayant de plus courtes longueurs d'onde, et moins répulsives pour les corps denses. Mais, comme les corps très-différents ne peuvent pas demeurer librement dans un milieu sans s'unir au corps qui présente les vibrations les plus différentes, il en résulte que les *acides* sont composés d'un radical négatif à courte et faible longueur d'onde incomplètement neutralisé par l'hydrogène, qui est le plus électro-positif des métalloïdes. De sorte qu'en somme le corps est toujours négatif. La *base*, au contraire, résulte, en général, d'un métal ayant une atmosphère puissante incomplètement neutralisée par l'oxygène, qui est le plus électro-négatif des métalloïdes ; par conséquent, la base, en somme, reste encore positive. Et ce sont ces corps, *bases et acides*, dont les tendances inverses sont seulement atténuées par leurs premières unions, qui tendent à se réunir pour former les sels plus ou moins neutres. Ces deux corps jouent un très-grand rôle dans la nature, tant par leurs différences que par leur complexité, qui permet souvent les doubles décompositions et réactions.

Bien que la cristallisation ait lieu au moyen de molécules semblables, mais dont chacune est formée au moyen d'éléments différents qui la polarisent en donnant à deux de ses faces des propriétés différentes, nous ne pensons pas qu'on doive en conclure que les molécules semblables doivent se souder dans des combinaisons libres, parce qu'elles sont assez généralement équilibrées par elles-mêmes.

Si les deux éléments semblables, du chlore ou de l'hydrogène, sont réunis par leur extrémité dissemblable, il est évident qu'ils ne peuvent plus recevoir d'autres corps par ces mêmes extrémités, mais ce n'est pas moins en vertu de leur différence qu'ils sont unis, et non pas en vertu de leur similitude.

M. Wurtz, *Dictionnaire de chimie*, p. 452, LXXV, XCIV, s'éloigne de la cause des phénomènes lorsqu'il dit : « La propriété des atomes de pouvoir attirer et fixer des atomes de *même espèce* n'apparaît *dans aucun cas avec plus de clarté* et ne présente plus d'importance que pour les atomes de carbone. Ces atomes *peuvent se souder, épuisant ainsi sur eux-mêmes une partie des ato-*

micités qui y résident. Tels sont des carbures de la série $C^nH^{2n}+2$: gaz des marais et hydrures d'éthyle, de propyle, de butyle, d'amyle, etc., $H\overset{H}{\underset{H}{C}}H$, $H\overset{HH}{\underset{HH}{CC}}H$, $H\overset{HHH}{\underset{HHH}{CCC}}H$, $H\overset{HHHH}{\underset{HHHH}{CCCC}}H$, etc. »

Si M. Wurtz se donnait la peine de faire cette demi-bascule à ses formules : $\overset{H}{\underset{H}{C}}\overset{H}{\underset{H}{H}}$, $\overset{H}{\underset{H}{C}}\overset{H}{\underset{H}{C}}\overset{H}{\underset{H}{H}}$, $\overset{H}{\underset{H}{C}}\overset{H}{\underset{H}{C}}\overset{H}{\underset{H}{C}}\overset{H}{\underset{H}{H}}$, $\overset{H}{\underset{H}{C}}\overset{H}{\underset{H}{C}}\overset{H}{\underset{H}{C}}\overset{H}{\underset{H}{C}}\overset{H}{\underset{H}{H}}$, il verrait :
1° le même mode de liaison entre les molécules différentes ;
2° que ce mode est précisément celui indiqué par l'expérience.

Les principes généraux que nous venons d'exposer nous expliquent parfaitement les divergences des chimistes. Tant qu'il s'agit de molécules suffisamment différentes pour faire prédominer leur tendance à s'unir par la moindre transmission de force qu'elles se communiquent, cette tendance des corps différents à s'unir explique parfaitement le système qu'a si vigoureusement soutenu Berzélius sous le nom de *dualité*.

Mais si leur tendance à s'unir est faible ou déjà en partie satisfaite, il n'en sera pas toujours de même ; les deux premières molécules différentes s'uniront avec toute la force qui les sollicite ; une troisième molécule, semblable à l'une des deux premières, ne tendra plus à s'unir qu'avec l'une d'elles, celle qui est différente, et sera repoussée par l'autre semblable ; il y aura donc une moindre tendance d'union. Et, à mesure que de nouvelles molécules semblables s'uniront à ce groupe, elles seront de moins en moins sollicitées à s'unir ; il arrivera que de nouvelles molécules semblables éprouveront autant de répulsion de leurs pareilles que de tendance à s'unir, et cette agglomération, ne pouvant plus admettre de molécules semblables à celles qu'elle contient déjà, est *saturée*.

Si ce groupe est libre de s'adjoindre autant d'éléments différents ou électro-négatifs et électro-positifs qu'il le pourra, il s'adjoindra toujours de préférence celui qui diffère le plus de sa nature, soit jusqu'à concurrence des éléments qui le composent et qui déterminent les types, c'est-à-dire jusqu'à ce que l'ensemble des éléments qui se succèdent offre plus de répulsion pour tout autre élément dense à peu près semblable, que de tendance à s'entourer du milieu fluide dont il se fait une atmosphère plus différente ; tant que l'état calorique reste le même, ce corps a, comme on dit, satisfait son *atomicité*.

Alors, s'il se présente une nouvelle molécule, elle ne pourra être admise dans ce corps que si elle rencontre une autre molécule qui remplisse moins bien qu'elle les conditions d'équilibre dans ce cas, elle peut la déplacer par son excédant de tendance à s'unir pour prendre sa place, et nous avons ce qu'on appelle la *substitution atomique* ou *moléculaire*.

Nous savons que les corps denses ou les molécules s'entourent d'atmosphères de densité décroissante en raison inverse des distances, ce qui donne des amplitudes de vibrations inverses des densités. Nous savons aussi que ce sont les amplitudes de vibrations semblables qui se transmettent le mieux leur force vive. Il en résulte que c'est à une même distance de chaque molécule et selon une même sphère d'action que chaque molécule gazeuse devra offrir les mêmes longueurs d'onde pour équilibrer dans les meilleures conditions leur force vive, et que, par conséquent, chaque molécule doit se composer d'une quantité de matière telle qu'elle puisse atteindre ce résultat. Car, si l'une d'elles agissait avec un rayon plus grand, elle recevrait de ses voisines un excès de compression, qui l'obligerait à se réduire; si, au contraire, elle agissait avec un rayon plus petit, elle serait moins comprimée et ne serait plus en équilibre avec la compression générale. Ces molécules non équilibrées devraient donc céder à la compression ou s'adjoindre telle quantité de matière qui, selon leur nature différente, leur permette de réfléchir la même quantité de force ou de chaleur, et d'agir selon la même sphère d'action. De là les *équivalents de matières* différant selon leur nature, nécessaires à atteindre ce résultat, et *l'égalité de volume des gaz*, qui peuvent s'équilibrer ou se mêler sans cesser de faire équilibre à une même force de compression générale.

Des éléments ainsi constitués devront, par les causes précitées, sous les mêmes pressions et les mêmes modifications caloriques, subir *les mêmes condensations et les mêmes dilatations*, afin de s'offrir les mêmes longueurs d'onde, puisque leurs atmosphères décroissent selon la même progression, sauf de légères modifications résultant des différences de grosseur et d'élasticité de la partie dense des molécules, ainsi que nous l'avons exposé au paragraphe 5.

Par suite de cette nécessité pour les corps gazeux de se maintenir en équilibre avec un même rayon d'action entre eux comme avec les fluides gazeux permanents, les gaz qui, par le voisinage d'autres gaz trop différents ou par modification de température, ne pourront plus résister avec ce mode d'action, qui les aide à se maintenir sous le même volume, devront éprouver une réduction brusque de volume et se mélanger entre molécules les plus différentes sous le même volume, de telle sorte qu'ils puissent résister dans les meilleures conditions, ce qui donne les gaz composés; ou bien, s'ils sont plus faibles encore, ils se combineront tout à fait en corps liquides ou solides, de manière à retrouver dans l'extrême densité des atmosphères à la surface des molécules la force suffisante pour résister à la compression, puisque, dès qu'ils ont perdu le rayon d'action sous lequel ils sont le plus puissants, ils deviennent encore plus faibles en ne recevant plus la même valeur d'oscillation, ils sont donc obligés de chercher un supplément de force dans un autre mode d'équilibre appartenant à une autre forme de la matière. De là *les réductions brusques de volume* en passant de l'état gazeux à l'état liquide ou solide, et *des explosions* par les modifications caloriques inverses.

La loi des transmissions relatives de force vive nous explique donc avec facilité non-seulement les différents systèmes qui se disputent la science, tels que *dualité, saturation, atomicité, substitution, égalité de volume des gaz,* etc.; mais encore une foule de *desiderata* que la science ne peut définir sans cette loi, et qui tous ne sont que les différentes faces d'un même principe.

Berzélius, sans définir la cause, attribue l'affinité à des propriétés électriques différentes. Notre loi en donne la raison en apprenant que si les densités des molécules sont différentes, leurs atmosphères électriques sont aussi différentes, et elles perdront plus facilement leur équilibre. On a donc là une règle assez générale, mais elle ne saurait être absolue, parce que la tendance d'union dépend aussi de diverses autres conditions.

Gerhard, avec ses substitutions moléculaires, tout en croyant contredire Berzélius, arrive aussi à cette conclusion : « Les propriétés des combinaisons dépendent *du groupement des éléments* et... *surtout de leur nature.* » C'est-à-dire de « *l'équivalent ou poids moléculaires.* » C'est donc toujours la même loi subissant l'influence du groupement. Prenons un exemple : Si l'on met un morceau de potassium sur de l'eau, elle est transformée en potasse caustique. Voici ce qui arrive : chaque molécule d'eau hOh est composée d'une molécule d'oxygène, différant des deux molécules d'hydrogène qui se repoussent entre elles (1). On voit que s'il survient une autre molécule k qui tend à s'unir en même

---

(1) Remarquons en passant que, chaque molécule d'eau hOh étant équilibrée et s'opposant assez généralement les éléments semblables h, elles doivent se maintenir facilement à l'état liquide, d'autant plus que l'eau est composée d'éléments atmosphériques qui facilitent la pression atmosphérique qui maintient l'eau à l'état liquide.

temps à O et à *h* dont elle diffère, *k* prendra la place de l'une des molécules *h* qui est repoussée par l'autre semblable, et l'on aura *k*O*h*. Si maintenant il se présente une seconde molécule *k* pour remplacer la seconde molécule *h*, il n'en sera plus de même, elle sera repoussée par la première *k*, tandis que celle *h* tend à s'unir à *k* et O dont elle diffère. La seconde molécule *k* sera donc repoussée dans cette nouvelle condition. La substitution aura lieu toutes les fois que les tendances d'union de *h* et de *k* avec O ne seront pas très-différentes ; ce qui nous donne des effets analogues à ceux de la diffusion qui tend à égaliser les corps différents en les mêlant.

On voit, par les phénomènes si simples et si rationnels que l'on rencontre lorsque l'on possède la loi des actions matérielles, à quoi se réduisent les tentatives des positivistes, qui ont voulu mettre dans la matière même la source de l'intelligence, en attribuant aux molécules, aux atomes une espèce d'intelligence qui leur permettrait de discerner s'ils doivent agir ou non. Mais si l'intelligence n'est pas dans la matière, nous allons bientôt la trouver à côté de la matière. Maintenant que nous connaissons parfaitement la loi si simple des actions matérielles, il nous sera facile de constater les phénomènes d'un ordre supérieur qui ne répondent plus à la même loi, et qui combinent leurs actions avec celles de la force matérielle dans les phénomènes de la vie.

§ 18. — Causes de l'électricité et de ses mouvements.

Les corps solides en général n'étant pas de nature à répercuter suffisamment les vibrations des fluides éthérés et gazeux, ces fluides se condensent à leur surface, comme nous l'avons déjà vu, en une couche de molécules assez rapprochées pour que, le nombre des chocs compensant la vitesse moindre, elles produisent la même quantité de force vive nécessaire à l'équilibre des pressions. La décroissance de densité, inverse des distances, donne successivement une densité double pour chaque réduction successive de moitié dans la distance. Il en résulte une croissance de densité extrême à la surface, et qui doit paraître relativement superficielle. Cette couche, qui se produit avec plus ou moins de puissance sur tous les corps denses, forme l'élément de la force électrique. Lorsqu'un ébranlement se produit *parallèlement* à la surface du corps dense, il prend dans cette direction *une très-grande puissance d'action, en raison du rapprochement considérable des molé-*

cules qui multiplient les chocs et la puissance de force vive, sans qu'ils soient atténués directement par la surface du corps.

Le concours de corps denses ou différents étant ainsi nécessaire aux manifestations électriques, on voit qu'elles seront très-faibles dans l'éther seul.

Lorsque cette couche électrique est inégalement répartie à la surface par suite d'influence extérieure ou propre à la surface du corps, elle est dite *polarisée*. Le côté où elle est le plus dense ou le plus puissamment agitée, car les deux font la force vive, est le pôle positif, l'autre le pôle négatif.

Nous savons que, sous une même puissance d'action, la vitesse et l'amplitude des vibrations fluides dépendent de leur densité, d'où il suit que les vibrations semblables, qui se transmettent le mieux leur force vive, se repousseront avec plus d'efficacité et tendront à éloigner les corps sur lesquels elles s'appuient, tandis que les vibrations différentes, se repoussant moins, les laisseront se rapprocher. De là les mouvements manifestés par les corps magnétiques et diamagnétiques. L'inégale répartition des atmosphères électriques qui constitue la polarisation peut résulter de l'inégale disposition du corps ou de l'influence d'un corps extérieur. Lorsque la cause troublante des atmosphères cesse d'agir, le fluide reprend son équilibre d'égalité d'action, par suite de la moindre répulsion des fluides différents qui les oblige à s'égaliser.

Lorsqu'un corps est décomposé chimiquement par l'agitation ou force vive électrique d'un courant, on comprend parfaitement que celui des éléments qui répercutera mieux les vibrations positives sera repoussé du côté négatif, où il éprouve le moins de résistance. Au contraire, celui qui répercutera mieux les vibrations négatives sera poussé au pôle positif. Avec le secours de notre principe, on voit que rien n'est plus simple que ces résultats, qui semblent mystérieux.

Si un rayon incident tombe normalement sur la surface du corps électrisé, la réaction qu'il provoque parallèlement ou tangentiellement à sa surface se fait équilibre de toutes parts dans cette puissante couche. Mais si ce rayon tombe près d'une arête ou d'une pointe, cette réaction fait défaut soit d'un côté, soit sur une grande partie du périmètre et, le fluide agité n'étant plus équilibré de ce côté, la force s'y perd en ne rencontrant pas de molécules aussi serrées pour la répercuter avec la même puissance. Des déperditions analogues s'ajoutant de proche en proche vers les saillies et les pointes, on voit pourquoi elles sont causes des déperditions électriques. Par une raison inverse, on voit aussi que, s'il se produit un excédant de force extérieure, il sera aussi plus facilement reçu par les pointes qui répercutent moins puissamment que les surfaces normales, ce qui donne aux pointes et aux accidents, quelque imperceptibles qu'ils soient, un pouvoir émissif égal au pouvoir absorbant. Ces conditions nous expliquent pourquoi dans les machines électriques la force développée par le frottement est reçue ou distribuée par des pointes, tandis que toutes les arêtes de l'appareil sont arrondies pour ne pas la disperser inutilement. Le fait souvent constaté que les corps, en devenant rugueux ou pelucheux, perdent, soit de l'électricité positive, soit de l'électricité négative, s'explique parfaitement, puisque ces accidents forment une voie qui facilite la répartition des forces.

En raison de cette propriété des pointes et des accidents de formes, quelle que soit leur ténuité, on reconnaît pourquoi l'électricité ne se répartit pas également sur deux surfaces différentes, que l'on presse ou que l'on frotte l'une contre l'autre ; ces corps frottés que l'on sépare vivement seront donc électrisés inversement. Si ce sont deux lames de verre, l'une polie, l'autre dépolie, cette dernière, qui laisse échapper son excédant de force ou d'atmosphère s'électrise négativement. Le verre et les corps transparents, qui laissent passer les vibrations lumineuses, plus ténues et plus rapides que celles de la chaleur qu'ils interceptent, auront une atmosphère positive ; c'est-à-dire de vibrations plus lentes. En chauffant un corps, son électricité devient négative, parce que la chaleur ôte de la densité d'atmosphère, de même qu'une friction et les vibrations deviennent plus rapides ou négatives. Un cristal ne polarise son atmosphère que si ses molécules sont dissymétriques et agissent différemment à chacune des extrémités. La polarisation résulte aussi de la décomposition d'atmosphère sur un même corps, par une répartition inégale sous l'action d'un grand nombre d'influences extérieures ou intérieures faciles à comprendre selon notre loi d'action des matières différentes. Si à côté d'un corps électrisé se trouve un autre corps qui repousse plus efficacement tel genre de molécules de l'atmosphère, elle sera décomposée, non pas d'une manière absolue comme on le dit à l'Académie, mais *selon une résultante entre l'action décomposante et celle du corps électrique*, qui conserve toujours la plus puissante action près de sa surface, et chaque nature d'atmosphère s'amincit en s'étendant vers le pôle opposé ; fait vérifié par Volpicelli. Le côté où sont principalement reléguées les molécules les plus denses, étant de nature à mieux transmettre sa force aux corps tangibles, sera le pôle positif. (Voyez aussi p. 48.)

La plus grande densité du fluide positif résulte aussi de ce fait, que l'aigrette positive s'allonge et forme une flamme visible, qui est la conséquence du transport de fluide plus dense, tandis que le pôle négatif ne présente qu'une étoile lumineuse sur place, qui résulte surtout du choc des molécules positives contre la matière solide de la pointe négative. (Voir, § 16, les effets de la densité sur la lumière.)

Lorsqu'une action chimique, mécanique ou calorique se fait d'une manière continue à l'extrémité d'un conducteur, le courant devient aussi continu, parce qu'il a continuellement de nouveaux éléments à répartir pour équilibrer les actions.

De cette inégale répartition de la matière il résulte que les vibrations, parties de l'une et de l'autre extrémité et qui font la force électrique, n'ont pas la même amplitude ni la même vélocité, ce qui fait que les unes agissent davantage sur tels corps, les autres sur tels autres corps. L'inégale répartition a aussi lieu lorsqu'on frotte lentement, mais fortement, une lame d'acier *dans un même sens*, au moyen d'une arête rigide et avec une force suffisante pour modifier soit la disposition moyenne de ses molécules, soit celle des atmosphères. Cette opération ne réussit pas sur le fer doux, qui est trop conducteur pour maintenir la séparation.

Un corps électrisé ou aimanté étant celui dont l'atmosphère est moins dense ou moins agitée (les deux faisant la force vive) à une extrémité qu'à l'autre, on voit immédiatement que, si on lui présente un autre corps électrisé, *les extrémités se repousseront en raison de leur similitude*, qui rend la transmission de force plus complète, ou *seront comprimées en raison de leur différence*, qui ne leur permet pas de résister à la pression extérieure, et c'est là en effet le fond même des actions électriques, qui nous donnent une nouvelle et puissante preuve de notre loi.

Il arrive très-souvent que les atmosphères électriques offrent un excédant de force répulsive, surtout lorsque la chaleur commence à s'accroître. Alors les corps se repoussent et se tournent en croix entre les pôles d'un aimant ; dans ce cas ils sont appelés *diamagnétiques*. Les corps diamagnétiques sont même de beaucoup les plus nombreux : tous les métalloïdes le sont, et, parmi les métaux, une quarantaine sont diamagnétiques, huit ou dix seulement sont magnétiques. Mais notre philosophie semble prendre à tâche de nous montrer surtout les corps magnétiques, parce qu'ils sont moins radicalement opposés à l'idée d'*attraction* que l'on veut inculquer dans les esprits.

La répulsion électrique est donc la grande dominante d'action.

Ampère a montré par expérience que deux parties continues d'un même courant se repoussent; cela est une naïveté pour notre principe. Mais ce n'en est pas moins une preuve de plus que les vibrations semblables de toute nature se repoussent.

Les faits suivants nous donnent aussi la preuve expérimentale qu'il s'agit bien d'une plus ou moins grande répulsion ou agitation calorique et non pas d'attraction : Entre les pôles d'un électro-aimant, si l'on fait passer un courant d'air chaud, c'est-à-dire vivement agité, alors il possède assez de force vive pour se tenir écarté de l'un et de l'autre pôle et il est repoussé de chaque côté en croix avec les pôles de l'aimant, au lieu d'être attiré ou mieux comprimé vers eux ; tandis que, froid ou moins agité, il est entraîné dans le sens des pôles. Plus simplement, en mettant au-dessous de la ligne des pôles une bougie allumée, sa flamme et l'air chauffé sont l'un et l'autre repoussés. Plusieurs corps, tels que le zinc, la porcelaine, qui sont attirés à froid et se placent dans la ligne des pôles, sont au contraire repoussés et se tournent en croix, lorsque, étant chauffés, leur atmosphère se trouve plus vivement agitée. M. Faye a aussi remarqué que l'arc voltaïque est repoussé par un corps chaud, même dans l'éther seul. Ainsi ces faits, comme beaucoup d'autres, ne laissent pas le moindre doute sur la répulsion que donne la force vive.

Ce n'est pas toujours parce qu'un fluide est plus dense qu'il possède la plus grande amplitude de vibration, il faut aussi faire entrer en compte le surcroît d'amplitude que donne l'augmentation de chaleur. Lorsqu'on chauffe la soudure d'un circuit composé de deux métaux, la partie la plus chauffée devient plus positive tant que cette vitesse agit sur une masse ou densité d'atmosphère à peu près égale à l'autre. Mais comme la chaleur tend à diminuer la densité dès qu'elle sera assez diminuée pour que l'amplitude résultant de la chaleur et de la densité soit inférieure à celle de l'autre atmosphère, elle passe au négatif. Entre l'argent et le zinc, ce résultat arrive à 125 degrés ; entre l'or et le zinc, à 150. Entre le fer et le cuivre, ce résultat se produit au rouge sombre. Le fer lui-même devient répulsif en le chauffant au point de fusion. C'est donc bien la répulsion des atmosphères qui agit et à la plus grande amplitude de vibrations qu'appartient le rôle de positif. Par conséquent, un corps jouera le rôle de négatif ou de positif selon qu'on le mettra en lutte avec un autre corps plus ou moins puissant que lui.

Lorsque deux aimants ou deux corps électrisés ou polarisés sont librement placés l'un près de l'autre, ils se présentent nécessairement les pôles différents, puisque ce sont eux qui se transmettent le moins bien leur force vive et qui, par conséquent, se repoussent le moins. Ce résultat de l'électricité statique semble être contredit par l'électricité dynamique ou en mouvement, parce que les courants qui vont dans le sens contraire se repoussent le plus, tandis que ceux qui vont dans le même sens tendent à se réunir. Il n'y a rien là que de parfaitement conforme à notre principe : lorsque deux courants semblables vont en sens contraire, ils se heurtent et se repoussent nécessairement avec plus de force que si des courants différents se rencontraient. Si, au contraire, deux courants semblables vont dans le même sens, non-seulement les éléments semblables se heurtent moins, mais leur tendance à se porter vers un même point les oblige à se réunir. Ces résultats, qui semblent contradictoires avec les théories imaginaires, sont parfaitement concordants avec le principe des forces vives.

Il faut soigneusement distinguer un courant qui est provoqué par une tendance à décharger un excédant de force vive de celui qui tend à combler un déficit. Le premier emporte du mouvement et de la chaleur, le second en apporte. En conséquence, l'effluve électrique qui tend à emporter la force électrique condense en liquide, par exemple un mélange à volumes égaux de protocarbure d'hydrogène et d'acide carbonique en lui enlevant sa chaleur, tandis que le courant qui apporte de la chaleur ou force vive, de même que l'étincelle qui résulte d'un afflux de chaleur dédouble en gaz ce même liquide en lui rendant la force vive qui sépare ses molécules.

Il est encore d'autres conditions qui influent sur ces résultats et dont nos physiciens mêmes ne paraissent pas comprendre la cause : s'il s'agit, par exemple, d'un mélange d'azote et d'hydrogène qui doivent se combiner sous l'influence électrique, les premières molécules d'ammoniaque se combinent sans difficulté, parce que le milieu, *très-différent,* ne s'y oppose pas ; mais à mesure que ces nouvelles molécules s'accumulent, elles se transmettent plus efficacement par *similitude* leur mode de mouvement, qui finit par s'opposer à la formation de nouvelles molécules *semblables.*

Mais si l'on rétablit la *différence* de milieu en enlevant le gaz déjà formé ou en l'absorbant, la combinaison, qui a cessé par trop de *similitude,* recommence par une *différence* suffisante. Si, au contraire, on introduit dans l'appareil un excès d'ammoniaque déjà formé, il devra se décomposer par trop de *similitude* ou de force transmise dans les mêmes conditions où il se formait auparavant. S'il s'agit de décomposition, des phénomènes analogues se produiront. Ainsi la décomposition de l'hydrogène phosphoré gazeux marche d'abord grand train, puis se ralentit de plus en plus, en raison de la moindre différence du milieu avec les gaz séparés. Les expériences de MM. Paul et Arnoult Thénard ont ainsi confirmé notre principe. (Voir *Comptes rendus*, t. LXXVI, p. 983, puis nos observations *mentionnées* dans les numéros suivants.)

Avec ces considérations, on peut parfaitement se rendre compte de diverses compositions et décompositions électriques dont les effets paraissent incompréhensibles et même contradictoires.

Pour bien comprendre les phénomènes électriques, il faut aussi ne pas perdre de vue qu'ils sont le résultat d'atmosphères décroissant en raison inverse des distances, ce qui, en opposant les corps deux à deux, donne un produit d'action inverse du carré des distances (1). C'est donc en vertu de ces atmosphères que l'action peut se produire à distance et les expériences d'Arago sur les disques tournants, en présence d'une aiguille aimantée, nous montrent qu'elles agissent même à travers des corps denses qui les séparent. Par conséquent, les atmosphères électriques n'ont pas leurs conséquences restreintes à la seule surface et au seul sens longitudinal des conducteurs ou des aimants ; elles ont aussi, par la même cause, des conséquences d'action relatives à leurs faces transversales que l'on peut constater, bien que moins puissantes, parce qu'elles n'agissent pas avec un bras de levier aussi long pour diriger l'aimant. Ce sont ces effets complétement méconnus et pourtant inévitables qui ont amené les interprétations si singulières développées au moyen du solénoïde d'Ampère.

Pour éclairer ce sujet, représentons-nous un corps électrisé ou un aimant suspendu et librement orienté du sud au nord. Son

(1) Cette action en raison inverse du carré des distances, qui se vérifie à peu près par la balance de Coulomb, est théorique et ne peut être rigoureusement exacte qu'autant que les deux corps en présence pourraient être considérés comme des points relativement à leur distance, comme à peu près des astres dans le ciel. C'est pourquoi Plana et Murphy, comme d'autres, trouvèrent ce résultat exact par l'analyse, tandis que par l'expérience on trouve souvent des écarts. Si Volta, Harris, Kamtz, Parot, Yalin, Simon, Gerbi et d'autres avaient connu la cause même de l'électricité, ils auraient compris la raison de ces différences qui d'ailleurs sont multiples. Lorsqu'on enlève l'armature de l'aimant, la décroissance est plus rapide, parce qu'elle a puissamment éteint les vibrations et condensé l'atmosphère au contact. Ensuite elle tend à devenir inverse des distances.

atmosphère, quoique invisible, est décomposée par la pesanteur qui tend à faire prédominer les parties les plus denses en bas et les parties moins denses en haut. En même temps, le courant terrestre tend à faire dévier ces parties inférieures plus denses à l'ouest et les parties supérieures moins denses à l'est, où va le fluide négatif. L'image de cette atmosphère, dans sa section transversale, nous est à peu près représentée par la flamme d'un corps qui brûle et dont le vent inclinerait la partie supérieure vers l'est. Or si, comme OErsted, nous faisons passer, du nord au sud, un courant longitudinal soit au-dessus, soit au-dessous de l'aimant, il agira sur ces déviations transversales de l'atmosphère comme sur un bras de levier qui, agissant plus particulièrement sur l'un des côtés de l'aimant, tend à le faire tourner dans un sens ou dans l'autre, selon la direction de ce courant. Si le courant passe au-dessous de l'aimant, il entraînera au nord les déviations ouest et inférieures de l'atmosphère qui obligera l'extrémité nord de l'aimant à tourner vers l'est. Si le courant change de sens, la déviation changera également de sens. Si le courant est transporté au-dessus de l'aimant, c'est à son tour le courant négatif qui entraînera les parties supérieures plus négatives de l'atmosphère inclinée vers l'est, soit dans un sens, soit dans l'autre, et obligera encore l'aimant à dévier soit vers l'est, soit vers l'ouest. Ces résultats sont aussi simples que naturels.

A l'égard des corps diamagnétiques qui ont le plus de force vive, OErsted avait admis leur excès de force comme étant cause de la tendance qu'ont ces corps à se tourner en croix; mais il n'avait pas songé à la déviation transversale de l'atmosphère de l'aimant, qui seule peut expliquer pourquoi la déviation s'opère plutôt dans un sens que dans l'autre. Son explication était insuffisante et fut rejetée. E. Littré dit en outre qu'elle fut rejetée parce qu'*elle contredisait le principe de l'attraction*. Rien n'étant plus conséquent que ces déviations d'atmosphère, tous ces résultats d'actions sont parfaitement conformes à notre loi et rien n'est plus simple que ces mouvements qu'Ampère s'est donné tant de peine à entortiller dans son *solénoïde*.

Le solénoïde d'Ampère est, comme on le sait, un fil conducteur tourné en spirale sur un rouleau de carton et dont l'extrémité du fil est ramenée en travers sur les spires, longitudinalement au rouleau, de manière que la polarisation longitudinale des spires soit à peu près neutralisée par ce retour du fil, dont le courant se trouve inverse. Dans ce cas, il ne reste à considérer que l'action transversale à l'axe du rouleau sur les spires. L'atmosphère de ces spires se trouve aussi décomposée d'une part par la pesanteur qui tend à laisser les parties les plus denses en bas et les parties légères en haut ; d'autre part, par le courant du conducteur lui-même, qui tend à laisser les parties les plus denses en bas, du côté où il commence à remonter, et les parties les plus légères en haut, du côté où il recommence à descendre. Cette atmosphère peut donc avoir une influence analogue à celle de l'aimant. Mais il en est une autre bien plus puissante encore : Si l'on fait passer un courant au-dessus du solénoïde, ceux des parties supérieures des spires qui sont les plus puissamment influencées se tourneront nécessairement dans le même sens que ce courant supérieur, puisque c'est ainsi que ces courants s'opposent le moins de résistance. Si l'on passe le courant au-dessous, il agira sur les parties inférieures des spires, dont les courants sont inverses et les résultats seront aussi inverses.

Ce sont ces faits si simples et naturels qu'Ampère s'est donné tant de peine d'expliquer, avec le concours d'une *ribambelle de petites poupées*, qui montrent certains résultats, mais qui seraient fort embarrassées pour en expliquer la cause.

Lorsque Ampère fait agir un courant rectiligne sur le courant circulaire d'un fil, *sans qu'ils se touchent*, il est évident que ces courants agissent l'un sur l'autre au moyen de leurs atmosphères. Or, pour expliquer les phénomènes électriques, Ampère ne tient aucun compte de ces atmosphères parfaitement réelles pour supposer dans la masse des aimants de petits courants moléculaires parfaitement fictifs qui s'orienteraient sous l'action d'un courant. Pour se convaincre de la non-existence de cette fiction, il suffit de remplacer le courant circulaire dont nous venons de parler par un disque métallique de même dimension, et immédiatement on verra cesser toute action, et non pas se former une infinité de petits courants pour remplacer le grand. Ainsi, Ampère fait abstraction des atmosphères parfaitement réelles au moyen desquelles il fait ses démonstrations pour supposer des petits courants moléculaires imaginaires qu'il est impossible de justifier. Il n'est pas difficile de reconnaître l'inconséquence et la fausseté de cette théorie, dont nous nous bornons à rappeler en note ci-dessous une douzaine d'autres contradictions (1).

(1) 1° D'abord ces courants moléculaires seraient sans cause et leurs vitesses de rotation opposées les unes aux autres. Ensuite, ils seraient excessivement petits, et le courant de la terre agissant d'une manière indéterminée, qui se montre la même sous terre comme au-dessus et non pas comme un fil qui a une position précise et voisine de la partie infé-

Depuis que j'ai fait ces remarques, M. Jamin a apporté à l'Académie (*Comptes rendus*, t. LXXVI, p. 789) un aimant extrêmement fort, qu'il a obtenu au moyen de nombreuses lames minces en acier et courbées en paraboles, avec des vides entre elles. Je fis remarquer que l'on sabre ainsi la théorie d'Ampère, puisque l'on augmente la force, non pas en augmentant la masse et les petits courants hypothétiques d'Ampère, mais en la diminuant et en augmentant les surfaces, et par conséquent les atmosphères. Cette contradiction est irréfutable; aussi on se garde bien de la signaler. Plus tard (t. LXXVIII, p. 95), M. Jamin signale lui-même une expérience contraire à la théorie d'Ampère. Qu'était-il donc survenu? En voyant cette hérésie, M. Gaugain, *candidat* empressé de montrer du zèle et qui n'était pas initié aux vues de l'auteur, vite se hâte de *renverser les faits* (p. 246) pour les mettre d'accord avec cette théorie. « Eh quoi? réplique M. Jamin (p. 305), si j'ai fait remarquer cette contradiction, c'est que j'ai un remède à proposer. Ainsi, à l'Académie, on ferme les yeux sur les contradictions de cette théorie, tant qu'on ne trouve rien de *meilleur* selon ces vues.

Pour sauver la théorie d'Ampère, M. Gaugain voudrait-il bien nous démontrer aussi que les nombreuses lames de l'aimant de

rieure ou supérieure de chaque courant artificiel précis, il en résulterait que chaque courant moléculaire, excessivement petit (la cent-millième partie d'une pointe d'aiguille), présenterait autant de *parcours dans un sens que dans l'autre*, et avec *la même force par rapport au courant indéterminé de la terre*, et l'action directrice *serait nulle* et non pas puissante.

2° Puis, lorsque l'on considère les corps diamagnétiques, qui seraient repoussés et non pas attirés par ce prétendu parallélisme de circuits imaginaires, il y aurait encore une complète contradiction avec cette hypothèse sans base.

3° Ensuite les petits courants électriques, supposés par Ampère entre les molécules, n'ont jamais pu être constatés ni donner le moindre signe d'existence, malgré la plus exquise sensibilité de nos instruments.

4° Lorsqu'une quantité d'électricité se répartit sur deux corps, elle le fait *en raison des surfaces* et non en raison des petits courants de masses.

5° Pour expliquer l'aimant par l'action des solénoïdes, il faut admettre que l'action dépend de petits courants qui s'opèreraient autour de chaque molécule, c'est-à-dire dans la masse du corps, tandis qu'il est constaté que l'action électrique est superficielle.

6° Les pôles de la terre comme ceux des aimants répondent aux centres de gravités des surfaces, et non aux extrémités, comme ceux des solénoïdes.

7° Les pôles des solénoïdes répondent à ses extrémités et non pas au

M. Jamin ont *moins de surface* qu'une seule barre ayant l'épaisseur totale de ces lames?

Quant au remède de M. Jamin, il consiste en une modification de l'hypothèse d'Ampère, qui ne peut pas mieux être confirmée, qui laisse également de côté l'action certaine des atmosphères et qui ne remédie en rien aux nombreuses infirmités que nous venons de signaler. Certes, celui qui tirera ces messieurs de pareils embarras aura bien mérité leur reconnaissance. Nous espérons les délivrer de cet *imbroglio*, mais par une autre voie, et par conséquent sans trop d'espoir de reconnaissance. Pourtant, si Ampère, qui avait reconnu la division des sciences humaines en deux objets généraux : *le monde matériel* et *la pensée*, avait en même temps compris que ces deux manifestations si distinctes devaient aussi avoir des causes essentiellement distinctes, il aurait probablement reconnu qu'il y avait là aussi un moyen infiniment supérieur d'atteindre le but qu'il se proposait ; et chacun ne serait pas aujourd'hui obligé d'étudier plusieurs chapitres de physique, qui n'ont pour but que de dérouter mal à propos dans l'interprétation des phénomènes physiques. On obtient ainsi deux résultats certains : les malheureux travailleurs se rebutent de plus en plus de

centre de gravité des masses affectées, comme cela devrait avoir lieu s'ils dépendaient de cette masse.

8° Les essais de démonstrations par lesquels on cherche à établir que l'aimant peut avoir ses pôles non aux extrémités, avec l'hypothèse des petits courants, supposent que les files des molécules qui les comportent vont en s'épanouissant. Or il suffit de regarder les corps solides pour voir que leurs molécules ne se déplacent pas selon les effets d'imagination.

9° Si l'aimantation consistait à disposer de petits courants en travers de l'aimant, il ne serait pas nécessaire de frotter les barres d'acier en long et dans un même sens longitudinal, pour orienter les molécules transversalement, cela est nécessaire pour les orienter différemment, par rapport à la longueur de l'aimant.

10° Si l'orientation du solénoïde était dirigée par des petits courants transversaux parallèles à celui de la surface de la terre, l'inclinaison de l'aiguille qui s'approche de la verticale, dans certaines régions, ne serait nullement motivée.

11° Si l'orientation du solénoïde répondait au courant superficiel de la terre comme il répond au courant d'un fil que l'on fait passer tantôt dessus, tantôt dessous, lorsqu'un aimant serait élevé dans un ballon, son orientation aurait lieu dans un sens, puis, lorsqu'il serait au fond des mines, elle serait inverse, ce qui n'est pas.

12° S'il s'agissait de petits courants transversaux, il n'y aurait nulle cause pour que l'étincelle, comme d'autres phénomènes, fût différente à chaque extrémité et pour que le pôle positif s'échauffât davantage, etc.

ne pouvoir tirer aucun profit de leurs pénibles labeurs, et, de plus, ils se trouvent dans l'impossibilité de constater que les phénomènes électriques de l'organisme ne sont qu'une force matérielle comme toute autre, mise à la disposition de la volonté.

A défaut d'un meilleur usage, le solénoïde peut servir à démontrer la répulsion d'une manière précise, aussi bien à l'égard du pôle négatif que du pôle positif : en plaçant un barreau d'acier aimanté dans les spires du solénoïde et en développant un courant suffisant dans l'hélice, la force répulsive des atmosphères (*et non pas celle des petits courants moléculaires qui ne pourraient sortir de la matière*) est si violente, qu'elle écarte de toutes parts la barre d'acier qui reste suspendue au milieu de l'appareil, sans aucun contact tangible! Avec cela seul, comment oser nier l'existence de l'atmosphère électrique... et sa puissance?.....

Ceux qui perdent la science par de fausses interprétations savent-ils bien ce qu'ils font? D'abord ils fourvoient l'intelligence humaine et font le plus grand tort à la puissance productive du bien-être général, et pour couronner leur œuvre, ils nous livrent à une médecine sans principes, qui fouille dans nos organes avec un bandeau sur les yeux. En retour, qu'obtiennent-ils? Ils enfouissent sous le même voile tous les phénomènes de la vie, et comme l'appareil nerveux représente tellement bien un appareil électrique qu'il peut lui être substitué dans une foule de cas, et que, par des applications banales, on obtient les manifestations de nos sens et de nos mouvements, comment voulez-vous qu'un homme fasse, sans raison et sans cause, une exception pour les manifestations du cerveau qui agissent par la même force? La science actuelle fait donc inévitablement des matérialistes, et nos philosophes sont si bien convaincus que cela ne peut pas être différemment, qu'ils jettent toute espèce de voile sur cette malheureuse science, que l'on circonscrit comme une peste, non-seulement par des institutions, mais par des sentinelles vigilantes qui, dans leurs vagues craintes, étouffent inconsidérément tout ce qui leur semble suspect.

Pourtant, essayons de regarder sans prévention ce monstre imaginaire : voici un fil conducteur qui agit *rigoureusement et inévitablement* en raison des *différences de densité multipliées par les fonctions de vitesse* et *d'intensité* (voir II° partie, § 6, 2° alin.), et son analogue, dans nos organes, reçoit *régulièrement et involontairement* cette même force du sang régénéré par la respiration. Dites-nous, je vous prie, comment cette force vive, qui, en tous ses équivalents, est égale à la densité du fluide multipliée par une valeur précise, va faire pour *réfléchir, délibérer, agir ou ne pas agir ?* comme si le produit de deux facteurs était une faculté libre !

Puis voilà qui n'est pas moins concluant : tous ces fils ou nerfs apportent le produit de nos sens selon le hasard des circonstances ; ces forces arrivent donc sans ordre au cerveau par des fibres nerveuses, là elles se neutralisent ou s'équilibrent, *l'excitabilité cesse, l'expérience devient impossible*..... Le cerveau est donc un magasin où la force vient se neutraliser, comme l'argent dans un trésor, jusqu'à ce que la main du maître veuille en user. Quel est donc le directeur de cette force potentielle emmagasinée, neutralisée, et dont il ne sera usé que selon la volonté ? C'est là que se montre le domaine des dissertations dans le vide ! puisqu'il n'y a plus d'excitabilité, plus d'expérience possible. Quoi qu'il en soit, ce qui est merveilleux, incompréhensible, cette force neutralisée reparaît non plus au hasard, mais selon notre volonté. Il intervient donc nécessairement autre chose que la force elle-même, qui est absolument incapable d'agir volontairement. Elle reparaît à volonté dans les corps striés, sous une forme *parfaitement coordonnée, pour commander* aux nerfs moteurs et à nos organes, *selon la direction volontaire de l'intelligence !*... Ici tous les fils conducteurs redeviennent excitables, et l'on peut suivre ces forces volontaires coordonnées, comme on suivait celles involontaires non coordonnées de nos sens avant de pénétrer au cerveau. Il y a donc eu une puissance de direction exercée sur le fluide, et il est important que l'on sache bien que le fluide est de l'électricité et a besoin d'être dirigé comme elle. L'ignorance ne peut qu'empêcher de constater l'action directrice sur un fluide qui sans cela agirait nécessairement en raison de la force produite, c'est-à-dire proportionnellement à la force mathématique MV^x et sans raisonnement ; car il est clair que le produit d'une multiplication ne raisonne pas, n'est pas libre.

Le mouvement excitateur pénètre de toutes parts dans le cerveau, selon le hasard des circonstances ; toutes ces causes de mouvement ont des réactions obligées, inévitables dans les phénomènes matériels de la nature, et pourtant le cerveau dispose à son gré de ces mouvements, qui partout ailleurs agiraient selon une même loi déterminée. L'excitation nerveuse par une action matérielle déterminée produit un effet ou enchaînement d'effets voulus, inévitables, sur les muscles, s'ils ne sont plus en rapport avec le cerveau ; mais lorsque le cerveau garde sa puissance, le mouvement peut être empêché par lui ou même déterminé dans un sens contraire à cette action. Le mouvement excitateur pénètre au cerveau sous forme de lumière ; néanmoins, que les yeux soient ouverts ou fermés, la puissance directrice du cerveau est libre d'agir ou de ne pas agir. Le mouvement pénètre par les oreilles sous forme de vibrations sonores ; néanmoins, que le bruit redouble ou cesse, la puissance du cerveau est libre d'agir ou de ne pas agir. Le mouvement pénètre par l'odorat sous forme d'émanations de diffusions moléculaires modifiant les vibrations éthérées. Le mouvement pénètre par la nutrition sous forme de matière ayant des réactions déterminées. Il pénètre par la respiration, il pénètre par le froid, par la chaleur ; il pénètre par mille contacts et sans ordre ; néanmoins le principe directeur du cerveau est toujours libre d'agir ou de ne pas agir, bien que toutes ces actions aient partout ailleurs des conséquences déterminées, inévitables.

Devant de tels faits, essayez de nous dire qui a coordonné ces forces? Dites-nous qui leur commande et en use selon une volonté que chacun peut expérimenter à l'instant en faisant telle ou telle chose, selon que cela lui plaira? Dites-nous, devant ces faits, si, au lieu d'étouffer toutes les branches de la science en même temps, il ne vaut pas mieux faire des hommes éclairés par le principe des actions matérielles, si utile à l'humanité, et pouvant ainsi reconnaître que ce principe n'agit pas seul dans les phénomènes du cerveau, au lieu d'en faire des matérialistes aveugles?

Mais demander à la science plus ou moins officielle de se déjuger, demander à chacun de ses membres de condamner ses œuvres contraires à ce principe, leur demander d'échanger leur omnipotence contre un nouvel apprentissage et de renverser l'édifice qu'ils ont eu tant de peine à élever, n'est-ce pas méconnaître la nature humaine? Rien n'est plus difficile à déraciner que le préjugé. Faut-il s'attendre à un accueil ou aux oppositions voilées ; car on n'agit pas ouvertement contre la vérité?

J'aurais désiré donner plus d'extension à cet ouvrage, car, avec le principe qui me guide, une foule de questions utiles se présentent. Mais j'ai déjà éprouvé tant de difficultés pour cette publication, que je suis obligé d'en réduire l'étendue le plus possible, et sans trop savoir encore par quel moyen je la ferai parvenir aux savants que n'a pas trop aveuglés notre malheureux système, afin qu'ils puissent l'apprécier à son double point de vue.

DEUXIÈME PARTIE

EMPLOI DE LA FORCE MATÉRIELLE AVEC L'INFLUENCE HÉRÉDITAIRE ET LE PRINCIPE INTELLECTUEL DE LA VIE.

Nos philosophes et physiologistes qui veulent démontrer que nous avons une âme font absolument comme s'ils voulaient démontrer le contraire. Ils lui prêtent toutes sortes de fonctions mystérieuses qui ne sont que des actions matérielles faciles à démontrer. Ils englobent sous le nom de *forces vitales* une foule d'actions qui souvent peuvent être isolées, comme si une âme pouvait se diviser. La généralité des phénomènes matériels étant accessible par l'expérience et démontrable, il ne faut pas s'étonner de voir tant de savants qui sont matérialistes de confiance dès qu'ils ont reconnu certaines contradictions ou constaté quelques faits matériels si nombreux. Au contraire, en donnant la clef même de ces faits si utiles à connaître, on met en relief avec la plus haute évidence la distinction même des phénomènes de l'intelligence et de la volonté.

A part cet ordre supérieur de faits qui forment la base la mieux appropriée que l'on puisse chercher, nous allons voir que toutes les autres forces, états et actions de la vie tombent sous la loi des actions matérielles ; le principe supérieur de l'intelligence et de la volonté forme donc une exception des plus heureuses, des mieux appropriées qu'il soit possible de désirer et répondant parfaitement à l'ordre supérieur des phénomènes observés.

§ 1. — Principe de la force matérielle de la vie animale.

Au début de la vie comme pendant tout le temps qu'elle dure et sous toutes ses formes, nous constatons toujours le même phénomène : le carbone et l'oxygène, qui ne se combinent pas librement, se combinent au contact d'un corps azoté rendu suffisamment solide par quelque matière minérale, et le corps azoté étant d'abord un produit végétal, il suffit de la moindre parcelle de cette matière solide dans une dissolution fermentescible parfaitement filtrée et pure pour qu'elle entre tout de suite en fermentation par la combinaison du carbone et de l'oxygène qui en résulte.

Le même phénomène se montre sous toutes les formes de la vie ; que ce soit par la matière azotée de la graine ou du bourgeon végétal ; que ce soit dans les dissolutions fermentescibles ou contre la matière azotée de l'ovule ou de l'œuf, que ce soit pendant la vie par le contact de la matière azotée des organes de la respiration et par pression, toujours l'oxygène et le carbone qui n'ont pas la force de se combiner librement, se combinent par la tendance qu'ils ont à se porter l'un et l'autre au contact du corps azoté qui, en effet, diffère de l'un et de l'autre et tend à les faire comprimer par le supplément de compression qu'ils reçoivent. Il n'y a donc là rien que de très-simple et conforme à l'action matérielle : deux corps qui s'approchent par différence entre eux et avec un troisième, puis qui, après s'être combinés et devenus plus denses, s'éloignent de ce troisième corps par moindre différence pour faire place à d'autres éléments plus différents qui viendront se combiner à leur tour et dégager de la chaleur ou force vive qui devient la force matérielle de la vie animale, comme nous allons le voir. Il suffit, pour cela que le corps azoté soit assez solide pour ne pas se combiner lui-même avec les deux autres en agissant sur eux.

Nous pouvons d'ailleurs constater des phénomènes tout à fait analogues dans des actions matérielles parfaitement faciles à constater. Ainsi, en mélangeant des équivalents d'oxygène et d'hydrogène, ils ne se combinent pas ; mais si l'on y plonge une lame pure de platine, par sa densité, elle condense assez ces gaz à sa surface pour leur permettre de se combiner, et l'on voit l'eau formée par ces combinaisons couler à la surface du métal pour faire place à d'autres molécules gazeuses qui se combinent à leur tour. Dans le phénomène de la vie, nous constatons de même que le carbone et l'oxygène, qui ne se combinent pas librement, se combinent sous l'influence du corps azoté solide, plus dense et très-différent par sa nature et qui tend à les condenser à son contact. L'acide carbonique qui résulte de cette combinaison devient plus dense que l'oxygène et moins différent du corps azoté ; en conséquence, il est repoussé pour faire place à d'autres molécules moins denses d'oxygène qui se combinent à leur tour avec le carbone du sang ou de la matière en contact, et ainsi de suite. Telle est l'origine du mouvement animal.

Chaque combinaison gazeuse d'acide carbonique, devenue plus dense que l'oxygène qui modifie une partie de son atmosphère calorique en prenant plus de densité et une moindre capacité calorique, s'éloigne et se diffuse dans l'air, *c'est l'expiration*. L'oxygène, au contraire, s'approche et se joint aux éléments qu'il devra transformer, *c'est la respiration*. Mais ce n'est là encore que le moindre des résultats ; ces combinaisons dégagent de la chaleur, de la force vive, et c'est cette force exubérante qui va produire les plus importants résultats. Une partie de cette chaleur, en agissant sur les matières voisines, en désunit et liquéfie certaines parties qu'elle repousse sous forme de sang par cet excès de force vive. Le sang lui-même s'attache par différence une certaine quantité d'oxygène qui ne peut se combiner qu'à mesure que la force calorique disparaît. Puis, lorsque sa force vive est épuisée et qu'il est devenu acide, ce sang tend, au contraire, à revenir vers le centre alcalin, duquel il se rapproche par différence. Ce sont, comme on le voit, les mêmes conditions de mouvement que dans toute autre action matérielle. Mais la forme de chaleur sensible n'est pas la seule que dégagent les combinaisons ; il y a aussi les éléments de vibrations plus ténues qui s'attachent à certains corps denses comme atmosphère. Cette partie de la force vive entraînera aussi en s'éloignant les molécules denses sur lesquelles elle a le plus d'action et les disposera en chaîne continue, le long de laquelle elle peut s'éloigner plus facilement sous forme d'atmosphère, et nous avons ainsi, comme nous le constaterons, l'échappement du fluide nerveux. Ceux qui sont habitués aux effets d'alcalinité et d'acidité peuvent facilement remarquer comme cause de la circulation du sang que, lorsqu'il est devenu alcalin, il s'éloigne de la source de chaleur alcaline par similitude ; puis, lorsqu'il est devenu acide, il s'en rapproche par différence, et, nous le savons, un courant de matières sanguines emportera ou cédera sur sa route, par diffusion, les matériaux nécessaires à la nutrition.

Nous voilà donc, par des forces entièrement conformes à la loi des actions matérielles, en présence du mouvement incessant de la matière et d'une force proportionnelle à la chaleur dégagée, comme le veut la science. Nous voilà en face de la force motrice de la vie, en face de cette action qui anime la matière et distribue les matériaux nécessaires à la vie !...

Mais ne perdons pas de vue qu'il ne s'agit encore que de l'action matérielle qui est la conséquence inévitable des transmissions de force vive dont les conséquences sont des résultats voulus mathématiquement en raison de la quantité de force vive développée qui ne saurait ni penser, ni produire un mouvement volontaire. Rien, absolument rien, ne montre là les éléments d'une cause directrice et de volonté, et lorsqu'elle se présentera, nous reconnaîtrons facilement qu'autant la force matérielle se montre facile à constater, autant l'action volontaire se montre impénétrable.

L'action matérielle et initiale qui prépare la force et les actions matérielles de la vie dépend donc de trois conditions essentielles : 1° de l'oxygène, que nous avons à discrétion ; 2° des matières hydrocarbonées et nutritives, que nous pouvons nous procurer assez facilement ; 3° de la conservation de ce corps solide azoté et des organes qui le complètent dans les êtres supérieurs. Si ces organes pouvaient résister indéfiniment à l'action qu'ils provoquent, la vie pourrait se continuer indéfiniment. Mais comme tout se transforme plus ou moins vite, espérons au moins qu'avec la connaissance des causes il nous sera plus facile d'entretenir et de prolonger la vie.

Pour que les êtres organisés les plus simples puissent se former dans une dissolution fermentescible, complétement limpide, il suffit qu'elle renferme des matières albuminoïdes qui ont la propriété de se coaguler sous une chaleur de 60 degrés et qu'un mouvement ou une compression accidentelle puisse provoquer une combinaison qui dégagera la chaleur nécessaire à la formation d'un petit globule azoté qui devient plus solide en emprisonnant quelques matières minérales ; alors la fermentation continuera par le mécanisme que nous venons de décrire, et il se formera de nouveaux globules ou ferments, par suite de la chaleur dégagée et de son action sur les matières albuminoïdes. Mais si, par l'air ou autrement, le moindre corpuscule azoté est introduit dans la liqueur fermentescible filtrée, la fermentation commence, sans autre nécessité, par les actions que nous venons de décrire. Ces phénomènes ont été bien souvent constatés par les expérimentateurs indépendants de tout système, bien qu'ils n'aient pu en définir la cause.

Lorsque M. Pasteur, sous prétexte de détruire les germes de toute nature qu'il *suppose* exister à profusion dans l'air, *détruit avec certitude* la propriété de coagulation par l'ébullition à 100 degrés, alors qu'il suffit de 60 degrés pour la détruire, et qu'il dénature les corpuscules azotés qui pourraient se présenter accidentellement, par les poussières, en les faisant passer dans des tubes rougis qui les réduisent en cendre, il détruit trop évidemment les conditions physiologiques nécessaires aux débuts de l'organisation pour que cela passe inaperçu. En somme, il fait comme la cuisinière qui, après avoir fait cuire son omelette, dirait : « Voyez ces œufs ; ils sont maintenant incapables de produire des poulets !... » Certes, nous sommes loin de prêter cette naïveté à M. Pasteur ; mais le système veut une hypothèse pour chaque fait et il cherche celle qui lui incombe en discutant chaudement avec des confrères qui se mettent à côté de la question afin de faciliter son œuvre. Hélas! où sommes-nous donc tombés, pour que ces moyens soient nécessaires?

Examinons un peu : d'abord, la génération spontanée n'est nullement le phénomène d'ordre supérieur qui doive être considéré philosophiquement ; ensuite, elle ne contredit pas positivement la tradition, seulement elle ne la rend pas nécessaire. Mais en cela elle ne fait qu'indiquer la meilleure voie qu'il soit possible de suivre à notre époque, c'est-à-dire une autre interprétation des *effets du limon de la terre* et de l'œuvre toute-puissante, qui aura l'avantage de ne pas provoquer une réaction des réflexions de l'âge mûr sur cette œuvre enfantine. Notre ouvrage, *Transformations de l'homme et des autres êtres*, montre que la perfection de l'homme et des êtres animés répond et a toujours répondu au degré d'élaboration des couches géologiques du sol, ainsi que cela est d'ailleurs évident pour les plantes : « tel sol, tel produit. » L'image de la création de l'homme au moyen du limon de la terre est donc une *allégorie* parfaite et de haute prévoyance pour cette époque reculée, montrant l'influence du sol sur les êtres, et elle correspond parfaitement avec l'interprétation des sept jours en sept époques géologiques. Avec cela, on gagnera des convictions dans la proportion de cent pour un! Quant à la possibilité d'interprétation et à la facilité de la faire, cela n'est qu'œuvre bénigne comparée à beaucoup d'autres. D'ailleurs, la plus difficile de ces interprétations est déjà admise. On peut donc dire qu'au point de vue philosophique même ces interprétations, cette modification d'idées est la chose la plus désirable et la plus profitable que l'on puisse faire à notre époque, attendu que la géologie, comme nombre d'autres faits, donne le plus complet démenti à la tradition naïve.

Maintenant, un mot au point de vue de la science. Personne n'ignore que les fermentations, si utiles à la préparation de nos aliments, les miasmes si pernicieux pour notre organisme, le fléau des pestes de toute nature si fatales à l'humanité, sont le résultat de ces phénomènes élémentaires de l'organisme sur lesquels on jette ainsi le voile le plus épais. Voilà donc l'humanité privée du concours de mille et mille chercheurs et livrée à deux ou trois travailleurs repus et de plus absorbés par la création de leurs hypothèses absurdes ou malheureuses, puis par la besogne ardue d'enfouir chaque jour les tentatives incessantes que l'on fait pour éclaircir les phénomènes de la nature. Une telle situation n'a pas besoin de commentaires; revenons donc à nos travaux.

Lorsque M. Pasteur voit son échafaudage s'écrouler de toutes parts, il se rattrape après les branches : il affirme (*Comptes rendus*, t. LXXIV, p. 409) que le lait privé de tout germe extérieur ne fermente pas du tout. Peu après, M. Blondelot est venu montrer (p. 535) qu'il suffit d'agiter le lait parfaitement protégé et sans germes pour qu'il fermente. Ce qui arrive est bien simple : l'agitation amène çà et là quelques compressions favorables à la formation d'acide carbonique et à l'organisation de ferments; mais comme il en résulte un excédant de chaleur non dégagée, elle s'oppose à de nouvelles combinaisons, puisque la chaleur tend à désunir ces éléments et vient faire équilibre à la compression; il faut donc attendre que cet excès de chaleur soit dispersée pour que les combinaisons puissent recommencer par une nouvelle agitation ou autrement. En d'autres termes, il faut attendre que l'excès d'alcalinité qui s'est produite disparaisse pour que les combinaisons puissent recommencer (voyez les jolies hypothèses que l'on fait pour expliquer ces faits si simples).

Ces deux genres d'expériences nous montrent encore l'action de masse par la présence des corpuscules solides et de la vitesse par l'agitation.

Ainsi l'expérience et les faits nous montrent qu'il n'est nullement nécessaire d'avoir des germes pour obtenir les ferments ou êtres les plus simples, puisqu'il suffit du moindre corpuscule azoté solide, c'est-à-dire assez différent de nature et d'état, pour agir sur le carbone et l'oxygène et les faire combiner et développer de la force et du mouvement organique. Mais lorsqu'il s'agit d'êtres qui ont déjà acquis certains perfectionnements, il faut nécessairement le concours des germes qu'ils produisent pour les reproduire avec ces perfectionnements.

Au début de la fermentation, le contact de l'air est important, parce qu'il peut fournir facilement l'oxygène nécessaire aux premiers dégagements caloriques. Mais une fois que la température a rendu les molécules assez mobiles, les éléments peuvent être empruntés à la dissolution en la transformant. Dans la dissolution sucrée ($O^{12}C^{12}H^{12}$), le premier élément O ou C, étant repoussé par onze autres semblables, s'en sépare facilement; mais à mesure qu'il en sera enlevé un deuxième, troisième ou quatrième, il n'est plus repoussé que par dix, neuf ou huit semblables; l'équilibre, avec la force agissante, s'établit lorsqu'il a été enlevé quatre molécules d'acide carbonique CO^2; ce qui reste, $2O^2C^4H^6$, est l'alcool. On remarquera que c'est l'élément O, le plus électro-négatif, qui a été le plus atteint, C ensuite et H pas du tout, ce qui nous montre que le ferment s'est adjoint les éléments qui ont le moins de répulsion et en proportion de leur moindre force; en d'autres termes, ce sont les éléments qui se transmettent le moins de force-vive qui se sont approchés du ferment et combinés sous son action; cela est tellement simple et naturel qu'il n'est besoin d'aucun mystère pour l'expliquer.

On remarquera que la force agissante est assez limitée et qu'elle ne pourrait pas décomposer une molécule fortement unie. Par conséquent, pour que les autres sucres se prêtent à la fermentation, il faut leur enlever les différences de composition qui font leur force d'union et qui leur permettent de cristalliser. Pour cela il suffit de les mettre en présence de corps qui peuvent facilement céder le nombre de molécules H O qui manque au caramel et au sucre de canne ou l'enlever au sucre de raisin, ce qui n'est pas difficile, sachant que la pression éthérée pousse les corps à s'égaliser.

Nous pouvons avoir une idée de la formation des animaux les plus simples, sauf la direction volontaire, par les phénomènes que nous venons d'examiner. Lorsqu'une dissolution renferme les débris organiques d'un fragment de corps organisé en décomposition, qui réunit les éléments nécessaires, on remarque de fines granulations qui se portent à la surface et qui ont parfois des mouvements oscillatoires résultant, comme nous le savons, des différences de transmissions de force. Lorsque des groupes de granulations sont inégalement répartis ou que la chaleur n'arrive pas également, ils prennent des mouvements d'agitation, d'oscillation ou de rotation comme les astres, en raison des différences de force vive que reçoit cette matière. Ce déplacement, ou cette rotation, amène la formation d'une pellicule par échange de matière entre les éléments différents qui se rencontrent. Différentes modifications peuvent se produire selon les milieux, alors l'ovule qui se trouve ainsi formé peut fonctionner, comme le corpuscule azoté qui provoque la combinaison de l'oxygène et du carbone, et une autre série de phénomènes plus puissants va se produire. Souvent il y a éclosion de ces organismes qui se dégagent de leur enveloppe. On remarque l'agitation du point sur lequel se font les combinaisons; c'est le *punctum saliens* ou cœur de l'animal qui va se produire. Ce sont ces agitations plus saccadées et variées que nos observateurs appellent *mouvements instinctifs*, parce qu'ils n'en comprennent pas la cause. Alors les matières diverses, en s'éloignant de la source de chaleur, perdent de leur température et s'unissent en conséquence selon leurs tendances, d'abord autour des voies sanguines ou autres et ensuite selon les tendances des divers éléments. L'acide carbonique, en s'échappant, se maintiendra une voie ouverte. Le fluide calorique, dégagé comme excédant des atmosphères combinées, s'éloigne en s'attachant aux corps denses les plus conducteurs, ce qui constitue, comme nous le verrons, le fluide nerveux. Ce fluide s'échappe ordinairement par deux ou plusieurs voies où il se porte alternativement (si le cerveau n'intervient pas), par suite de ce fait que lorsque l'une est saturée du mouvement du fluide dégagé, c'est l'autre qui, par sa plus grande différence d'agitation, le reçoit plus facilement.

Il suffit donc que le centre de mouvement produise un appendice de matières avec deux voies d'échappement symétriques qui sont la conséquence de leur saturation alternative, pour qu'elles entrent tour à tour en fonction. Il y aura ainsi, alternativement, contraction d'un côté et expansion de l'autre, d'où résulte un mouvement de natation ou rampant des êtres inférieurs analogue aux actions réflexes. Pour que la résultante de cette action porte le corps en avant, il suffit qu'il y ait décroissance d'épaisseur du corps ou simplement perte progressive de chaleur, ce qui est la condition ordinaire.

Comme on le voit, il n'y a dans tout cela qu'une force analogue à celle d'une machine qui agit inévitablement en raison de la force calorique qu'elle développe, mais qui ne saurait en aucune façon disposer de ses mouvements qui sont la conséquence mathématique et inévitable de la force développée. *Le principe du mouvement et de la force y est tout entier et pourtant il n'y a pas encore d'intelligence; donc l'une n'est pas la conséquence de l'autre.*

Le principe du mouvement est si simple, qu'il n'est pas possible de le méconnaître une fois qu'on l'a remarqué. Puis, lorsque les êtres se développent par hérédité et transformations, on remarque l'intervention d'un *principe volontaire ou directeur qui ne répond plus à la loi des actions matérielles, si nettement définie.* En outre, nous voyons parfaitement que le principe de la volonté est évidemment supérieur, puisqu'il dirige et qu'il ne peut être le résultat d'une force matérielle qui a ses conséquences voulues et non volontaires.

Malgré tout notre désir de développer les connaissances humaines, nous nous trouvons donc d'autant plus forcément dans la nécessité de reconnaître l'intervention d'un principe supérieur, que nous constatons avec plus d'évidence le **principe des actions** matérielles et son mode d'agir. Lorsque la nature nous met en présence d'une barrière aussi infranchissable que celle de la direction volontaire, il est incompréhensible que l'on veuille élever d'autres théories ou systèmes si faciles à renverser et qui, par leurs innombrables fictions, entravent complétement la science, tandis que la vraie théorie, infiniment plus sûre, lui laisse toute liberté.

§ 2. — Principe d'actions matérielles du règne végétal.

La force qui régit le règne végétal est la contre-partie de celle qui régit le règne animal. De même qu'on obtient de la force et du mouvement par toute différence de température, par le froid comme par la chaleur, le règne animal a pour force initiale la combinaison du carbone et de l'oxygène, qui dégage de la chaleur ; le règne végétal, au contraire, a pour principe moteur la désunion de ces deux éléments, qui en absorbe en empruntant la force nécessaire à la chaleur et à la lumière solaire. Pour le mouvement animal, il faut que le milieu favorise le dégagement calorique, en l'employant ou en le répandant, afin de faciliter les combinaisons. Pour le mouvement végétal, il faut, au contraire, que le milieu reçoive d'une autre source la chaleur nécessaire pour séparer les éléments combinés sous forme d'acide carbonique, action qui est aussi favorisée par la réunion du carbone à la plante, ce qui diminue la dépense de chaleur en en fournissant une partie.

Lorsque l'acide carbonique CO^2 à l'état gazeux et peu dense se trouve en présence de l'eau dense H^2O, unie à quelques autres éléments et maintenue par la plante solide, cet ensemble très-dense différant beaucoup de l'acide carbonique CO^2, l'élément C aura plus de tendance à s'unir à la double action différente de H^2O unis à la plante qu'à celle de O seul. Et, l'oxygène de l'acide étant repoussé par celui de l'eau en même temps qu'il est sollicité par l'agitation lumineuse à reprendre son atmosphère éthérée, les éléments O^2 et C se sépareront pour obéir chacun à des tendances plus fortes, et l'oxygène se trouve remis en liberté dans l'atmosphère, tandis que le carbone reste uni à la plante pour fournir avec l'eau les principaux éléments C,O,H qui constituent le végétal au moyen de quelques autres éléments qu'il tire du sol.

Telles étaient les déductions faites par le principe des transmissions de force dans notre deuxième édition, lorsque M. Corenwinder a exposé à la Sorbonne ses nombreuses expériences corroborées par d'autres et qui justifient complétement ces déductions. Nous reproduisons ici comme exemple l'un de ces résultats d'analyse sur des feuilles d'érable ; ils se confirment tous.

Dates.	Renseignements et observations.	Matières azotées	Matières carbonées	Eau	Cendres
1 mai	Feuilles petites (écailles sép..	40,94	53,06	78,80	6,00
7 mai	— étalées............	38,56	54,54	77,00	6,90
20 mai	— plus grandes, pluie.	26,25	65,86	79,50	7,89
13 juin	— normales..........	22,87	67,73	72,00	9,40
12 juill.	— normales..........	20,19	68,17	66,00	11,64
2 août	— normales..........	19,59	68,13	64,06	12,28
5 sept.	— normales..........	20,62	65,88	62,50	13,50
5 oct.	— jaunissantes.......	20,00	65,25	58,75	14,75
14 oct.	— tombées de l'arbre.	14,80	69,00	14,50	16,20

M. Corenwinder a constaté que les bourgeons, les jeunes pousses, les feuilles naissantes absorbent de l'oxygène et dégagent de l'acide carbonique *d'une manière ostensible et sans interruption* pendant un certain temps, non-seulement dans l'obscurité, mais en pleine lumière et lorsque la température s'élève. Car il faut une certaine température pour aider au dégagement de l'acide carbonique qui doit entrer dans une nouvelle combinaison, cette fonction n'avait pas été constatée pendant le jour, parce que la quantité d'acide carbonique absorbée par les parties vertes est alors plus grande que celle exhalée par l'élément azoté. Cette faculté d'absorber l'oxygène et d'expirer de l'acide carbonique très-apparente au moment de l'épanouissement des bourgeons, diminue progressivement avec l'âge de la plante.

Rien ne saurait mieux mettre en évidence la fonction du corps azoté dont nous avons fait connaître le mode d'action, que cette fonction proportionnelle à la quantité de matière azotée contenue dans la plante. Lorsque l'azote gazeux s'interpose entre le carbone et l'oxygène, il leur aide à se transmettre la force répulsive par sa densité intermédiaire ; mais en présence du corps azoté solide, l'azote de celui-ci repousse plus efficacement l'azote du milieu et laisse s'approcher l'oxygène et le carbone plus différents qui se combinent alors sous cette moindre répulsion. Puis la plus grande densité de l'acide carbonique lui donne des vibrations plus lentes et plus semblables à celles du corps azoté solide qui le repasse alors par plus de similitude pour laisser s'approcher d'autres éléments oxygène et carbone qui se combinent à leur tour, ce qui constitue une production de chaleur et de mouvements continus propres au règne animal et dans certaine mesure aux graines, aux jeunes pousses et aux parties blanchâtres ou fauves du règne végétal en raison des matières azotées qu'elles renferment.

Quant à la décomposition d'acide carbonique, elle ne résulte pas seulement de la lumière qui ne peut l'opérer même en plein jour dans l'atmosphère. Cette dissociation est déterminée par la transformation de vibrations que donne la réaction de la lumière sur la chlorophylle. Elle est aussi favorisée par les éléments de l'eau fixée dans la plante qui s'emparent du carbone et rejettent l'oxygène en excès. Ces résultats sont mis en évidence par la décomposition de l'acide carbonique, qui répond en même temps aux proportions de lumière, de chlorophylle et d'eau qui concourent à cette action et par la cessation de la décomposition par la disparition de l'une ou l'autre de ces conditions.

Le tableau précédent nous montre donc, par sa première colonne, que la fonction oxydante s'exerce en raison de la matière azotée contenue dans le végétal ; nous savons qu'elle dépend aussi d'une certaine quantité de chaleur nécessaire pour dégager le carbone. La désoxydation est, au contraire, en rapport avec la quantité de chlorophyle qui se développe dans les parties vertes. La deuxième colonne nous montre en effet que les matières carbonées croissent avec cette condition malgré l'oxydation plus faible qui s'opère, d'autre part. La troisième colonne nous montre le concours de l'eau, et enfin la quatrième atteste que des courants inverses et propres à neutraliser ces actions, apportent des matières minérales du sol. Ainsi, les conséquences que dans notre deuxième édition nous avions tirées de la nature des forces qui interviennent sont complétement corroborées par ces résultats. M. Corenwinder a pu interpréter ses travaux qu'il avait poursuivis, comme il le dit, vingt-cinq ans sans y arriver. Alors seulement il a pu expliquer ces conditions physiologiques et les a présentées à la Sorbonne, où j'en ai fait ressortir toute l'importance.

Ces deux grandes fonctions physiologiques du règne végétal sont exercées, non pas tour à tour, mais simultanément et en raison même des matières azotées et carbonées avec chlorophylle que contient le végétal ; et, selon les conditions qui les favorisent d'autre part. Cette simultanéité d'actions inverses, en proportion de chacune des matières qui les provoquent, a été constatée avec soin par M. Corenwinder ; ce qui confirme parfaitement l'action des forces que nous avons fait connaître.

A cette occasion, remarquons que la force des vibrations solaires reste emmagasinée surtout dans l'oxygène, qui a recouvré l'étendue de son atmosphère, plutôt que dans le carbone, qui entre dans d'autres combinaisons, et que c'est en effet l'oxygène qui rendra surtout son atmosphère en se recombinant avec le carbone par combustion soit dans l'animal, soit dans un autre foyer.

M. Boussingault a constaté que la plante, plongée dans l'acide carbonique pur, ne le décompose pas ou presque pas ; c'est qu'en effet l'azote de l'air est un élément d'une densité intermédiaire entre l'éther et l'acide carbonique, et qui facilite la transmission calorique de la force vive qui doit décomposer l'acide carbonique.

Les causes d'action qui régissent les deux règnes végétal et animal étant inverses, il s'ensuit que les résultats ou produits doivent aussi être inverses ; c'est en effet ce qui a été constaté en ces termes par MM. Dumas et Boussingault :

« L'animal est locomoteur, le végétal est immobile.

« L'animal brûle le carbone, le végétal débrûle le carbone.

« L'animal brûle l'hydrogène, le végétal débrûle l'hydrogène.

« L'animal forme de l'ammoniaque par la combustion des matières qui le constituent, le végétal dissout les éléments de l'ammoniaque.

« L'animal exhale de l'acide carbonique, le végétal fixe les éléments de l'acide carbonique.

« L'animal exhale de l'eau, le végétal fixe de l'eau.

« L'animal consomme de l'oxygène, le végétal produit de l'oxygène.

« L'animal consomme des matières azotées, le végétal produit des matières azotées.

« L'animal produit de la chaleur et absorbe du froid, le végétal produit du froid et absorbe de la chaleur, etc. »

Ainsi, par suite de cette action différente de la chaleur sur les deux règnes, tout est contraste, tout ce que l'animal fait dans un sens, le végétal le fait dans l'autre.

Ce qui montre d'une manière palpable, je dirais même évidente, que la nature de l'action vient de la manière inverse d'agir de la chaleur sur des éléments donnés ; c'est que, sans sortir de la plante elle-même, nous la voyons fonctionner d'une manière directement opposée, selon qu'elle se trouve refroidie par la nuit ou réchauffée par le jour.

Il en est à peu près de même dans le règne animal, lorsque l'organisation est assez simple pour se prêter à cette interversion, comme dans l'hydre, dont la poche intérieure repousse insuffisamment les aliments qu'elle reçoit et digère. Si l'on tourne cette poche à l'envers, cette même face devenue extérieure, qui reçoit la force vive, repousse alors les éléments qu'elle recevait auparavant, et ils se portent encore dans la poche interne qui reçoit le mode de vibration qui convient à cette condition. C'est donc le mode de vibration interne qui détermine la fonction en laissant pénétrer telle matière qui devient l'aliment par assimilation des parties convenables

Le début des organismes végétaux se produit à peu près de la même manière que celui des animaux; mais il n'en est plus de même lorsque la plante a développé sa tige aux dépens du germe. Pour savoir quels sont les rayons ou le mode de vibrations qui convient le mieux à un organisme soit végétal, soit animal, nous pouvons donner une règle très-facile. Sachant que les rayons absorbés par l'être pour son utilité sont généralement les rayons complémentaires de ceux réfléchis, nous remarquerons que le corps humain réfléchit les rayons blancs et rouges et qu'il absorbe les rayons verts et chimiques, qui neutralisent mieux la chaleur dégagée dans le corps en lui offrant moins de résistance en raison de leur plus grande différence. Nous remarquerons que les feuilles vertes usent au contraire de ces rayons rouges et blancs et qu'elles réfléchissent les verts; que le germe de la plante fait à peu près l'inverse, etc., etc.

Nous aurons donc ainsi une règle générale pour connaître la nature ou la couleur des rayons qui conviennent le mieux au développement d'un organisme quelconque, animal ou végétal : ce sont ceux qui donnent la couleur inverse ou complémentaire de celle qu'ils réfléchissent.

Lorsque la plante reçoit un excès de force vive par les vibrations lumineuses, cet excès de force vive ne peut se neutraliser que par une communication de la plante avec le sol; il en résultera des courants inverses qui, au moyen des matières de nature opposée qu'ils entraînent, constituent les mouvements de la séve, qui, en effet, sont inverses, selon que la plante reçoit pendant le jour une force vive plus forte que celle du sol, ou pendant la nuit une force vive moins forte. On voit que, pendant le jour, les éléments les moins denses et ayant telle force vive agissent par la partie supérieure de la plante, tandis que les éléments les plus denses agissent par les racines. La direction des racines serait donc, en somme, celle de la pesanteur, si la nécessité de venir chercher les éléments divers ne les obligeait à se répartir dans la couche de terre végétale la plus accessible aux actions extérieures. Lorsqu'on dispose une plante dans un fluide ou dans un terreau qui puisse prendre l'air de toutes parts, on voit les racines descendre beaucoup plus verticalement. Si alors on veut expérimenter directement l'action de la force vive sur la direction des racines, il suffit de faire croître la plante dans un vase que l'on a disposé de manière à avoir un mouvement de force centrifuge continu autour d'un axe ; cette force tend à faire pousser les racines horizontalement. En combinant son action avec celle de la pesanteur directe, on voit que les racines en général se sont développées selon *la résultante de ces deux forces* et que la tige s'incline dans la direction inverse ; ce qui montre on ne peut mieux l'action de la force vive et des différences de densité sur les végétaux. Ces expériences de Kneith et de Dutrochet, mentionnées dans divers ouvrages, ont été faites il y a peu d'années.

En combinant ces actions d'ensemble avec celles des corps en particulier, on trouvera facilement la cause des différents mouvements organiques. Mais il en est un dont la raison d'être pourrait échapper, et que nous croyons devoir indiquer : c'est la cause de la mobilité d'un règne et de la stabilité de l'autre. Pour la reconnaître, il faut remarquer que le dégagement calorique qui s'opère dans l'intérieur de l'animal est déjà une cause de force et de déplacement ; ensuite, il trouve son pôle négatif ou réfrigérant nécessaire pour neutraliser la chaleur dégagée dans tout le périmètre extérieur du corps, qui, dans une certaine limite, cède le calorique au milieu fluide, air ou eau, dans lequel il vit. Il aura donc une tendance à se déplacer dans ce milieu, tant pour mieux répartir et disperser la chaleur qu'il produit et qui est la base de sa force, que parce qu'il doit transformer les éléments carbonés dispersés autour de lui, ce qui amène sans cesse une tendance à se porter dans de nouveaux milieux moins modifiés, plus différents que ceux où il a déjà vécu et qui ont perdu de leur différence. A ce double point de vue, les organes locomoteurs devront se développer de manière à être favorables au déplacement utile pour les fonctions animales qui, au début, ne peuvent être que la seule tendance à se porter, par différence de force vive, dans un lieu plus différent d'un milieu fluide.

Le végétal, au contraire, ne pourra être mobile, parce qu'au lieu d'émettre de la chaleur il doit absorber celle du milieu où il se trouve, et qu'il ne peut neutraliser cette force qu'en la transmettant au sol sur lequel il s'appuie et avec lequel il fera des échanges de matières en même temps que de forces, ce qui l'amènera à planter des racines dans le sol pour faciliter ces échanges. Les éléments différents qui tendent à s'unir et à se neutraliser par l'intermédiaire de la plante ont donc besoin d'une communication avec le sol pour provoquer les échanges, d'où naît le mouvement de la sève et la formation de la plante qui sera nécessairement immobile, puisqu'elle ne saurait vivre sans puiser dans le sol les éléments contraires à ceux de l'air qu'elle neutralise. L'opposition des éléments de l'air avec ceux de l'eau, ou de ceux de l'eau avec ceux du sol peut aussi faire vivre certaines plantes spéciales.

§ 3. — Actions nutritives.

Nous nous bornons ici à indiquer quelques-unes des tendances de la matière propres à guider la médecine et la physiologie. Nous devons remarquer d'abord que la base des actions a toujours lieu en raison des différences d'état de la matière, ou plus exactement en raison des différences de transmission de force vive qui résultent de ces différences d'état.

Dans la cellule qui constitue les organismes les plus simples et qui fait la base des tissus animaux, nous reconnaissons l'action des matières différentes, qui sont des granulations dans une matière amorphe, laquelle se constitue une enveloppe ou pellicule solide, soit en cédant par diffusion les éléments les plus faiblement retenus, soit en s'emparant des éléments extérieurs pour lesquels elle a le plus d'affinité.

Brown considère avec raison le noyau de la cellule comme une condition primaire de son développement organique. Dutrochet remarque que la cellule conserve son activité vitale aussi longtemps que ses parois restent solides; c'est qu'en effet, dans des fonctions régulières, l'enveloppe ne doit pas se décomposer en agissant sur les éléments dont elle doit provoquer la combinaison sans se les assimiler. Lorsqu'il s'agit des animaux les plus inférieurs de la création, comme les *amibes*, ils sont simplement constitués par une masse dite *sarcodique* ou granuleuse; nous y trouvons encore l'action de deux matières différentes principales, mais l'absence d'organisation fait que les mouvements et les formes sont indéterminés. En général, lorsque, sous une action accidentelle, une plus grande affluence de granulations se porte d'un côté, l'animal, ou plutôt l'action de cette matière, ne tarde pas à y porter un prolongement, ce qui répond à l'action entre matières différentes.

Chez la *gromia fluvialis*, dit M. Vulpian, on voit des expansions formées d'une substance très-molle et glutineuse sortir d'une extrémité du corps; elles adhèrent aux corps voisins (par différence), puis elles se contractent (par suite de la même action), et l'animal se trouve ainsi transporté. Ensuite, à mesure que les différences se neutralisent ou s'unifient, survient le relâchement. Si ce prolongement de matière et cette même série d'actions se produisent vers un aliment non adhérent à d'autres corps, par sa différence, il provoque la contraction qui l'introduit dans un estomac *qui semble se former à volonté* et dans lequel il est en partie digéré en raison de ses différences, et le surplus rejeté par plus de similitude d'action. Nous reconnaissons donc parfaitement l'action de la différence, qui tend à contracter, à assimiler, puis l'action de la moindre différence ou plus grande similitude de la matière restante qui tend à la rejeter.

Dans l'hydre ou polype d'eau douce, qui n'est qu'une espèce de poche servant d'estomac, avec une seule ouverture servant de bouche et d'anus, on constate facilement l'influence de la force vive. Il suffit de renverser cette poche de manière que la face extérieure devienne interne, pour qu'elle reçoive alors les aliments qu'elle repoussait avant, par cela seul que, étant devenue interne, elle reçoit moins la lumière ou force vive externe qu'elle recevait avant; comme nous le montre l'électricité d'une poche en toile que l'on renverse. Les aliments sont introduits en raison de leur différence de force vive; puis, après avoir été dissous par l'action de cette poche, les parties différentes sont assimilées, et le reste est rejeté par trop de similitude et par la même ouverture. Mais si l'afflux des aliments était trop abondant et qu'il exerçât une pression continue, comme dans d'autres espèces, il déterminerait une ouverture anale opposée pour le rejet des résidus. Rien ne saurait mieux nous montrer la nécessité des actions matérielles que les fonctions de ces animaux simples qui s'exécutent sans aucun membre spécial. Quant à l'estomac, il serait bientôt saturé lui même, si ses fonctions n'étaient maintenues en activité par les différences de forces vives de la poche intérieure avec la paroi extérieure de l'être, qui puise sans cesse une nouvelle force dans le milieu où il se trouve, fonctions qui, du reste, ont leur analogue dans de simples expériences de physique : M. Becquerel a constaté (*Comptes rendus*, t. LXX, p. 73) que « les courants sont produits partout *où il y a deux liquides différents*, séparés par une membrane cellulaire », qui leur permet d'agir l'un sur l'autre, ce qui confirme encore l'action des matières différentes les unes sur les autres.

En considérant à leur tour les êtres plus développés, cette action ressort très-nettement des faits suivants constatés par Berzélius et d'où résulte une des justifications les plus évidentes de notre loi : « Pour provoquer la sécrétion de la salive ou des autres humeurs concourant à l'action de la digestion, il faut prendre un liquide ayant une réaction *opposée* à celle du liquide que l'on veut obtenir. Ainsi le carbonate de soude, sel assez fortement basique, ne provoque jamais la sécrétion de la salive; mais tous les acides le font, quoique avec une énergie plus ou moins grande, parce que la salive est une liqueur alcaline. Au contraire, dit toujours Berzélius, si vous voulez produire dans l'estomac une abondante sécrétion de suc gastrique, humeur nettement acide, il faudra soumettre les parois du viscère à l'action d'un liquide alcalin quelconque. »

Il est superflu de faire remarquer combien ces faits justifient notre loi : pour attirer un liquide, il faut la présence de celui qui a les qualités opposées. Remarquons, en outre, que le médecin doit aussi savoir si ce liquide agira par endosmose ou par exosmose, c'est-à-dire s'il attirera le liquide opposé ou s'il ira lui-même le rejoindre à travers les tissus, ou bien encore s'il n'exercera pas d'action décomposante.

Ainsi les aliments, qui sont généralement des composés ayant plusieurs réactions, trouvent successivement sur leur trajet les réactions diverses propres à les décomposer, et comme ils sont généralement froids ou acides, ils amènent tout d'abord la salive alcaline dans la bouche, puis ils rencontrent le suc gastrique acide dans l'estomac, puis la bile alcaline dans les intestins; de sorte qu'aussitôt que les aliments ont été modifiés par une réaction, ils subissent la tendance à se porter en avant, vers une réaction opposée. D'où il résulte que le transport des aliments s'effectue on peut dire de lui-même, et l'agitation du corps ne peut guère que faciliter ce déplacement, selon les tendances diverses.

Dans ces conditions, on comprend pourquoi nous n'avons aucun effort à faire pour que la digestion s'opère et pourquoi elle est tout à fait inconsciente. Les mouvements de sécrétion et de digestion dérivant des forces matérielles involontaires, le système nerveux ne produit en général que des effets de contension, par suite de la dépense de force nécessaire aux dégagements ou aux absorptions caloriques. Partout où les nerfs de ces organes sont coupés, les fonctions s'opèrent avec plus de facilité ou bien d'une manière continue, au lieu d'être temporaire.

Les qualités alcalines se développent lorsque la chaleur des combinaisons ne peut suffisamment s'échapper par les nerfs, et les qualités acides, lorsque l'échappement de cette chaleur est provoqué ou surabondamment employé par les nerfs, ou par le milieu

7.

extérieur; ce qui nous montre encore ici que ce n'est pas seulement avec les différences de densité ou de masse qu'il faut compter, mais aussi avec les qualités acides ou alcalines qui représentent les différences de capacité ou de vibrations.

§ 4. — Principe de la génération supérieure animale et végétale.

Les dispositions prises par la nature dans le but d'obtenir les différences d'état nécessaires à l'action sexuelle sont si évidentes, que c'est probablement parce qu'elles nous frappent les yeux de toutes parts que nous ne les apercevons pas. Eh bien, regardez, je vous prie, le premier animal mâle qui passera devant vous. Voyez les organes qui sécrètent le fluide prolifique; nulle partie du corps, n'ayant pas de fonction motrice à remplir, ne semble plus évidemment se porter au froid extérieur, comme le ferait une matière alcaline qui cherche à dégager sa chaleur d'une action semblable; mais, si la puissance alcaline est atténuée par un excès de froid, l'organe se resserre; si, au contraire, elle est augmentée par la chaleur, il semble vouloir se détacher davantage. Par opposition, on trouve l'ovaire dans le centre le plus chaud du corps et le mieux protégé contre le froid extérieur. L'effet de la chaleur sensible s'accuse clairement dans ces résultats, parce que ce mode de vibration est celui qui a le plus d'action sur la matière organique animale.

Des faits spéciaux viennent confirmer le but de ces dispositions; il a été constaté que des hommes dont les organes sécréteurs demeuraient à l'intérieur du corps étaient impuissants, et nous savons inversement que des lotions froides sont un puissant excitant. Nous savons aussi que l'enfant chez lequel ils ne se sont pas portés à l'extérieur du corps, n'éprouvera pas plus de désir que l'eunuque, chez lequel ils n'existent plus ou sont paralysés. Le rut ne se prononce, chez quelques espèces, que lorsque ces organes, habituellement internes, se portent à l'extérieur du corps.

Pourtant, ce n'est pas toujours au froid extérieur que se porte ce fluide. Chez l'oiseau, par exemple, où ces organes eussent pu être gênés ou protégés contre le froid par le plumage, la nature a cherché une autre disposition. Ils sont internes, mais accolés au plus gros embranchement de la veine cave, qui ramène à l'intérieur du corps le sang acidifié par ses fonctions et qui, par conséquent, tend à réunir les éléments les plus alcalins près de ce courant acide sans cesse renouvelé. Mais le fluide séminal, bien qu'étant en somme alcalin, doit aussi renfermer des éléments très-acides; car, nous le savons, un corps n'est fortement alcalin qu'à la condition de posséder un centre puissamment acide. Le fluide interne des spermatozoïdes doit donc être acide; condition qui d'ailleurs est nécessaire pour produire la force qui les anime dans un milieu alcalin. Le mécanisme de leurs mouvements doit être celui que nous avons indiqué par les seules forces matérielles.

L'organe de l'autre sexe, l'ovaire, est au contraire situé dans la partie du corps la plus chaude et la plus alcaline ou la mieux protégée contre le froid... Nous devons en conclure que les éléments prolifiques qui s'y portent ont les propriétés inverses. Par conséquent, les produits sexuels auront l'un sur l'autre une action analogue à celle des bases et des acides, c'est-à-dire une tendance puissante à s'unir d'abord et ensuite à pouvoir exercer telle ou telle action sur les éléments différents qui les entourent. Le jaune ou vitellus de l'œuf est en effet acide et la cicatricule ou tache germinative alcaline.

Le fluide séminal alcalin aura donc une tendance à être expulsée de son lieu de production, tendance qui sera encore augmentée par un excès de mouvement local. Ce fluide tendra à s'éloigner du centre alcalin comme le sang oxygéné; mais, comme il n'a pas de fonction ni de cours régulier pour se transformer et retourner à l'intérieur, ce sera une satisfaction donnée à l'organisme lorsqu'il sera expulsé extérieurement, et cette tendance sera encore plus forte si elle est provoquée par les humeurs acides de la vulve. A ce point, le fluide alcalin sera neutralisé par les humeurs acides qu'il rencontre, et les spermatozoïdes, dégagés de cette influence, auront alors une tendance à se porter au centre alcalin, en raison de leur acidité. Mais, en arrivant au contact de l'ovule, qui n'est plus le milieu propre à leur existence, leurs mouvements cesseront; la force sera employée inversement, leur enveloppe devra abandonner son fluide acide, qui se portera sur la cicatricule alcaline et lui donnera des propriétés nouvelles. Il est à remarquer que ce n'est ni une puissante acidité ni une puissante alcalinité que doit posséder cette tache germinative ou corpuscule azoté, pour provoquer la combinaison du carbone et de l'oxygène en même temps. En effet, si le corpuscule azoté était trop acide, il ne tendrait pas à réunir l'oxygène, et s'il était trop alcalin, il ne repousserait plus l'acide carbonique formé. Il faut donc la réunion des deux qualités opposées pour provoquer les combinaisons et le mouvement nécessaires à la vie.

Nos traités de physiologie sont si peu explicites sur les causes d'action, que c'est en partie avec le secours de notre loi que nous analysons ces nécessités d'état et d'action ; il est possible que des études plus complètes de ces fonctions nécessitent quelques modifications dans cette description succincte. Quoi qu'il en soit, nous comprendrons parfaitement que les deux éléments reproducteurs, étant élaborés dans des conditions tout à fait opposées, auront une puissante tendance à s'unir, et par conséquent il ne faut pas s'étonner si l'un d'eux va rejoindre l'autre. Lorsque l'organe mâle de certains animaux marins se détache et va porter la fécondation à la femelle, il faut bien aussi reconnaître que le hasard n'agit pas seul dans cette rencontre.

La force nécessaire à provoquer le mouvement et les combinaisons résulte nécessairement du contact de ces deux éléments lorsqu'ils sont placés dans des conditions caloriques convenables, c'est-à-dire immédiatement chez les vivipares et moyennant l'incubation chez les ovipares. C'est donc toujours la même loi d'action matérielle qui combine sa force avec l'influence héréditaire, car il est bien certain que la force matérielle, qui résulte seule de cette cause d'action, ne produirait pas un être déterminé ou perfectionné.

Si maintenant on se demande pourquoi l'œuf reste indéfiniment inactif s'il n'est pas fécondé et pourquoi il entre en activité aussitôt après la fécondation pour l'œuf demeuré interne ou moyennant certain état calorique que donne l'incubation pour l'œuf externe, en voici la cause : chacun des fluides prolifiques, étant de nature opposée, repousserait l'un des éléments qui doivent se combiner en acide carbonique ; mais, après la fécondation par leur union, qui atténue chacune des actions extrêmes, l'oxygène est sollicité à se combiner avec le carbone qui est en contact avec la cicatricule, pourvu qu'une température suffisante permette au carbone de se dégager de la matière de l'œuf. Dès lors la série des actions de la force vive que nous avons fait connaître commence à se produire. De l'acide carbonique se forme et il dégage de la chaleur, qui a ses conséquences précises, comme nous l'avons vu.

Cette action matérielle sera la même dans la généralité des germes des animaux, depuis l'éléphant jusqu'au vermisseau et au ferment ; mais c'est là que cesse son règne exclusif. Désormais l'action matérielle aura à compter avec un nouveau partenaire, qui est l'influence héréditaire, et qui fait qu'avec les trois ou quatre atomes ou molécules, toujours les mêmes, que nous montre la chimie, l'influence héréditaire va produire ici une baleine, là un animalcule microscopique ; ici le chêne, là le végétal imperceptible. A ce point, la barrière est nette, précise ; il faut s'incliner et reconnaître notre impuissance. L'imagination nous dira peut-être que si nous pouvions discerner les infiniment petits, nous pourrions nous éclairer ; mais ce n'est là qu'un *si* impossible et à sa suite un *peut-être*. Maintenant, remontons encore plus haut et abordons le principe de l'intelligence et de la volonté. Là, non-seulement se présentent les mêmes difficultés insurmontables de l'influence héréditaire, mais en outre nous nous trouvons dans l'impossibilité même de *concevoir* comment une force matérielle qui a ses conséquences précises, inévitables, pourrait devenir une action volontaire qui peut ou non avoir ses conséquences .. Et c'est quand nous sommes en face de barrières aussi infranchissables que la philosophie se perd dans les banalités les plus accessibles.

Voyez ce qu'elle fait encore pour le sujet qui nous occupe. Lorsqu'il s'agit de la chimie inorganique, nous trouvons partout en avant les qualités basiques ou alcalines d'un côté avec les qualités acides de l'autre comme formant le grand mobile de l'action des corps. Puis, dès qu'on passe à la chimie organique et surtout lorsqu'on aborde la question de la génération et des matières prolifiques, il n'est plus question de ces qualités si essentielles des corps : *acide* ou *alcalin*. Il en est de même dans nos traités de physiologie et de médecine les plus répandus. J'ouvre aussi une ontologie qui donne plusieurs chapitres sur l'ovulation ; ces mots sont absolument prohibés, etc., etc. D'abord, comment voulez-vous que le lecteur ne fasse pas cette remarque, qu'on néglige les qualités les plus essentielles qui font la base des actions chimiques? Puis, à quoi servent ces *si savantes* réticences, lorsqu'il suffit d'un petit morceau de papier de tournesol et de casser un œuf qu'on a toujours sous la main pour constater les qualités des différentes parties, etc., etc.? Cela sert évidemment à confirmer dans des idées inverses de celles qu'on a voulu obtenir.

Un aussi déplorable système, à côté d'une situation aussi inexpugnable que parfaitement appropriée, ne se conçoit que par l'ignorance qui a présidé aux débuts de ce système.

Maintenant se présente la cause de distinction des sexes, qui n'appartient pas au principe supérieur, ni à l'influence héréditaire, puisque les deux sexes se développent d'abord avec les mêmes caractères. Dès lors cette action appartient à notre principe et elle est facile à saisir. Dans les premiers temps du développement de l'être au sein de la mère, on constate une identité absolue des deux sexes. Le même organe se développe ensuite selon les caractères de l'un ou de l'autre sexe, suivant qu'il demeure à l'intérieur du corps du nouvel être ou qu'il est repoussé à l'extérieur, et nous savons maintenant qu'il suffit d'un excédant d'acidité ou d'alcalinité plus ou moins prononcée pour que l'un ou l'autre des cas se réalise. Par conséquent, les fonctions deviennent inverses par suite de l'action inverse de la chaleur, selon que l'organe se développe intérieurement ou extérieurement. On sait que, malgré le renversement, l'anatomie constate facilement les similitudes des organes sexuels.

Quant à la cause qui détermine la production à peu près égale des individus de chaque sexe, nous croyons apercevoir la raison de cet ÉQUILIBRE; mais la question n'est pas encore assez étudiée pour être exposée.

Les organes de la reproduction chez les plantes ont également des affinités très-distinctes. Lorsque le pollen est emporté par le vent, il est difficile de constater la part que peut avoir dans leur rencontre la tendance des deux éléments à se réunir. Mais lorsque ces deux éléments sont réunis sur la même fleur et qu'on voit l'anthère qui contient le pollen s'ouvrir du côté du pistil et lancer sa poussière sur cet organe avec une sorte d'explosion, ou bien lorsqu'on voit l'étamine se pencher vers le pistil pour poser l'anthère sur le stigmate ou le stigmate se pencher vers l'étamine en faisant fléchir peu à peu leurs tiges, puis se redresser après la communication, il serait difficile de récuser cette action, bien qu'elle n'agisse qu'avec lenteur et faiblement à distance.

Le milieu ambiant ne paraît pas avoir toujours eu la même action sur la distinction des organes de la reproduction des végétaux. Les naturalistes, en tête desquels se trouve, sous ce rapport, M. Brongniart, ont dû classer les végétaux qu'a produits le globe depuis les temps primitifs en six classes, qui ont les organes de la reproduction de plus en plus apparents dans la série des âges géologiques. Ce sont : les *agames*, les *cryptogames cellulaires*, les *cryptogames vasculaires*, les *phanérogames gymnospermes*, les *phanérogames monocotylédonés* et enfin les *phanérogames dicotylédonés*, qui ont les organes de la reproduction les plus accentués. Ce résultat indique que l'action du milieu ambiant extérieur, en perdant l'unité de température que lui donnait une épaisse atmosphère, a fait concourir de plus en plus les différences de température diurne sur l'un des sexes, nocturne sur l'autre, dans la cause de distinction des organes de la reproduction.

§ 5. — Causes motrices du sang.

Nous avons déjà vu que le carbone et l'oxygène, qui ne se combinent pas librement entre eux, se combinent, au contraire, lorsqu'ils sont en présence d'un corps azoté solide, tel que les poumons. Ce corps, qui tend à les comprimer l'un et l'autre, leur prête un supplément de compression propre à les faire combiner; ce qui amène un dégagement de chaleur, qui repousse le sang rendu alcalin loin du centre où se dégage cette chaleur répulsive. En outre, ce sang emporte une provision d'oxygène qui n'a pu se combiner entièrement, faute de dégagement calorique propre à diminuer la tension qui s'oppose à de plus abondantes combinaisons immédiates, mais qui redonnera en temps opportun de la force vive de répulsion à ce sang pour lui faire achever sa course. Ce sont, comme on le voit, des corps alcalins ou semblables qui s'éloignent par excès de répulsion ; puis, lorsque le sang est devenu moins alcalin ou acide, il prend la tendance inverse et retourne, au contraire, vers le centre alcalin où il est comprimé alors par différence. Cette double tendance constitue la force de la circulation rudimentaire chez les animaux simples, comme, par exemple, chez ceux où la circulation se fait dans de simples lacunes où les parties alcalines tendent plus à s'éloigner, tandis que les parties acides se rapprochent.

Pour connaître la puissance que donne la force de combinaison, il est bon de rappeler que 1 gramme de carbone combiné avec son équivalent d'oxygène dégage 8 000 calories, dont chacune est l'équivalent d'une force pouvant élever 1 kilogramme à 425 mètres à peu près. Par sa respiration, un homme ordinaire fournit un dégagement d'une force de 5 calories et demie par minute, pouvant l'élever à une trentaine de mètres de hauteur, si elle était toute employée utilement dans ce but.

Lorsqu'une circulation simple s'établit, on comprend que la répulsion, qui agit indifféremment dans tous les sens, combat en partie la tendance du sang acide à s'approcher, et que la force développée n'agit plus qu'avec la différence de ces deux actions. Cette force suffit cependant à amener la formation d'organes qui lui permettent d'agir avec plus de puissance. Ainsi, dans le cœur comme à l'entrée des artères, il se forme des membranes annulaires ou valvules, qui s'inclinent dans la direction où va le sang. Puis, lorsqu'après s'être chargé d'oxygène aux poumons, le sang a franchi cet obstacle, et qu'il combine ses éléments, cette valvule se ferme comme l'intérieur d'une nasse sur un poisson pour empêcher le sang de revenir en arrière au moment de la pression du dégagement calorique, de sorte que, cette pression trouvant un point d'appui en arrière, le sang est alors obligé de refluer en avant avec toute la force de la tension calorique. Cette tension détermine la formation d'une cavité qui est le ventricule du cœur, et en arrière, pendant que la valvule est fermée, il se produit aussi une pression par l'afflux du sang qui forme l'oreillette. Comme chaque combinaison dégage une chaleur équivalente à l'excès des atmosphères caloriques mises en liberté ; cette chaleur, qui a besoin de s'échapper, détermine sur ce point la formation de nerfs conducteurs de ce fluide, qui sont les pneumogastriques. Par ce seul dégagement calorique, une contraction ou plutôt une réduction de volume peut déjà se produire, puisque les corps combinés ont moins de volume qu'étant séparés. Il y a donc déjà pulsations et circulation. Mais ce n'est pas tout : l'organisation se perfectionne encore. L'échappement du fluide nerveux que les pneumo-gastriques doivent transmettre à presque tout l'organisme, ainsi que nous le démontrerons plus loin, détermine à son tour dans l'enveloppe cardiaque la formation de fibrilles musculaires, dont nous ferons aussi connaître la structure et le mécanisme. Il en résulte un muscle puissant dont la contraction est provoquée par l'échappement régulier du fluide nerveux par les pneumo-gastriques, qui obéissent eux-mêmes à la transformation du sang, contraction qui, par conséquent, n'a pas besoin de la volonté pour s'exercer, et cette contraction aide puissamment à chasser le sang dans les artères. Lorsque la contraction du ventricule se relâche, le sang artériel pourrait s'y introduire en partie en même temps que celui de l'oreillette, si la valvule artérielle ne se fermait à son tour pour s'y opposer ; alors le sang ne peut arriver au ventricule que du côté des poumons. Il s'y introduit par deux causes : d'abord par la tendance qu'a le sang alcalin à s'éloigner du centre pulmonaire où se produit l'alcalinité par l'adjonction d'oxygène et l'expulsion d'acide carbonique. En outre, le ventricule tend aussi à se remplir par le propre relâchement de ce muscle, qui produit une sorte d'aspiration du sang contenu dans l'oreillette lorsque la contraction cesse (1).

(1) Dans quelques espèces, l'oreillette paraît aussi avoir un mouvement de contraction propre, ce qui supposerait alors que des combinaisons d'acide carbonique s'y forment aussi et que le produit calorique est

Des influences analogues à celles que nous venons de décrire peuvent former un double cœur pour l'arrivée du sang aux poumons, et alors nous sommes conduits à l'organisation cardiaque des êtres supérieurs. Ce sont les deux modes de contractions très-distinctes qui agissent simultanément dans le cœur des êtres supérieurs qui ont si complétement dérouté les physiologistes. Nous voyons donc :

1° Que le sang possède, par les combinaisons qui s'y produisent, une force suffisante pour imprimer le mouvement dans les fermentations, la circulation dans l'œuf et dans les animaux les plus simples, d'une manière tout à fait analogue à la force qui produit la circulation de la séve, et sans qu'il soit nécessaire de recourir à aucun mouvement musculaire ;

2° Que la complication des organismes amène divers perfectionnements, tels que les valvules, qui s'opposent au recul du sang et emploient plus efficacement la force des combinaisons à le faire circuler ; puis vient l'action musculaire du cœur, qui dérive également de la force des combinaisons du sang, et qui augmente la force de la circulation pour une nombreuse classe d'êtres ;

3° Puis un double cœur, dont la force dérive de la tendance qu'a le sang acidifié à revenir aux poumons, augmente aussi la force produite dans les êtres supérieurs, en s'opposant au recul accidentel du sang, et comme quelques combinaisons défavorables à la circulation pourraient s'y produire, il se trouve enveloppé dans le même muscle et les mêmes ramifications des pneumogastriques, qui font tourner cette force au profit de la circulation ;

4° Enfin, diverses combinaisons qui se produisent dans l'organisme au moyen de l'oxygène que le sang y entraîne complètent la force de la circulation et déterminent de nombreuses fonctions musculaires et autres.

Mais la force des combinaisons n'est pas la seule qui agisse dans l'organisme. L'endosmose, pour laquelle les poumons sont admirablement constitués, établit entre deux fluides différents, séparés par une membrane une force assez puissante, sans que l'on puisse attribuer cette force à aucune organisation dite *vitale*. Cette base d'action étant connue, remarquons que dans les nombreuses cellules des poumons l'air se trouve en contact par endosmose avec le sang noir qui arrive par les veines. Avec les seules forces de

enlevé par les pneumo-gastriques. M. Collin fait remarquer que la contraction débute dans le sinus qui précède l'oreillette. En effet, la pression du courant entrecoupé y devient forte et l'oxygène y abonde.

diffusion et d'endosmose, l'air s'empare de l'excédant d'acide carbonique dont le sang noir est chargé, mais non pas de la totalité, puisque le principe même de la diffusion des fluides est qu'ils tendent à s'égaliser jusqu'au point où les forces sont en équilibre. En même temps, et en raison du même principe, l'air cède au sang une partie de son oxygène, environ un quart. Les autres éléments des deux fluides tendent aussi à se diffuser, mais dans de moindres proportions. Bien que la puissance de l'action ait lieu en raison des différences d'état, les échanges ne peuvent être entièrement réciproques, parce que la membrane à travers laquelle se produit l'endosmose ne permet pas aux globules du sang ni à d'autres matières plus denses de les traverser.

La cause motrice directe du sang sans autres combinaisons d'action jette immédiatement la plus vive lumière sur ce difficile problème. Elle nous explique pourquoi dans l'œuf ou l'ovule le sang entre en mouvement avant que les organes soient formés ; pourquoi dans certains êtres la circulation se fait dans des lacunes, sans cœur ni vaisseaux ; pourquoi la circulation capillaire *continue* chez certains animaux à respiration cutanée, même *après l'ablation du cœur* ; pourquoi le sang pénètre dans le cœur de certains animaux de la même manière que l'eau dans une éponge, etc., etc.

La surface extérieure du corps joue aussi un grand rôle dans le mouvement de la circulation, puisqu'elle sert de réfrigérant ; c'est en partie pour cela que Cl. Bernard a constaté que la circulation s'embarrasse et que la mort survient lorsque l'on couvre le corps d'un animal d'un vernis qui entrave le refroidissement. Les résultats suivants confirment l'action des différences de température : « Les animaux à sang chaud, c'est-à-dire à *température fixe*, dit M. Longet, t. I, p. 176, ont une respiration d'autant plus active que la température ambiante est plus basse. Cette influence est générale sur l'organisme, pourvu que ses limites ne dépassent pas les conditions qui sont propres à sa nature. »

(Suivent nombre de faits dont voici un extrait.)

Expériences de Letellier :

Production par heure d'acide carbonique.

Température extérieure.	Cochon d'Inde.	Souris.	Tourterelle.	Serin.
0°	2s,080	0s,240	0s,684	0s,250
15 à 20°	3,006	0,266	0,74	0,315
30 à 40°	1,435	0,134	0,300	0,129

On voit combien la chaleur extérieure ôte de puissance à mesure qu'elle se rapproche de la température intérieure. La plus ou moins grande dépense, et par suite le degré d'activité de la circulation du sang, selon la quantité de chaleur dépensée, ressort de ces expériences de Lavoisier :

Dépense d'oxygène d'un homme adulte pendant une heure.

Au repos et à jeun, oxygène................	24ˡ,0 pesant	34ᵍ,5
Pendant la digestion......................	37 ,7 »	54 ,0
A jeun, en travaillant (5 874ᵏᵐ)...........	63 ,5 »	91 ,0
En digestion et en travail (6 197ᵏᵐ)........	91 ,0 »	131 ,0

Dans ces mêmes conditions, Lavoisier signale aussi une dépense plus forte d'oxygène quand la température ambiante s'abaisse. Par des expériences très-simples, on peut d'ailleurs s'assurer du résultat des différences de température. En chauffant une partie quelconque de notre corps, nous remarquons que cet excès de température empêche les combinaisons d'acide carbonique de s'effectuer ; le sang reste rouge et abondant dans cette partie, sans éprouver la tendance à se reporter vers les poumons pour se renouveler. Si, au contraire, telle partie de notre corps est exposée au froid, les combinaisons d'acide carbonique se font abondamment ; cette partie, bleuie par l'acidité et le sang qui a perdu sa force vive, retourne avec facilité vers les parties alcalines internes pour renouveler sa provision d'oxygène. Nous reconnaissons ainsi la cause d'équilibre de la température du corps, puisque la circulation et les combinaisons sont d'autant plus actives que le froid extérieur est plus puissant.

Bien que ces nombreux faits paraissent déjà surabondants pour démontrer la cause motrice du sang, citons encore une expérience de Bichat (*Recherches physiologiques sur la vie et la mort*, p. 173). Ouvrant la même artère carotide sur deux chiens, il s'arrange au moyen d'un tube pour que ce soit le sang artériel de l'un des chiens qui pénètre au cerveau de l'autre, ce qui réussit très-bien. Ensuite, par une opération analogue, il veut y faire parvenir le sang veineux par la même voie. Ce sang, quoique poussé par une force égale, s'y refuse complétement ; « le sang noir ne parvenait pas au cerveau », ce qui nous montre très-bien que le sens du mouvement du sang dépend de sa nature.

Maintenant nous comprendrons parfaitement pourquoi on peut enlever le cerveau sans arrêter de suite les mouvements du cœur ; pourquoi celui-ci est l'*ultime moriens* ; pourquoi les fonctions organiques qui dépendent de la circulation simple sont communes au règne animal et au règne végétal ; pourquoi le cœur constitue un organe involontaire par excellence ; pourquoi l'animal meurt dans l'acide carbonique ou autres gaz qui ne peuvent pas développer de la chaleur par leurs combinaisons dans l'organisme ; pourquoi le cœur, même détaché, continue à battre dans l'air ou l'oxygène, tant qu'il a assez de matière pour provoquer les combinaisons, etc.

Les actions du cœur, qui subissent fatalement les conditions de la loi matérielle, ne procèdent donc pas du même principe que celles du cerveau, qui ne répondent pas aux effets de cette même loi matérielle. Et l'on comprend combien est regrettable un état scientifique qui enveloppe dans un même voile d'ignorance les fonctions les plus élémentaires de l'organisme, si éminemment utiles à l'armée de médecins à laquelle nous sommes livrés, et les fonctions supérieures du cerveau, qui seules doivent faire au dogme une part infiniment plus efficace.

Lorsqu'on voit la force matérielle agir sous mille formes dans l'organisme, les réticences ne sont bonnes qu'à conduire sûrement au matérialisme. En voici encore des exemples : Le 28 juillet 1873, M. Marey apporta dans la salle des Pas perdus de l'Académie des sciences un cœur de tortue séparé de tout autre organe. L'origine des veines est reliée par un tube avec robinet à un récipient placé au même niveau et qui contient du sang veineux tiré d'un veau. A la sortie artérielle est adapté un autre tube de caoutchouc qui va déverser le sang que lui envoie le cœur à un autre récipient placé à une vingtaine de centimètres en contrehaut, ce qui montre qu'il faut une force bien déterminée pour élever le sang. On ouvre le robinet qui met le sang veineux en communication avec ce cœur inerte, et immédiatement des battements se produisent et le sang est chassé dans le réservoir supérieur.

En voyant cette expérience, que tout étudiant peut exécuter dans son cabinet et qui est constatée partout, chacun comprend parfaitement qu'il n'y a là qu'une force de combinaison matérielle et que cette force porte ainsi le sang et son action dans tout l'organisme ; et, en voyant aussi le sang agir au cerveau, *il ne peut nullement distinguer les fonctions puisqu'il ne connaît pas le mode d'agir de l'action matérielle.* Puis, quand il voit la science et les livres classiques dissimuler l'action si remarquable du sang ou divaguer à son égard en ne parlant que de la force du cœur (voir *Comptes rendus*, t. LXXVII, p. 367), alors qu'il faudrait faire connaître la force des combinaisons qui s'y opèrent et le seul mode d'action qu'elle puisse produire, que voulez-vous que dise le jeune savant qui est témoin de ce fait si remarquable et de sa dissimulation ? Il est inévitablement confirmé dans son idée que cette expérience montre l'action matérielle qui régit la vie entière et qu'on la dissimule pour ne pas arriver au matérialisme ; dès lors, son opinion est faite. Il ne voit plus que la force matérielle, qu'il importe au plus haut degré de connaître pour les études médicales, et il veut en profiter. Voilà comment notre déplorable philosophie fabrique les matérialistes !

Pour que le miracle du cœur ait toute sa puissance, il faut naturellement que ce soit lui qui produise toute la force, et c'est en effet le sens de la communication académique de M. Marey. Il est bien certain que c'est dans le cœur que se produit la plus grande partie des combinaisons et que, par conséquent, cette force contribue le plus puissamment à pousser le sang dans les organes et le fluide nerveux à travers les pneumo-gastriques pour animer l'organisme. Mais il n'est pas moins certain que le sang a une force directe et qu'une partie des combinaisons d'acide carbonique se produit dans divers autres organes et que cette force supplée à celle qui se dégage dans le cœur. Nous en donnons diverses preuves, on peut dire superflues, puisqu'il suffit de constater qu'il s'est produit des combinaisons dans ces autres organes pour être certain qu'une force équivalente s'y est développée.

Si, au lieu de ces singulières interprétations qui déroutent la science sans la convaincre, vous mettez à nu, comme nous l'avons fait, la nature même de la force matérielle qui se produit, si vous montrez que cette force ne peut pas plus donner une direction intelligente, réfléchir et juger que la force qui se produit dans une chaudière à vapeur, immédiatement vous voyez se séparer de cette force matérielle les phénomènes de l'intelligence si étonnants et si impénétrables.

Avec cette distinction aussi facile que naturelle et évidente, le dogme aura sa part sûre et la science toute liberté de répandre le bien-être avec connaissance de cause. Quand donc admettra-t-on des choses aussi simples ? Quand donc vous déciderez-vous à éclairer la science et surtout ce que vous appelez l'*art médical*, dont vous ferez une véritable science, afin que le scalpel ne taille pas dans nos organes sans connaître les causes d'actions, comme l'ébauchoir du sculpteur dans un bloc d'argile ?

Maintenant, voici d'autres expériences au moyen desquelles notre demi-science sans principe conduit au matérialisme par ignorance des lois d'action. Ecoutons M. Cl. Bernard (*Cours scienti-*

fiques) : « Pour empêcher l'afflux du sang dans la partie postérieure du corps sur ce lapin, on a passé un fil sur l'aorte au niveau des artères rénales, on a recousu l'abdomen et l'on va opérer la ligature de l'aorte en serrant la ligature sur le dos de l'animal. Immédiatement la moelle perd ses propriétés, et le train postérieur est paralysé complétement du mouvement et de la sensibilité. » Pour empêcher l'afflux du sang oxygéné au cerveau, Astley Cooper « liait sur un chien en même temps les deux carotides ; il y avait une perte incomplète des fonctions cérébrales. S'il comprimait les artères vertébrales, la circulation du cerveau étant *complétement suspendue, l'animal tombait comme foudroyé*, et s'il faisait cesser cette compression des artères vertébrales, en ayant soin de ne pas trop la prolonger, il voyait l'animal récupérer rapidement l'intégrité de ses fonctions cérébrales. » M. Brown-Séquard ranime, *c'est-à-dire rend ses propriétés* à un bras séparé et déjà rigide avec son propre sang. Il fait mieux : il tranche la tête d'un animal et la sépare complétement du tronc ; alors il est parfaitement certain que le sang oxygéné n'y arrive plus ; « puis, au bout de huit à dix minutes, alors que depuis plusieurs minutes toute trace d'excitabilité a disparu dans le bulbe rachidien et le reste de l'encéphale, il pratique à l'aide d'un appareil approprié des injections de sang oxygéné et défibriné (pour empêcher qu'il ne se coagule) à la fois dans les carotides et dans les vertébrales. On peut voir, après quelques moments, les manifestations de la vie se montrer de nouveau : il y a dans les muscles des yeux et dans ceux de la face des mouvements qui paraissent prouver que les fonctions cérébrales se sont rétablies dans cette tête complétement séparée du tronc... » Et cette exclamation matérialiste s'échappe de la poitrine de M. Cl. Bernard comme de celles de ses devanciers : « Cette expérience est bien faite pour inspirer de sérieuses réflexions sur *la nature des facultés cérébrales !...* »

Or ces savants commettent là une grosse erreur, qui n'est possible qu'avec l'ignorance du principe des actions matérielles. Ils ne s'aperçoivent pas que dans l'arrière-train du lapin, comme dans le bras détaché, il n'y a que la force matérielle sans direction ; tandis que dans la tête détachée du tronc, le sang a apporté de la force à deux choses distinctes : d'une part aux organes qui n'obéiront que s'ils sont commandés et d'autre part au cerveau, qui commandera lui-même pourvu qu'il ait une force matérielle à diriger. Ainsi, les membres n'ont acquis que la force passive nécessaire pour obéir, tandis que la tête a acquis celle nécessaire pour obéir et d'autre part celle nécessaire pour commander et diriger ; rien n'est donc plus distinct que ces deux ordres de phénomènes, comme nous l'avons déjà montré dans les conclusions du paragraphe 18, première partie.

Le sang oxygéné est un élément de force mis à la disposition du cerveau : si cette force disparaît, il est tout naturel qu'il ne puisse plus en user et que ses fonctions matérielles cessent ; mais la direction de cette force ne dépend pas d'une impression extérieure analogue à la force excito-motrice réflexe, comme on le dit par ignorance même de la cause de ces phénomènes.

Puis, disent les hommes de science qui ne remarquent qu'une face des choses : « Si je donne une potion soporifique à un chien, à un chat ou à un homme, ils dormiront les uns comme les autres ; si je leur donne une potion aphrodisiaque, ils en subiront de même les conséquences. » Ils ne remarquent pas que le cerveau dirigera cette action matérielle ou luttera d'autant plus contre elle qu'il aura plus de puissance, et que l'animal s'y abandonnera d'autant plus facilement que son instinct est moins puissant. Il y a donc là deux choses, deux tendances distinctes, et nos demi-savants, dans l'aveuglement où on les maintient, confondent le tout. Comment ne seraient-ils pas matérialistes avec la confusion des phénomènes ?

§ 6. — Cause calorique des courants nerveux.

En prenant les conditions moyennes de la circulation du sang, on trouve que dans une minute il passe environ 10 litres de sang aux poumons, contenant 2 litres d'acide carbonique, dont moitié est expulsée par la respiration pendant son passage aux poumons. S'il ne s'en formait pas d'autre pendant le passage dans le cœur, il n'en resterait que moitié dans le sang rouge. Mais comme il est constaté, au contraire, que le sang rouge en contient souvent un cinquième de plus que le sang noir, il en résulte que $1^l,40$ d'acide carbonique s'est formé pendant le passage du sang dans les organes de la respiration, ce qui résulte aussi de $1^l,25$ d'oxygène absorbé, dont il ne reste que $0^l,526$ de disponible dans le sang rouge artériel. Les combinaisons secondaires étant très-peu importantes, on voit qu'une notable quantité de chaleur a été dégagée, et comme elle ne laisse, on peut dire, pas de trace appréciable au thermomètre, il faut nécessairement qu'elle se soit échappée par une voie que nous n'allons pas tarder à reconnaître.

Rappelons d'abord les lois de conductibilité par ce passage des *Comptes rendus*, 28 mars 1870 (Jamin) : « La loi de Joule fait connaître la chaleur qui se développe dans les conducteurs traversés par des courants. Un fil métallique peut être considéré comme un foyer. On peut lui donner toutes les formes possibles et le placer où l'on voudra, au milieu des corps liquides ou gazeux, il y versera une quantité de chaleur proportionnelle au temps, à sa résistance et au carré de l'intensité des courants. » D'autre part, la machine électrique de Holtz nous montre d'une manière très-précise la transformation du mouvement ou de la chaleur en électricité. Enfin, rappelons encore que M. Becquerel, ainsi que nous, constate, notamment p. 68, t. LXX, des *Comptes rendus*, que les courants nerveux ont une origine chimique, comme l'électricité.

Si maintenant nous remarquons que ce sont les ramifications des conducteurs de premier ordre de l'organisme, les pneumogastriques, qui aboutissent au cœur où se produit la plus puissante contraction ou condensation, nous comprendrons qu'ils doivent enlever cette chaleur, et comme les pneumo-gastriques aboutissent à la moelle épinière, nul débouché, en effet, ne saurait mieux expliquer l'emploi de la chaleur disparue.

Cherchons maintenant des confirmations par d'autres voies.

Les courants nerveux ou électriques ne peuvent se produire que s'il existe, aux extrémités opposées des conducteurs, des actions inverses qui tendent à se neutraliser. Dans les êtres animés, nous voyons les nerfs sensitifs aboutissant aux parties périphériques du corps où ils font des déperditions de chaleur; ils constituent donc le pôle négatif, et il faut, par conséquent, chercher la source calorique ou le pôle opposé à l'intérieur du corps, où il se produit des combustions. Suivons ces nerfs sensitifs; nous les voyons aboutir à la moelle épinière, qui leur sert de voie commune; il faut nécessairement que cette moelle tire elle-même la chaleur de quelque source puissante, puisqu'elle fournit à la déperdition de nombreux nerfs sensitifs. Si, pour savoir d'où part l'action nerveuse, on sectionne la moelle épinière du système cérébro-spinal, en commençant tantôt par les parties inférieures, tantôt par l'extrémité supérieure, on arrive de part et d'autre au faisceau de substance grise situé dans le bulbe rachidien avant d'éteindre l'action nerveuse et la vie; c'est donc là que doit se produire ou arriver la source calorique positive de l'action nerveuse.

Pour préciser davantage ce point, Legallois, « sur un jeune lapin, procède à l'extraction du cerveau en enlevant des tranches successives, jusques et y compris une petite partie de la moelle allongée ; mais la respiration cesse subitement lorsque l'on arrive à comprendre dans une tranche *l'origine des nerfs pneumo-gastriques.* » C'est donc par cette extrémité des nerfs pneumo-gastriques que débouche le dégagement propre à constituer le courant positif.

Ainsi nous voyons que les nerfs pneumo-gastriques, qui forment une communication directe entre le cœur et le bulbe au nœud vital, doivent nécessairement apporter le fluide calorique ou positif au système nerveux. Le bulbe puise précisément au cœur, où l'on constate *une production de chaleur disparue.* La route de ce calorique se trouve donc toute tracée.

La conclusion est si simple à tirer : une production de calorique, un conducteur et le point où il se distribue en fluide nerveux !... Il semble presque superflu d'ajouter que la source du fluide nerveux est toute trouvée dans la chaleur transformée des produits de la respiration. Voilà donc l'action chimique insaisissable du fluide nerveux que cherchent M. Becquerel et tant d'autres ; voilà le conducteur de MM. Joule et Jamin qui verse cette chaleur ; voilà enfin la source de ce fluide sans origine trouvée.

Cette solution s'impose, on peut dire, d'elle-même, puisque, sans cette conclusion, il faudrait admettre d'un côté une cause de chaleur sans résultat, de l'autre une dépense de fluide sans cause productrice, et entre les deux un conducteur sans usage.

Nous pouvons d'ailleurs montrer par l'expérience directe : 1° que le fluide nerveux est réellement une forme de calorique ; 2° qu'il se transmet par les nerfs ; 3° que c'est bien réellement de la chaleur, sous une de ses formes, qui est transmise des organes de la respiration au nœud vital par les nerfs pneumo-gastriques.

Nous avons montré page 16, en touchant du doigt des corps de différente température, que la transmission nerveuse est proportionnelle aux différences de température. La sensation n'existe pas avec la similitude de température, elle naît et augmente avec les différences de température ; donc la transmission nerveuse est due à ces différences de température.

Mais, direz-vous, lorsque je touche un corps résistant, quelle que soit sa température, je le sens très-nettement. Si je reçois un soufflet de la main de mon voisin qui a la même température que moi, je le sens parfaitement. Si je me fais une piqûre, une blessure, je la ressens également.

Il est facile de reconnaître que toutes les sensations dépendent également des actions caloriques. Nous savons que tout dérangement moléculaire, comme toute combinaison ou décomposition, produit des mouvements caloriques, qu'il y a dégagement ou absorption de chaleur chaque fois qu'un corps est plus ou moins comprimé. Ce résultat n'est pas seulement constaté dans les phénomènes inorganiques, mais encore dans les phénomènes organiques. Il forme un principe de physiologie ainsi énoncé : *Partout où les propriétés vitales sont en activité, il y a un dégagement ou une perte de calorique.* Dès lors on reconnaît que tout contact, et par suite tout dérangement moléculaire, produira des mouvements caloriques, et par conséquent des sensations. De plus, pour le choc ou soufflet, qui produit une faible sensation s'il est faible, une forte sensation s'il est fort, nous savons que le mouvement mécanique est un équivalent de chaleur ; par conséquent, il y aura peu de chaleur développée par un faible choc et beaucoup par un choc puissant. C'est donc encore en raison de son développement calorique que le choc est ressenti. En passant successivement en revue toutes les sensations que nous recevons par les divers sens, on constate, comme nous l'avons déjà remarqué, que toutes sont le résultat de vibrations transmises par les nerfs spéciaux de chacun de nos sens. Nos deux premières propositions se trouvent donc démontrées en même temps.

Pour éclairer la troisième et nous assurer expérimentalement que la chaleur développée pendant la respiration s'échappe par les nerfs pneumo-gastriques, qui aboutissent au bulbe rachidien ou nœud vital, il nous suffira d'examiner le résultat des expériences de M. Cl. Bernard (*Cours scientifiques*, 1863, p. 842). En mesurant sur l'animal *vivant* la température dans le cœur droit et dans le cœur gauche, où le sang arrive après la respiration, on trouve toujours la température de ce dernier un peu inférieure à celle du ventricule droit ; de nombreuses expériences en font foi. Mais, au contraire, « en sacrifiant *immédiatement* l'animal par la section du bulbe rachidien (ou nœud vital), et ouvrant *de suite* la poitrine, on trouvera *toujours* le sang du ventricule droit plus froid que celui du ventricule gauche. » Ainsi, en coupant d'abord le bulbe rachidien, qui interrompt l'écoulement calorique, il suffit du faible temps qu'a duré l'opération pour que le sang du ventricule gauche, où se produisent les combinaisons et les contractions, ait pris une température plus élevée que celle de l'autre ventricule ; ce qui nous montre nettement que dans l'état normal la chaleur s'écoule sous forme de fluide nerveux par les nerfs pneumo-gastriques, et que chaque fois qu'on les coupe et que la chaleur ne peut plus s'écouler au bulbe par ce conducteur spécial, le résultat est infailliblement une augmentation de chaleur dans le cœur gauche, même en peu de temps.

Du moment où il est reconnu que c'est le calorique des combinaisons du sang oxygéné qui constitue le courant chaud ou positif du fluide nerveux ou électrique, on comprend que l'électricité doit, par réciprocité, produire des effets analogues. Les expériences de M. Remak, de Berlin, faites à l'hospice de la Charité de Paris, sont en effet des plus concluantes : « Le pôle positif (qui enlève de la chaleur) possède sur les nerfs une influence à peu près identique avec l'action du courant descendant (qui l'enlève ou l'écoule également en la portant vers la périphérie du corps), et le pôle négatif (qui reçoit de la chaleur) exerce une influence identique avec l'action du courant ascendant (qui apporte du froid et reçoit de la chaleur). On observe au pôle positif (*qui enlève de la chaleur*) une *dépression* de la peau, et au pôle négatif (*qui en reçoit*) un *gonflement* de l'épiderme », ce qui est parfaitement conforme à la contraction par suite d'un échappement de chaleur et à la dilatation par son abord.

Voici encore un fait qui montre de la manière la plus claire l'action de la chaleur sur les muscles : « le courant constant, agissant par l'électrode négative (qui reçoit de la chaleur) sur les rameaux nerveux qui se répandent dans le muscle, produit un *gonflement* des fibres musculaires. » Ainsi, on voit encore ici que l'abord du fluide positif qui se dégage vers l'électrode négative, agit comme la chaleur des combinaisons du sang. Ils produisent l'un et l'autre un même résultat en dilatant les organes. Dès lors on conçoit que, chaque fois que ce fluide parviendra à s'échapper par les nerfs qui sont ses conducteurs spéciaux, il en résultera une contraction.

Il résulte des phénomènes que nous venons d'examiner, que le système nerveux n'est que la conséquence du développement calorique qui se produit dans l'intérieur de l'organisme, par suite de la combinaison de l'oxygène apporté par la respiration avec les éléments hydrocarbonés qu'il rencontre dans le sang, et que, par suite, la chaleur doit trouver un débouché pour se dégager ou se transformer. Les faits suivants confirment cette conclusion. Je lis : « On sait que le système nerveux des animaux qui respirent par trachée est moins parfait et présente toujours des dispositions particulières ; *que là où il n'y a plus de système nerveux, celui de la respiration disparaît aussi.* »

C'est que, en effet, le système nerveux est la conséquence des phénomènes chimiques de la respiration, qui, par conséquent, n'a pas besoin de lui comme moteur, mais seulement comme dégagement pour se produire. Elle peut donc dans certains cas s'effectuer sans le système nerveux, tandis que celui-ci ne peut fonctionner sans respiration, c'est-à dire sans les combinaisons chimiques des matières hydrocarbonées avec l'oxygène, dont les dégagements caloriques donnent naissance aux courants nerveux.

Les mouvements de contraction, dont nous allons nous occuper ci-après, vont donner une nouvelle preuve des combinaisons d'où naît la force vive qui constitue les courants nerveux et nous donner aussi l'indication des organes dans lesquels se forment les combinaisons.

Les physiologistes ont été un peu déroutés par ce fait, en apparence paradoxal, que l'excitation d'un nerf moteur provoque la contraction du muscle correspondant, tandis que l'excitation des pneumo-gastriques, quand elle parvient à déterminer un résultat sur le cœur, ne produit que son relâchement ; il s'arrête en diastole. Pour se rendre compte de ce résultat, il faut remarquer que le dégagement calorique du muscle est ordinairement fermé, et que toute secousse peut l'ouvrir. Au contraire, le dégagement calorique des pneumo-gastriques est rhythmiquement ouvert par la chaleur dégagée au cœur. Un courant qui tend à enlever de la chaleur à ces conducteurs est insensible ou ne peut que l'activer un peu ; mais un courant qui apporte de la chaleur à ces nerfs ne peut que s'opposer à l'échappement de celle du cœur et le laisser en diastole, c'est-à-dire dilaté par la chaleur, et nulle contraction ne peut se produire sans dégagement calorique.

Lorsque l'on provoque la contraction, en excitant un nerf séparé du corps avec son muscle, et que les éléments de combinaison perdent peu à peu leur force en s'épuisant, on observe alors plusieurs phases d'action qui sont d'un grand enseignement. Voici le tableau de ces actions, nommées *loi de Ritter*, et qui ont été répétées par plusieurs autres physiologistes.

Le courant électrique est appliqué au nerf tantôt de manière que le courant positif ou chaud se porte au muscle, tantôt dans le sens inverse.

Les signes $+$ et $-$ que nous ajoutons à l'indication des effets produits indiquent si le sens, soit de l'action, soit de la réaction du courant excitant, est de nature à apporter au muscle de la chaleur $+$, ou à en ôter $-$.

Voici le tableau de ces différentes phases et de leurs résultats.

Période.	Sens du courant.	Commencement.	Fin.
1er	Direct.	+ Rien.	— Contraction.
	Inverse.	— Contraction.	+ Rien.
2e	Direct.	+ Contr. faible.	— Contr. faible.
	Inverse.	— Contraction.	+ Contraction.
3e	Direct.	+ Contraction.	— Contraction.
	Inverse.	— Contraction.	+ Contraction.
4e	Direct.	+ Contraction.	— Contr. faible.
	Inverse.	— Contr. faible.	+ Contraction.
5e	Direct.	+ Contraction.	— Rien.
	Inverse.	— Rien.	+ Contraction.
6e	Direct.	+ Contr. faible.	— Rien.
	Inverse.	— Rien.	+ Rien.

La signification de ces résultats est demeurée comme une énigme. Pourtant, avec le principe qui nous guide, ces résultats sont rationnels. Lorsque le muscle possède toute sa tension calorique, c'est le courant qui apporte de la chaleur, ou la réaction du courant inverse qui est repoussé sans résultat, puisque chaleur et chaleur se repoussent. Ensuite, lorsque les actions s'équilibrent à peu près, toute secousse peut parvenir au muscle et y porter l'excitation. Mais plus tard, au contraire, lorsque le muscle a perdu de sa chaleur, ou mieux, les éléments qui la produisent, par les dépenses qu'il a faites, il se trouve plus froid ou acide, et, par conséquent, ce sont les excitations négatives ou froides qui ne peuvent plus y parvenir pour l'exciter, puisque froid et froid se repoussent. En effet, M. Claude Bernard dit (p. 631) : « Si l'on prend un muscle fatigué, le suc musculaire est de moins en moins alcalin et finit par devenir acide. » De sorte que ces résultats différents, qui au premier abord semblent contradictoires et inexplicables, sont, au contraire, une conséquence très-logique, selon notre loi. Il résulte de ces faits que, dans l'état normal, c'est la secousse du courant excitateur qui favorise l'échappement de la chaleur par le nerf, qui détermine la contraction musculaire, et cela devait être en effet ; et lorsqu'il s'épuise, c'est le contraire.

Avec cette origine commune des forces musculaires et nerveuses, nous pouvons parfaitement nous rendre compte des embarras de la science. Nous lisons dans la *Physiologie* d'Hermann (trad.

franç., 1869, p. 315) : « On ne sait encore que fort peu de chose sur l'état actif du nerf ; on ne connaît ni la nature des forces qui deviennent libres dans le nerf pendant son activité, ni les phénomènes chimiques qui leur servent de fondement. » (Ce phénomène est, comme nous l'avons vu, le dégagement calorique de la transformation du sang dans le muscle.) « La seule différence chimique constatée jusqu'ici entre le nerf en repos et celui qui a été actif, c'est que ce dernier montre une réaction acide (Funke). » (Lorsque le muscle est fatigué, c'est qu'il n'a plus de combinaisons à produire.) « Quel que soit l'état du nerf, aucune consommation d'oxygène n'est encore démontrée. » (Cette consommation, se faisant dans le muscle, ne peut en effet être constatée dans le nerf.) « Pour ce qui est des forces mises en jeu, on sait seulement qu'aucune chaleur ne se forme (Helmholtz). » « Et pourtant, répondent, d'autre part, Valentin, Obel, puis Schiff (*Archives de physiologie*, mars-avril 1869), par des expériences faites avec beaucoup de rigueur : *le nerf, pendant son activité, dégage de la chaleur !...* » Voilà décidément les physiologistes au comble de l'embarras : le nerf ne consomme pas d'oxygène, il ne s'y forme aucune chaleur, et pourtant il en dégage !... Eh bien, oui, tout cela est vrai. Il n'en forme pas et il en dégage, parce qu'il dégage celle qui est rendue libre dans le muscle.

Lorsqu'un corps mort ou un membre détaché se refroidit, on sait qu'il perd la qualité alcaline pour devenir acide ; mais nous savons aussi qu'il suffit de réchauffer un corps qui commence à devenir acide pour qu'il redevienne alcalin.

Ces transformations alcalines et acides s'opèrent donc par la seule influence de la chaleur ou du froid. Ce fait, bien établi, nous permet aussi de reconnaître que les fluides positifs et négatifs ne sont que des courants de chaleur ou de froid relatif, puisqu'en appliquant les électrodes d'un courant sur les tissus, les qualités alcalines se développent sous l'électrode négative, qui reçoit la chaleur que lui envoie le pôle positif, et, au contraire, la qualité acide se développe sous l'électrode positive, qui soustrait la chaleur pour la porter au pôle négatif. Ainsi encore les courants positifs ou négatifs agissent exactement comme l'acquisition ou la perte de chaleur.

Les expériences de M. Remak conduisent à une conclusion analogue : « On observe, dit-il, que le courant constant, agissant par l'électrode *négative* sur les *rameaux nerveux* qui se répandent dans le muscle affecté (de paralysie incomplète), rendra immédiatement à ce muscle sa corrélation avec la volonté et sa force morale. Il produit un gonflement des fibres et apporte de la chaleur qui permet la contraction.

Lorsqu'en dehors de l'intervention du cerveau il se présente un débouché pour cette chaleur, tel qu'un nerf conducteur et une excitation ou une matière pouvant l'absorber par ses propriétés différentes, l'action ou la fonction qui en résulte est dite *réflexe*; elle est toujours la conséquence obligée, inévitable de la propriété des éléments qui se trouvent en présence.

Le cerveau reçoit aussi ces mêmes éléments d'action ; il reçoit du sang oxygéné un élément de force sans lequel il ne pourrait remplir aucune fonction matérielle. Le dégagement calorique qui se fait aux poumons le met en rapport par le système nerveux avec toutes les impressions extérieures qu'il reçoit fatalement, selon que le hasard des circonstances les produit ; et, d'après la cause du mouvement que nous venons de reconnaître, la sensation agit nécessairement sur le cerveau avec une intensité *proportionnelle à la force et dans le sens voulu par elle*. Pourtant il n'en résulte pas du tout, comme dans les autres organes, une action obligée, inévitable, selon la loi précise qui est l'attribut de la matière... Au contraire, le cerveau use à son gré de la force dont il dispose et de ces mêmes communications nerveuses pour déterminer librement la production des actions volontaires. Il y a donc nécessairement au cerveau quelque chose qui n'existe pas dans les autres organes, puisque ceux-ci doivent subir ces mêmes forces conformément à une loi à laquelle ils ne peuvent échapper.

Ainsi la chaleur ou force vive développée par les combinaisons est en même temps une force mise à la disposition du cerveau et une sentinelle vigilante qui l'avertit de toute impression qui peut menacer la sécurité de l'individu ou lui être utile. Mais cette sentinelle est indépendante de la volonté, son action agit fatalement, c'est-à-dire que si une impression froide ou chaude, un contact, un choc impressionne notre corps, il ne dépend pas de nous, de notre volonté de dire : Je le sentirai ou je ne le sentirai pas; bien que le cerveau puisse en user ou ne pas en user, il y a donc une différence radicale entre ces deux choses ; la force matérielle, mécanique, a une cause indépendante de notre volonté et par conséquent fatale, obligée dès que la force est développée. En un mot, elle obéit à la loi matérielle et ne possède pas la faculté par elle-même de s'arrêter ou de fonctionner à volonté, de prendre telle ou telle direction, d'agir faiblement ou avec force, selon une intention, caractère exclusivement réservé à la volonté.

Ainsi, ce qui arrive au cerveau est obligé, inévitable, c'est la

— 176 —

force matérielle ; ce qui en sort ne l'est plus, c'est le principe supérieur de la volonté. Confondre deux choses aussi distinctes est impossible en présence de la loi que nous développons.

§ 7. — Causes des mouvements de contraction.

Les mouvements de contraction sont de deux sortes : l'une, la contraction musculaire, n'est qu'une diminution de longueur du muscle, qui, en même temps, prend plus d'épaisseur et garde sensiblement le même volume. L'autre mode de contraction résulte de la combinaison de l'oxygène gazeux avec le carbone et il y a réduction subite de volume comme en chimie, chaque fois que des corps gazeux se combinent réellement, c'est-à-dire avec réduction de volume, dégagement de chaleur et diminution de capacité calorique par suite de la chaleur dégagée. Nous savons, en effet, que dans les combinaisons de carbone et d'oxygène en acide carbonique, il y a diminution de volume, dégagement de chaleur et perte de capacité calorique. Cette chaleur dégagée apporterait des troubles dans l'organisme si elle n'était amenée à se produire sur les points où elle peut être dégagée par les nerfs et employée à des fonctions utiles. Les contractions simples sont celles où il y a simplement réduction du volume par suite de combinaisons. Les contractions complexes sont comme celles du cœur, où il y a en même temps chute de volume par combinaisons et contraction du muscle. Mais aussitôt après la chute de volume, l'abord du sang tend à rétablir le volume primitif et la tension par un nouvel apport de carbone et d'oxygène. Il en résulte une sorte d'équilibre entre la force qui se produit et les combinaisons qui tendent à s'effectuer plus abondamment, selon que la tension augmente et que l'emploi de la chaleur ou son dégagement est plus facilité. Les contractions que l'on remarque dans les tissus amorphes et que nulle organisation spéciale ne peut expliquer sont le résultat des contractions simples par combinaisons.

Remarquons maintenant que les mouvements de contraction ne sont point particuliers aux muscles ou au cœur, mais qu'ils se produisent partout où il y a du sang oxygéné à transformer en acide carbonique, c'est-à-dire de la chaleur à dégager. Ainsi on a constaté les contractions dans le cœur, dans les artères, dans les artérioles, dans les muscles et même dans les veines, qui ne se contractent pas avec le sang veineux, mais qui se contractent quand du sang rouge ou oxygéné y arrive accidentellement. Par contre, tous ces organes cessent de se contracter lorsqu'ils reçoivent du sang veineux, qui n'a plus à se réduire en dégageant de la chaleur et en formant de l'acide carbonique dans les conditions où il se trouve.

Ces contractions doivent en effet se produire dans les organes involontaires par pulsations intermittentes, puisqu'il suffit d'un instant à un nerf conducteur pour écouler le calorique, dont le sang apporte moins vivement les éléments. Puis la communication peut et même doit se refermer par la viscosité des fluides jusqu'à ce qu'une nouvelle tension soit assez puissante pour la rouvrir.

Lorsqu'il s'agit des contractions musculaires, qui ont une force beaucoup plus puissante que celles que pourrait donner une simple dépression, nous sommes conduits à rechercher un supplément de force dans une autre combinaison d'action dont voici le mécanisme :

Les muscles peuvent être déchirés dans le sens de leur longueur en faisceaux de fibrilles toujours plus fines jusqu'aux *faisceaux primitifs*. Ce ne sont point cependant des faisceaux, mais des **tubes** remplis *d'une masse liquide*, la substance propre des muscles qui devient solide sous l'action de certains réactifs et se décompose en fibrilles longitudinales et en stries transversales (cette demi-solidification, sous l'action du froid ou des acides, doit être la cause de la rigidité cadavérique). La paroi de ces tubes consiste en une membrane *élastique complétement fermée*, le sarcolemme (Hermann). Le contenu, examiné au microscope, montre des stries transversales, fines, régulières, qui proviennent de globules biréfringents (Brüche) disposés par couches et plus épais que la substance fondamentale, qui est d'une nature différente, à réfraction simple. En général les tubes musculaires parcourent le muscle dans toute sa longueur sans se ramifier, et *se fixent directement aux tendons et aux os* (G. Pouchet). *Le contenu passe au pôle négatif dès qu'on y fait passer un courant électrique* (Kuhn).

Ainsi l'ensemble de ce liquide se porte au pôle négatif, c'est-à-dire du côté où se dégage le calorique par le nerf; il en résulte nécessairement, par la pression du liquide qui se jette à une extrémité, une augmentation de la largeur des tubes aux dépens de leur longueur. Ce résultat viendrait donc concourir avec la déperdition calorique pour produire une diminution de longueur de ces fibres et par conséquent la contraction du muscle. Puis, l'action cessant, le liquide tend à se répartir également dans toute la longueur des tubes en leur permettant de s'allonger selon leur forme normale.

En effet, en devenant plus court, le muscle devient en même temps *plus épais* et il perd un peu de son volume (Hermann) en raison de la chaleur dégagée. En conséquence de ce mode d'action, si l'on applique une petite électrode négative sur un muscle, il se contracte parce qu'elle tend à réunir le liquide des tubes sur un même point; mais si l'électrode est grande, il ne se contracte pas, parce qu'elle tend à le répartir plus également.

C'est le courant qui tend à enlever de la chaleur au muscle, directement par les nerfs, qui a le plus d'action pour provoquer la contraction. Mais, comme l'action a lieu en raison des différences de calorique, elle peut aussi avoir lieu par le courant inverse, pourvu qu'il soit assez fort pour renverser la polarisation. En appliquant le pôle positif sur le tronc du nerf facial d'un cheval et le pôle négatif sur le nerf facial opposé, si le courant est suffisamment faible, le muscle qui répond au nerf sur lequel repose le pôle négatif se contracte seul. Il importe ici de bien analyser la nature du phénomène : le pôle négatif est celui qui reçoit le calorique, et par conséquent qui l'augmente sur le point où il agit, puis de proche en proche à l'entour. A ce titre, il ne serait pas favorable au phénomène de contraction musculaire, si celui-ci était le résultat d'un courant fort ou continu qui déverse de la chaleur; mais, comme la contraction n'est que le résultat d'une secousse instantanée, il en résulte en effet que le pôle négatif, qui attire la chaleur du pôle positif, tend aussi en même temps, au moment de l'établissement du courant, qui est le moment actif, à soustraire celle du muscle qui est plus chaud, plus positif, par suite de l'action du sang, et par conséquent à provoquer la contraction. Il en résulte que c'est le pôle négatif au début du courant qui doit provoquer le plus facilement la contraction quand le courant, plus faible que l'action musculaire, ne verse guère de chaleur et que les deux électrodes sont placées sur le nerf. Cela doit être le contraire si le courant est disposé de manière à introduire tout d'abord de la chaleur au muscle, ou bien si le courant est fort et que le calorique, porté trop subitement au muscle, empêche le résultat de la contraction, ce qui paraît être le cas de diverses expériences de Ritter.

Par conséquent, « un muscle (tendu ou non) ne s'allonge pas le moins du monde si l'on coupe son nerf moteur (Averbach, Heidenhain), qui ne peut plus ni apporter ni emporter de chaleur. Mais il peut s'allonger si le sang continue à lui apporter cette force. Une certaine contraction peut aussi avoir lieu lorsqu'on laisse fonctionner le nerf sensitif ; cela prouve que cette contraction est de nature réflexe, et que *ce sont les fibres sensitives* qui dégagent ce mouvement réflexe (Brondgeest). « L'excitation de ces dernières paraît avoir son point de départ dans la peau (Cohnstein). » On voit que ces faits sont des plus concluants, puisque nous savons que la peau reçoit une impression froide en opposition avec le dégagement calorique qui se fait dans le muscle.

Le calorique, comme cause du mouvement de contraction, en s'échappant, se déduit avec la même facilité des remarques du docteur Marey, tirées de ses conférences de 1866.

« Malgré les efforts des naturalistes et des physiologistes, dit-il, on n'a pu jusqu'ici ramener à un *élément unique* l'origine du mouvement. L'observation microscopique nous montre la contraction dans les *tissus amorphes* et dans les *tissus organisés*. Les animaux inférieurs, les méduses, par exemple, sont éminemment contractiles, sans qu'on découvre en elles le *tissu spécial* qui est le siège de la contraction chez les animaux les plus perfectionnés. Les amibes nous montrent la matière contractile sous son apparence la plus singulière, car il n'existe pour cette matière *aucune forme déterminée ;* on la voit dans le champ du microscope *prendre spontanément* les formes les plus bizarres, sans qu'on puisse saisir d'où lui vient ce mouvement. »

On voit que « les efforts des naturalistes et des physiologistes » recherchent la cause du mouvement dans la forme de la matière ou des tissus, où elle n'est que secondairement, et que cette préoccupation les détourne de la vraie cause. Il suffit de continuer cette citation pour la mettre on peut dire en évidence : « Cependant il existe des conditions physiques ou chimiques qui *agissent de la même manière sur tout ce qui est contractile. Ainsi la chaleur augmente la contractilité, le froid la diminue, l'action des alcalis la favorise, celle des acides la détruit.* » En effet, les éléments chauds ou alcalins peuvent se contracter en perdant cette chaleur. Les éléments acides qui l'ont perdue ne peuvent plus le faire dans les mêmes conditions. Quant à la forme des tissus, son influence n'est que secondaire ; néanmoins elle se manifeste nettement dans les tubes striés contractils et dans les corps lisses qui permettent un écoulement plus régulier.

Le dégagement calorique est d'ailleurs la conséquence de ces phénomènes constatés par Ludwig Sézelkow et par Cl. Bernard (1864, *Cours*, p. 531) : « Le suc musculaire contient des substances albuminoïdes et beaucoup d'autres, de l'oxygène en assez grande quantité. *Il disparaît par la contraction du muscle*, ou plutôt il *s'use* dans l'accomplissement de cette fonction, car on n'en trouve presque plus, ou même plus du tout, dans un muscle fatigué (p. 625). Le sang veineux est beaucoup plus noir que d'ordinaire lorsqu'il sort d'un muscle en mouvement. Le muscle en mouvement consomme beaucoup plus d'oxygène et rend bien plus d'acide carbonique. » Il en est de même pour l'organisme tout entier (Regnault et Reiset); mais si un muscle est détaché, sa consommation d'oxygène n'augmente pas, ses contractions ne peuvent se continuer que jusqu'à épuisement de ce qu'il contient (Hermann).

On sait que le courant électrique va de la surface longitudinale du muscle ou des fibrilles du muscle à leur section transversale artificielle. Ce fait nous montre que les éléments sanguins rutilants de la surface du muscle se combinent plus facilement avec l'oxygène de l'air et deviennent le pôle positif et que les liquides axiles de la section du muscle ne se combinent pas ou peu et deviennent pôle négatif.

Le calorique pouvant s'échapper subitement, tandis que le sang, qui a une densité notable, ne peut être renouvelé que progressivement, malgré les nombreux canaux capillaires qui l'apportent, la tension du muscle résultera nécessairement d'une série de petites secousses. Au moyen du myographe, on constate en effet que dans le cœur la contraction est subite, tandis que le relâchement est progressif.

Lorsque le nerf est en communication avec tout l'organisme, le fluide nerveux ou calorique s'échappe avec une telle rapidité qu'il est difficile d'en constater la marche instantanée, qui se confond avec la secousse. Voici ce que dit Bernstein du courant nerveux : « Au moment de l'excitation (par un courant qui se porte au muscle), le courant tombe tout à coup fortement, se renverse et se relève ensuite un peu plus lentement pour revenir à l'état régulier. La durée entière d'une variation négative comporte pour un point du nerf de 0,0005 à 0,0006 de seconde. »

« La variation négative est *toujours* une *diminution* du courant nerveux *direct*, persistant, que ce courant soit naturel ou modifié par l'état électrotonique. » Puis on lit (Longet, 2ᵉ édit., t. II, p. 323) : « La variation négative *n'est pas une modification* du courant primitif; elle résulte de l'influence d'un *autre* courant *agissant au moment de l'irritation*, courant dont le sens *invariable* est *opposé* à celui du courant normal (qui va au muscle). La variation négative parait appartenir exclusivement à la *moelle nerveuse.* » (Valentin et Schiff.) Ainsi il n'est pas difficile d'en conclure que la contraction ne se produit que moyennant *un courant qui en sort invariablement par l'axe conducteur du nerf*, ce qui permet la contraction et donne ce qu'on appelle *la variation négative.*

§ 8. — Influence héréditaire et principe supérieur de la vie animale.

L'influence héréditaire se transmet par un germe, et pourtant dans le développement de ce germe nous ne pouvons saisir que les effets de la force matérielle. « L'œuf, l'ovule, le germe, n'ont pas d'organisation déterminée, dit le docteur Bouchut (*Revue des cours scientifiques*, 1864, p. 638); ce sont des cellules remplies de granulations nageant dans une matière amorphe... Ils n'ont pas de structure appréciable, pas de tissus ni d'organes susceptibles d'expliquer leur sensibilité inconsciente ni leur mouvement. A peine ont-il été *fécondés* et placés dans des conditions convenables, qu'ils attirent à eux l'oxygène et qu'ils rejettent de l'acide carbonique. Leur température s'élève, *des mouvements s'accomplissent au milieu de la matière amorphe.* Du sang se forme et *il circule sans vaisseaux et sans cœur*, qui ne se forment qu'*après cette mise en mouvement.* Les rudiments du centre nerveux apparaissent à la suite de cette circulation. Puis l'être est graduellement formé.»

Dans ces résultats, on reconnaît parfaitement l'action matérielle, qui est la même pour toutes les espèces. Mais si la force matérielle agissait toujours directement dans les êtres organisés comme elle le fait pour le règne minéral, les mêmes éléments formeraient toujours les mêmes combinaisons. Toutes les plantes, qui puisent leurs éléments au même sol sous l'action du même air, d'une même température, pour agir sur le même acide carbonique par le même mode d'action, se ressembleraient ou tout au moins ne feraient qu'une espèce, et il n'en est rien. Tous les poissons qui vivent dans une même eau, les animaux qui vivent des mêmes éléments, respirent le même air, etc., se ressembleraient si l'influence héréditaire ne maintenait pas les qualités acquises par chaque espèce. De tels œufs, dont la matière amorphe n'accuse aucune différence, il sortira un aigle ou un pinson, un crocodile ou un goujon. Nous sommes donc forcés de reconnaître que l'élaboration du germe, tout insaisissable qu'elle est, apporte une influence spéciale qui modifie considérablement les résultats de l'action matérielle.

Toutefois il n'y a rien là de contraire à la loi matérielle. Il s'agit d'organes qui se développent avec plus ou moins de puissance et de matière, pendant plus ou moins de temps, etc. Il nous est impossible de nous rendre compte comment un germe si petit, parfois imperceptible, peut renfermer les éléments plus ou moins perfectionnés d'un être souvent très-développé. Nous sommes donc obligés de reconnaître la possibilité de cette influence qui permet aux êtres de se perfectionner indéfiniment en se transmettant les qualités acquises par les générations antérieures selon les conditions dans lesquelles elles ont vécu.

Cette influence héréditaire employant de longues séries de générations, c'est-à-dire des siècles, pour se modifier, il nous est on peut dire impossible d'établir expérimentalement son action. Seulement nous reconnaissons par sa manière d'agir qu'elle obéit aux lois d'action de la matière et qu'elle appartient au règne végétal comme au règne animal.

Mais lorsqu'on remonte au règne animal séparément, là seulement nous rencontrons une influence, un principe nouveau. C'est le principe de la pensée, du jugement et de la volonté qui commande à l'action matérielle, même contrairement à l'impression de force vive reçue.

Nous constatons que le règne animal et le règne végétal sont, sauf le sens du courant calorique, régis par les mêmes forces matérielles et qu'ils subissent l'un et l'autre l'influence héréditaire ; ils nous montrent tous deux la puissance de ces actions, seules ou combinées. Or, lorsque nous rencontrons dans le règne animal des fonctions intelligentes d'un autre ordre, il faut bien en conclure qu'elles sont le résultat d'un autre principe, puisque sans cela l'influence héréditaire jointe à l'action matérielle aurait donné d'un côté comme de l'autre des résultats analogues. Tant que l'on ignore la cause du principe matériel, on conçoit que l'on puisse lui prêter toutes sortes de vertus imaginaires ; mais, quand nous découvrons cette loi et que nous reconnaissons qu'elle agit en raison des différences de force vive qui résultent de la masse multipliée par la fonction des vitesses MV^2, il serait complètement absurde de supposer que la conséquence obligée des différences de force qui agissent comme un poids qui tombe par terre, va délibérer, va produire des fonctions intelligentes et raisonnées : la pensée, la volonté, comme si le produit de deux nombres était une somme facultative !

D'ailleurs, chacun connaît l'influence de l'éducation, qui change si considérablement l'homme depuis sa naissance jusqu'à l'âge mûr, et celle de l'instruction sur le moral. Or, s'il n'y avait que l'action matérielle en jeu, il est évident qu'elle agirait toujours de la même manière et qu'il n'y aurait aucun perfectionnement possible. Rien ne saurait donc mieux montrer l'existence d'un principe supérieur que le développement même de la loi matérielle qui montre sa limite d'action, loi qu'il faut développer, développer encore, au grand profit de toute chose.

Les actions matérielles et mécaniques sont si évidentes, qu'il n'est pas possible de les confondre avec des actions occultes. Reléguer les deux ordres de phénomènes dans le même mystère, c'est évidemment conduire au matérialisme l'homme qui constate une action matérielle quelconque de l'organisme, et qui dès lors n'a plus aucune raison pour retrancher des actions matérielles aucune partie des fonctions de la vie qu'il ne distingue pas. Si, au contraire, nous mettons en évidence le principe des actions matérielles, si précises, si absolues et inévitables dans leurs conséquences, comment oserait-on prêter les fonctions libres que chacun ressent en soi et qu'il peut vérifier à l'instant à une conséquence mathématique qui agit inévitablement en raison des différences de force vive ?

M. Chevreul rappelait avec finesse à l'Académie que, pour combattre l'hétérogénie, van Helmont la *soutenait* en lui prêtant des impossibilités : il affirmait que, pour obtenir des souris de génération spontanée, il suffisait de placer dans un angle un vieux pot rempli de linge sale, au bout de quelque temps le phénomène était réalisé. Joignez à cela tel autre fait que vous voudrez, et le tout aura le même sort et sera rejeté comme absurde. Eh bien, nos philosophes font aujourd'hui la même chose en confondant sous un même voile, dans un même mystère, les phénomènes de l'intelligence les plus inaccessibles et les phénomènes matériels les plus faciles à démontrer, parfois les plus évidents.

Les gens qui rêvent selon un esprit fanatisé diront peut-être que la science les gêne pour mettre en pratique certains moyens faciles, sans remarquer qu'ils ne peuvent gagner ainsi que ceux qui sont véritablement *disposés* et qu'ils auront plus sûrement encore en s'adressant aux classes plus intelligentes, par des faits moins naïfs, mais qui n'amèneront pas le doute ou le sarcasme. D'ailleurs, le cumul incessant des connaissances humaines indique trop bien les nécessités de la situation pour qu'il soit nécessaire d'insister.

§ 9. — Phénomènes de la mémoire.

La mémoire est le résultat de deux ordres de phénomènes bien distincts dans leurs causes : l'un qui dépend seulement des actions matérielles, et dont nous pouvons nous rendre compte ; l'autre qui se manifeste par des résultats indubitables, mais que les actions matérielles sont impuissantes à expliquer.

Le premier ordre de ces phénomènes est celui des perceptions du cerveau par les organes des sens, perceptions qui s'opèrent par le mécanisme des actions nerveuses ou caloriques que nous avons déjà examinées. La vue apporte au cerveau des impressions lumineuses. L'ouïe y apporte l'impression des vibrations de l'air, nuancées par les mille causes qui les déterminent. L'odorat et le goût y apportent encore assez directement leur tribut de sensations. Enfin, le système nerveux de la moelle épinière y apporte une foule d'impressions périphériques.

L'anatomie du cerveau nous montre dans la substance blanche une infinité de fibres délicates s'épanouissant dans les circonvolutions de la substance grise, où elles s'entre-croisent avec une multitude de petites cellules. Mais, comme les transmissions nerveuses des sens pénètrent au cerveau par une sorte de faisceau commun dans lequel les fibres se multiplient tellement qu'il est impossible de les suivre, on n'a pas pu déterminer si chaque sens correspond à des régions spéciales du cerveau ou s'il correspond à la généralité de cet organe, ce qui semble nécessaire, puisque les sens s'entr'aident.

Gall, dans son système de phrénologie, indique comme le siége de la mémoire le développement prononcé de l'arcade sourcilière ; d'autres indiquent de gros yeux saillants comme un signe de mémoire. D'après ce que nous venons de voir, ces savants confondent encore l'instrument avec le résultat : de gros yeux dont le développement soulève l'arcade sourcilière sont en effet l'indice d'une puissante vue, ou mieux, d'une vue recevant largement la lumière, qui impressionne fortement le cerveau ; de là une mémoire développée par de fortes impressions. D'autres considérations nous disent que c'est dans l'ensemble du cerveau qu'il faut chercher le siége des facultés, comme tendent à le démontrer diverses observations, et notamment celles de M. Flourens.

Nous voici donc en présence d'un organe qui peut recevoir des sensations par les forces matérielles des courants nerveux qui peuvent se transmettre au bulbe et au cerveau par toute action positive ou négative, qui en modifiant l'état d'équilibre y est nécessairement ressentie soit comme augmentation, soit comme diminution d'action. Ceci est le rôle de l'action matérielle.

Voyons maintenant jusqu'à quel point l'action matérielle peu agir seule. L'action de la lumière, qui produit la plus grande partie de nos souvenirs par les vibrations lumineuses, peut agir de deux manières sur la matière, d'abord en agitant telle partie ou telle cellule selon une modalité acquise. Dans ce cas on comprend qu'elle sera de plus en plus apte à vibrer dans les conditions voulues; mais alors, cette cellule passant selon le besoin de l'état actif à l'état de repos, il est absolument impossible de comprendre comment elle gardera le souvenir de tous les mouvements qu'elle aura exécutés, surtout si, comme par la lumière seule, elle en reçoit quelques centaines de millions par seconde. On aura beau répéter qu'*une perception* (vibration) *renouvelée* PREND LE NOM *de perception de souvenir*, cela n'explique rien du tout. Si, au contraire, nous admettons que les vibrations modifient l'état de la matière d'une manière persistante, alors l'impression, le souvenir peut être persistant, malgré toute la délicatesse de l'impression. Ce mode d'action nous est donné journellement par les opérations photographiques. Lorsqu'une très-mince couche de matière impressionnable a été exposée à la lumière répartie par une lentille, à l'instar de l'œil, cette couche, où le regard ne distingue encore rien du tout, contient pourtant les traces d'une infinité de contours et de nuances parfaitement rendus, ainsi que chacun peut s'en rendre compte par les produits de cette industrie. Si la trace des sensations pouvait indéfiniment s'imprimer et se superposer d'une manière analogue dans la matière du cerveau, le phénomène de la mémoire serait une simple action matérielle. Mais il ne faut pas se presser de conclure ; les difficultés se présentent bien vite. Lorsque, par erreur ou autrement, les photographes exposent une même couche à plusieurs points de vue différents, avant de faire paraître l'image, le résultat est de plus en plus confus et indéchiffrable. L'analogie nous dit encore qu'il en serait de même dans le cerveau, si l'action matérielle agissait seule. Au contraire, lorsque dans cet organe la vue s'est beaucoup exercée, a reçu beaucoup d'images, la perception et le jugement sont beaucoup plus nets. Nous retrouvons donc encore la même différence entre la fonction matérielle qui ne se perfectionne pas, qui perd plutôt dans certains cas, et la fonction du cerveau, où intervient le principe supérieur qui perfectionne l'action. Il faut encore en conclure que dans le cerveau l'action matérielle n'agit pas seule, et qu'elle est dirigée par quelque chose de supérieur.

A part ces difficultés, s'il ne s'agissait que de quelques sensations, nous comprendrions facilement que le cerveau sera impressionné d'une manière analogue par tous les sens, et qu'il possède ainsi un fonds persistant d'impressions qui constitue la mémoire. Nous comprendrions que les choses qui nous ont frappés dans l'enfance, alors que la matière du cerveau n'était pas surchargée d'impressions, aient laissé des impressions plus vives que certaines autres qui datent d'une époque moins éloignée ; nous comprendrions encore que les impressions les plus récentes sont en général les plus présentes à notre mémoire, et enfin que les objets qui nous ont frappés par plusieurs sens sont, toutes choses égales, aussi les mieux saisis.

Voilà bien les principaux traits des phénomènes matériels de la mémoire, et certes je ne sache pas qu'on ait abordé plus franchement les phénomènes de l'action matérielle. Mais nos sensations sont loin de se prêter à cette simplicité d'action. Si l'impression consiste dans l'acte du mouvement momentané, on ne comprend nullement ce qui fera le souvenir de tous ces mouvements et les reliera. Si le souvenir consiste dans le fait persistant d'une modification de la matière, on ne comprend pas la possibilité de distinguer, même approximativement, une aussi prodigieuse foule d'images, dont chacune est excessivement complexe ! Laissons encore ces difficultés et supposons la chose possible ; nous voici donc en présence d'une foule d'impressions de tous les temps, de tous les âges, de tous les jours, qui meublent le cerveau et qui constituent une sorte de bibliothèque des impressions de notre vie. Mais si rien ne réglait l'ordre dans lequel elles se présentent à notre pensée, elles auraient toutes une tendance à se présenter en même temps ou à recevoir en même temps une action provocatrice, et ne donneraient pour résultat qu'une image confuse, un chaos indéchiffrable ; ou bien encore, si l'action de ces impressions était un phénomène purement matériel, on pourrait voir toutes les impressions de même nature se présenter en même temps, ou bien encore les impressions se présenter par ordre de date ou par ordre de force. Il n'en est rien : nous avons la faculté de nous arrêter ou de nous reporter à telle ou telle de ces impressions, selon notre volonté. Il faut donc *un bibliothécaire* qui cherche au point voulu l'impression à laquelle nous voulons nous attacher, et qui nous la mette sous les yeux, c'est-à-dire sous les yeux de notre pensée, soit en la combinant, soit à l'exclusion de toutes les autres. Nous savons parfaitement que notre pensée s'attache à volonté à tel ou tel fait de notre vie, seul ou en le combinant à d'autres. Ainsi, même en admettant que toutes les impressions puissent être reçues dans les cellules des couches corticales du cerveau, et qu'elles doivent être réveillées ou retrouvées par l'action d'un ou de plusieurs groupes de cellules centrales, cela ne lève nullement la difficulté de l'action volontaire. Il faut toujours recourir à un choix, à un discernement, à une fonction intelligente.

Mais comment définir ce bibliothécaire incomparable qui sait lire des caractères aussi délicats et exposer clairement des images aussi imperceptibles que confusément entassées, si elles ne l'étaient que par l'action matérielle ? Pour cela, et quelque volonté que l'on y mette, il faut exclure le hasard, il faut reconnaître la liberté de fouiller dans toutes ces impressions, il faut la faculté de les choisir et de les comparer avec intelligence, il faut quelque chose qui dépasse en subtilité tout ce que notre imagination peut concevoir. Quel nom voulez-vous donner à une semblable faculté ?... Le nom importe peu, la chose reste. Nous voici donc encore ramenés aux deux principes que nous avons déjà rencontrés, à l'action matérielle et à la faculté de s'en servir.

Pour distinguer une faculté aussi extraordinaire, on ne voit rien de mieux que de conserver le vieux nom donné instinctivement par les peuples, et que chacun comprend en l'appelant *l'âme*.

§ 10. — Mouvements volontaires et réflexes.

Tous les mouvements de l'organisme sont produits au moyen des forces matérielles que nous avons décrites ; le plus grand nombre de ces mouvements est la conséquence directe de ces forces. Un petit nombre seulement est déterminé et réglé par la volonté, dont le siége ou l'organe de direction dans les animaux supérieurs est le cerveau, ou pour quelques espèces inférieures un ganglion cervical, quelquefois un organe moins caractérisé encore, si toutefois certaines actions que l'on considère comme volontaires ne sont pas simplement des actions réflexes.

La moelle épinière, qui reçoit sa principale source de chaleur par les pneumo-gastriques, est en communication directe avec le cerveau, et reçoit aussi par groupes les nerfs qui, d'une part, portent leurs branches dans les muscles sous le nom de *nerfs moteurs*, et qui, d'autre part, sous le nom de *nerfs sensitifs* distincts des premières, étendent leurs ramifications vers les parties périphériques du corps. Elles se terminent le plus souvent dans les petites éminences de la peau nommées *papilles* ou corpuscules du tact. qui, étant exposées au froid extérieur, doivent être considérées comme formant les pôles négatifs du système nerveux. Par conséquent, il y a là un élément de force ou de courant nerveux et de sensation qui n'a rien d'hypothétique et dont le cerveau use pour produire les mouvements selon la volonté.

Les nerfs moteurs et sensitifs d'un membre se terminent au sein de la moelle épinière dans des cellules qui communiquent entre elles par une fibre nerveuse; d'autres fibres mettent cette paire de racines en communication avec la paire symétrique qui lui fait face. Puis, ces différents étages ou quadrilatères de cellules sont également en communication les uns avec les autres par d'autres fibres longitudinales de la moelle, de sorte que si l'on excite les nerfs sensitifs, la sensation peut s'étendre non-seulement vers les nerfs moteurs, mais aussi vers le cerveau, qui avise à ce qu'il convient de faire. Il peut s'opposer ou non au mouvement, le diriger, le modifier ou le faire répéter. En un mot, il y a là une direction dont on ne peut pas saisir la cause. Mais, si l'on interrompt les communications nerveuses avec le cerveau, les mouvements restent toujours possibles, en raison de la force matérielle qui se produit dans les organes; alors ils deviennent la conséquence directe de la sensation extérieure ou de l'excitation artificielle; les mouvements se produisent et s'étendent inévitablement en proportion de la puissance de l'excitation et de la vigueur des muscles. Dans ces conditions, le cerveau ne peut plus ni s'opposer à ces mouvements ni les provoquer et les diriger.

Néanmoins ces mouvements conservent ordinairement une grande coordination, car il faut bien se figurer que le corps de l'animal est une des machines les plus perfectionnées que l'on puisse concevoir, car elle a été perfectionnée par l'usage de l'action matérielle dirigée par l'intelligence; mais cette coordination des mouvements ne les empêche pas d'être automatiques ou de même ordre que les mouvements parfaitement coordonnés aussi de nos machines industrielles, qui tricotent, tissent, fabriquent mille produits ou exécutent de grands travaux tant que la force nécessaire continue à se produire.

Pour nous rendre compte exactement des mouvements produits dans l'animal par les actions réflexes, nous allons exposer les résultats de quelques expériences les plus remarquables :

« On coupe progressivement le cerveau d'une grenouille ou de tout autre animal qui puisse résister assez longtemps à cette mutilation, dit M. Cl. Bernard (*Cours scientifiques*, 1864, p. 12). Dès qu'on arrive à supprimer tout ou partie des lobes optiques, les actions réflexes (c'est-à-dire sans la participation du cerveau ou involontaires) deviennent immédiatement plus faciles et plus promptes, et la force excito-motrice augmente considérablement... L'influence paralysante qu'exerce le cerveau sur les mouvements réflexes n'est pas un fait isolé... Prenons maintenant une grenouille et coupons-lui simplement la moelle épinière pour détruire l'influence du cerveau. Si nous plongeons une des pattes postérieures de cet animal dans de l'eau *acidulée*, il retire d'abord cette patte; c'est donc le premier point excité par le contact de l'acide. Puis il agite l'autre patte, et si la force excito-motrice est suffisante et l'acide assez concentré, les mouvements réflexes se propageront ensuite dans le reste du corps et notamment aux membres antérieurs. Cela prouve bien qu'il y a des entre-croisements dans ces mouvements et des communications dans tous les sens entre les divers éléments nerveux qui y prennent part. Cette propagation des mouvements réflexes dans tout le corps se fera avec une grande rapidité si la force excito-motrice est considérable. Mais, quand l'excitation est faible, la vibration nerveuse ne se transmet qu'au membre soumis à l'action de l'acide ou même à la seule racine antérieure du nerf moteur correspondant à la racine postérieure du nerf sensitif irrité. L'irritation du nerf optique, faite par un moyen quelconque, n'occasionne jamais aucune douleur, mais elle produit une sensation toute particulière, la sensation lumineuse. »

Dans ces faits nous voyons d'abord que l'excitation est faite au moyen d'un *acide*, c'est-à-dire d'un corps qui augmente l'action négative de la partie périphérique des nerfs, et il en résulte un mouvement de fluide qui peut dégager le calorique des muscles, polariser le fluide des tubes musculaires et déterminer la contraction. Cette action s'étendra d'autant plus loin qu'elle sera plus forte, et sa puissance sera plus grande si la communication avec le cerveau est retranchée, puisqu'elle se répartira sur une moins grande quantité de matière conductrice. Il n'est pas difficile de reconnaître que les mouvements ainsi produits n'ont absolument rien de volontaire et qu'ils dépendent entièrement du moment et de la puissance de l'excitation.

Il est d'autres mouvements réflexes qui nous étonnent davantage et que l'on pourrait confondre avec les mouvements volontaires, si l'on ne se rendait pas bien compte des conditions dans lesquelles ils se produisent. On sait, et nous en avons cité des exemples, que l'usage façonne et modifie les organes, surtout avec le concours du temps, et par l'influence héréditaire : par exemple, le pianiste qui débute a d'abord une peine infinie pour ajuster ses notes au bout les unes des autres; mais il finit, avec l'habitude, par le faire avec une telle facilité, que ses doigts exécutent les airs sans presque qu'il en ait conscience et même en pensant à autre chose. Par conséquent, si dans l'organisme il s'établit une succession de mouvements habituels avec le concours des forces matérielles dirigées par la volonté, ces mêmes mouvements, par suite de leur succession selon une voie tracée, auront beaucoup de chances de se reproduire dans le même ordre si la cause de l'action se reproduit ensuite sans l'influence de la volonté, puisque la voie est on peut dire tracée, indiquée par l'usage.

On va voir que dans divers animaux privés de leurs lobes cérébraux, c'est l'action la plus habituelle qui se produit de préférence, avec ses enchaînements ordinaires, même pour une certaine suite de mouvements nécessairement coordonnés.

« Examinons attentivement ce coq auquel on a enlevé les hémisphères cérébraux, dit M. Vulpian (1865, p. 454) ; il est maintenant debout sur ses deux pattes; tout à l'heure, sans doute, il va fléchir une patte et la replier sous son aile *pour se reposer*, ou bien encore il va lisser ses plumes avec son bec. Si nous poussons l'animal, il fait quelques pas, puis s'arrête. Si l'on soulève ce coq, *dès qu'il perd la sensation du sol*, il étend les ailes et vole pour se maintenir et retomber sur ses pattes. Ces mouvements, surtout les premiers, ressemblent bien à de véritables mouvements volontaires ; mais en réalité ils sont déterminés soit par des excitations provoquées par un travail morbide dans la plaie ou bien par la fatigue, ou encore par des impressions intérieures diverses. En un mot, ce sont des réactions automatiques et non volontaires. »

Ces explications, comme on le voit, sont fort indécises, et il ne saurait en être autrement tant que l'on ignore la cause et le mécanisme de ces mouvements. Mais avec les révélations que vient de nous faire notre principe, nous pouvons être plus explicite : nous voyons que l'hématose prépare incessamment une source de force, que le sang répartit dans les organes, tant sous forme de fluide nerveux que sous forme de sang oxygéné à combiner dans les muscles; donc cette force possède par elle-même une tendance à entrer en activité. D'autre part, nous avons vu que les sensations sont involontaires, qu'elles se font automatiquement et malgré nous. Voyons maintenant les conséquences. Si la dépense qui se fait dans les muscles extenseurs des pattes pour soutenir l'animal debout est insuffisante pour équilibrer la production, cet excès de force se reportera naturellement sur un autre organe, et le mouvement de tête qui porte le bec dans les plumes, étant un des plus habituels de l'animal, pourra très-bien être celui sur lequel se reportera cet excès d'activité. Si on soulève le coq, ce n'est pas parce qu'il perdra la *sensation du sol* que ses deux pattes se replieront à la fois, mais parce que, la tension des muscles extenseurs cessant d'agir, la force se reportera sur les muscles fléchisseurs ; mais, leur action étant beaucoup moins importante que celle des muscles extenseurs qui soutenaient le corps tout entier, l'action se reportera en outre sur les muscles non fatigués des ailes, puisque d'habitude les ailes entrent en action lorsque les pattes cessent de soutenir le coq. Il n'y a donc rien là en effet que l'emploi, selon le mode le plus habituel, de la force qui n'a pas cessé de se produire par la respiration lorsque l'on a enlevé les lobes cérébraux. Nous savons de plus, par les recherches des physiologistes, que l'animal privé de cerveau se laissera mourir de faim devant sa nourriture sans y toucher, parce que cette nourriture ne peut déterminer aucune action réflexe ; que, même en la plaçant dans sa bouche, il ne l'avale pas, et qu'il faut la pousser jusqu'au pharynx afin que, le mouvement de déglutition étant commencé, il se continue par l'enchaînement des actions réflexes.

Tous les mouvements réflexes rentrent dans les mêmes règles :
« Chez ce jeune lapin qui vient d'être opéré, il y a aussi des mouvements qui pourraient passer pour volontaires. Dès qu'on le place à terre, il se met à courir.

« Ce rat privé de cerveau reste dans l'immobilité complète, mais si je viens à faire un bruit d'appel avec les lèvres, il saute brusquement. » C'est qu'en effet ce rat est habituellement mis en alerte par le bruit qui agit par vibration et le lapin par la réaction de la secousse.

« Cette grenouille privée des lobes cérébraux reste dans une immobilité parfaite (il s'agit en effet d'un animal à sang froid, chez lequel la vie est peu active) ; elle y demeurerait encore pendant des heures entières. Mais il est à ce sujet un fait bien intéressant que je dois rappeler. Si on jette cette grenouille dans un bassin rempli d'eau, on voit la grenouille se mettre à nager jusqu'à ce qu'elle ait atteint le bord de ce bassin ; elle y grimpe et alors rentre dans une immobilité parfaite jusqu'à ce qu'une cause nouvelle vienne la déranger. »

On voit ici que la secousse et la moindre résistance de l'eau font sur les pattes de la grenouille comme le soulèvement du coq qui modifie l'état des muscles. « Chez la salamandre, il semble au premier abord que l'opération n'a modifié en rien la locomotion. » Il importerait d'ailleurs de s'assurer si chez cet animal les fonctions du cerveau sont remplies exclusivement par cet organe, ou si, comme chez certains êtres inférieurs, d'autres ganglions y suppléent. « Chez les poissons, l'étude est bien difficile; cependant observez celui que je place sous vos yeux et qui n'a plus de lobes cérébraux : il nage en tournant le nez fixé sur les parois de ce vase, il continuera *jusqu'à ce que la fatigue l'arrête;* mais il n'a pas cette spontanéité capricieuse qui est le véritable indice de sa volonté. »

« Il y a pour ces animaux, et peut-être pour les premiers, ajoute M. Vulpian, une comparaison à rappeler (elle a déjà été faite) entre les mouvements en apparence spontanés, ou peut-être tout à fait spontanés, et les mouvements respiratoires, qui eux aussi continuent en l'absence des lobes cérébraux, et alors qu'on a supprimé les causes principales d'action réflexe auxquelles on pourrait les rattacher. Ce ne sont certainement pas des mouvements volontaires. » Nous savons maintenant en effet que les mouvements de la respiration sont provoqués par des forces matérielles.

« Quand on a retranché l'encéphale, dit Cl. Bernard (1864, p. 15), les mouvements réflexes font vivre l'animal encore pendant un certain temps. » On voit qu'ici l'effet est en grande partie pris pour la cause; c'est l'action du sang qui permet aux mouvements réflexes de se produire, et même qui les provoque. « Mais sans cerveau l'animal est réduit à un état complet d'automatisme. S'il se meut encore, ce ne sera plus que sous l'impulsion des influences extérieures; tant que vous le laisserez en repos, il n'aura pas la moindre envie d'en sortir et ne bougera jamais tout seul, car on lui a enlevé l'excitant physiologique par excellence de tous les mouvements spontanés, à savoir : le cerveau, l'organe de la volonté... L'animal qui en est privé ne sait plus chercher sa nourriture ou faire usage de ses sens, et il est devenu incapable de prévoir comme d'éviter les dangers. » Il en est de même pour l'insecte, dit à son tour M. Vulpian (1865, p. 609). Si l'on enlève tout le ganglion cérébroïde, l'insecte, d'après M. Faivre, continue encore à nager ou à marcher, mais il cesse de se diriger à volonté. Le grillon marche vers un point, un obstacle, et ne sait plus s'en détourner. Si l'on sépare la chaîne nerveuse en deux parties à peu près égales, les mouvements des membres de la partie postérieure ne sont plus coordonnés avec ceux de la partie antérieure (Gersin); si, au lieu de cela, on enlève en outre du ganglion cérébroïde le ganglion *sous-œsophagien*, les mouvements ne sont plus coordonnés entre eux, l'animal s'agite irrégulièrement, sans pouvoir progresser, ni dans l'air, ni dans l'eau, ce qui permet d'assimiler le premier de ces ganglions au cerveau et le second au cervelet des vertébrés.

Ces expériences, qui ont été variées de bien des manières, nous permettent de reconnaître : 1° que l'excitation nerveuse produite sur un membre ou sur une partie du corps détermine d'abord les mouvements des muscles les plus directement excités; ces mouvements s'exécutent sans intention, quoique avec une certaine coordination, et avec les seuls éléments de force nerveuse et autres que fournissent les dégagements musculaires; 2° que les mouvements déterminés sur un animal privé seulement du cerveau, mais jouissant encore du cervelet, sont provoqués par les courants nerveux alimentés par le cœur et les pneumo-gastriques, lesquels, en traversant le cervelet, se coordonnent dans leur ensemble d'une manière remarquable, selon les voies qui déterminent les mouvements les plus habituels. Et, comme cette force nerveuse et musculaire continue à se produire par suite des combinaisons chimiques du sang oxygéné, il en résulte que les mouvements se continuent jusqu'à ce qu'un obstacle ou certain degré d'épuisement dans les mêmes voies les arrête; 3° si le cerveau existe, ces mêmes forces peuvent au contraire être empêchées par lui, ou déterminées dans un sens ou dans l'autre sans être astreintes aux voies les plus ordinairement suivies; il y a donc là une direction volontaire qui ne répond plus à un simple dégagement de force matérielle dans des voies les plus directes ou habituelles. Par conséquent, la cause déterminante de l'action volontaire reste distincte de la force matérielle, puisqu'elle n'en subit pas la loi. Les assimiler devient une affirmation absolument gratuite.

Pour donner la preuve que le mouvement volontaire n'est pas le résultat inévitable d'une influence matérielle, cela n'est pas difficile : qu'une personne tienne la main dans une position telle qu'à un signal donné à certaine distance elle puisse la mouvoir, selon l'indication, dans tous les sens, en haut, en bas, à droite, à gauche, en avant, en arrière ou bien pas du tout. La personne pourra immédiatement conformer son mouvement au signal donné, sans que ce signal puisse être en rien une cause déterminante, comme l'est une force vive, car il est évident que ce signe n'aura pas créé immédiatement la force matérielle qui aura déterminé le mouvement dans tel ou tel sens contraire, ou bien qui aura suspendu ce mouvement.

Une foule de remarques peuvent nous confirmer cette indépendance d'action. Lorsque pendant la nuit nous nous trouvons en repos, presque sans dérangement ni sensations extérieures, notre pensée s'arrête ou passe d'un sujet à un autre selon notre volonté. Elle ira de la cave au grenier, d'une extrémité à l'autre de nos voyages, du plus ancien de nos souvenirs au plus récent, du plus agréable au plus désagréable; elle aboutira ou non au mouvement, immédiatement ou plus tard, sans que survienne la moindre sensation extérieure. Ensuite levons-nous, éclairons-nous, ouvrons les fenêtres au vent et au bruit, et nous pourrons encore reprendre la même série de pensées, de souvenirs ou d'actions. Donc elles ne dépendent pas des impressions extérieures, qui ne font qu'enrichir le fond où puise notre volonté.

On peut dire que, s'il en est ainsi, c'est que la nature tient en réserve une provision de force pour toute espèce de mouvement, mais alors il faut toujours quelque chose qui dégage la force voulue ou établisse la communication dans telle ou telle direction.

Quand on nous dit que la volonté ne peut pas s'exercer sans cause excito-motrice ou excito-volitionnelle préalable, il ne nous est pas difficile de montrer que ces mots ne sont qu'une présomption, non justifiée pour l'action volontaire. Nous savons maintenant que la cause excito-motrice est une action précise. Lorsque le sang a porté au muscle les éléments nécessaires à la combinaison, l'excitation est produite par un courant négatif ou positif, qui est une action matérielle parfaitement déterminée. Et, bien certainement, le signe que nous venons de mettre en œuvre comme cause externe d'un mouvement volontaire ne peut apporter ni emporter aucune action calorique ou nerveuse.

Il ne reste donc comme cause excito-motrice que la volonté interne qui précède l'action; mais admettre que la volonté agit sans trouble matériel venant de l'extérieur, c'est admettre implicitement qu'elle dispose *à son gré* des forces organiques, c'est admettre l'action volontaire indépendante de l'excitation matérielle. Là est toute la question : puisque l'action volontaire peut agir ou conformément ou contrairement à l'impression matérielle qui règne en souveraine dans tout le reste de l'univers, elle procède nécessairement d'un autre principe.

Nous allons maintenant rapporter des tentatives d'explication matérialiste : l'une d'Hermann, qui n'a pu que douter et essayer des explications hypothétiques; l'autre de M. Vulpian, qui, pour être plus affirmative, ne repose pas moins sur des suppositions vagues qu'il est impossible de justifier. « On peut admettre sans invraisemblance, bien qu'on ne puisse le prouver, dit Hermann, que toutes les idées forment des séries ininterrompues, des chaînes de pensées dont le point de départ se rattache à une excitation nerveuse, une sensation, et dont le point terminal est à son tour une idée unie à une excitation nerveuse ou volonté. Entre ces deux termes, on est aussi porté à admettre une série de dégagements. Cette hypothèse ferait disparaître la difficulté de chercher dans l'organe central le commencement et la fin d'une série de dégagements non rhythmiques et non continus. » Cette hypothèse où nulle modification n'est motivée ne fait qu'accroître la difficulté.

« Je veux prouver que la volonté n'agit jamais primitivement, dit M. Vulpian (1865, p. 480), contrairement à ce que l'on pense. Pour employer le langage métaphysique, ce n'est jamais une force primitive : elle n'agit que par suggestion. Pour bien comprendre ce raisonnement, il faut envisager les faits les plus simples de la volonté. Je veux toucher cette table, la volonté n'est pas primitive. Il se présente tout d'abord à l'esprit l'idée de la table, puis l'idée de mon doigt, et presque simultanément l'idée suggestive de l'action. Je veux faire telle chose. L'idée de la chose et de l'action que je vais faire précède nécessairement l'action elle-même. Cela a lieu si naturellement et d'une façon tellement simultanée en apparence, que l'on s'y trompe facilement... Pour la volonté, il faut nécessairement des causes excito-volitionnelles. » Il est facile de constater que l'idée précède l'action volontaire. Mais revenons à votre doigt : l'idée excito-volitionnelle est là qui va présenter tour à tour l'idée de s'abaisser, de rester, de s'élever, tout de suite ou plus tard, vivement ou lentement, etc., etc. Si l'idée de tous ces mouvements en était la cause excito-volitionnelle, ils s'exécuteraient tous à mesure que l'idée les présente, et il n'en est rien : la volonté reste libre. Dès lors, quand vous dites *idée suggestive*, cela ne signifie pas autre chose que : *idée* d'un côté et *volonté* de l'autre. De plus, l'idée peut être légère, fugitive, forte ou persistante, sans que l'action volontaire cesse d'être facultative, indépendante ; la volonté ne dépend donc pas de ces conditions comme dans l'action matérielle. Si ce n'est pas là une action indépendante, qu'est-ce donc ?

Nous voyons ainsi que la volonté reste libre devant la pensée, comme elle reste libre devant l'excitation matérielle des sensations dont elle dispose, bien que partout ailleurs les conséquences en soient inévitables. La pensée n'est qu'une proposition mise en face de la volonté, comme l'étalage du marchand qui rappelle à vos souvenirs les objets, sans vous obliger à les acheter.

M. Vulpian dit encore : « Je me résume en un mot : sans hémisphères cérébraux, plus de MOI ANIMAL, il n'y a plus de perception (c'est-à-dire plus de jugement ni de volonté), mais les sensations de toute nature persistent » (parce qu'elles dépendent, comme nous l'avons vu, de l'action matérielle). Ce résultat nous dit encore qu'il n'y a que les actions du cerveau qui viennent du *moi animal*, et que les autres actions ne sont que des actions matérielles, inconscientes, appartenant à des causes différentes.

« Un fait éminemment intéressant, dit M. Vulpian, c'est que le cerveau, qui est le siége des perceptions véritables, est par lui-même *totalement insensible*, comme l'ont prouvé les expériences de Larrey, de Flourens et de tous les expérimentateurs depuis eux. » Mais il ne faut pas en conclure que les excitations du cerveau se produisent sans force. Au contraire, il est certain que le sang oxygéné qui entre au cerveau en sort aussi noir que s'il sortait d'un muscle ; il s'y transforme donc sous une pression à peu près égale à celle qu'il subit dans le reste du corps, en dégageant de la force, et c'est la direction seule de cette force qui appartient à l'âme, qui agit d'une manière qui ne répond pas à la loi des actions matérielles.

Nous voyons donc parfaitement que c'est le sang oxygéné, ainsi que les autres sensations, qui apportent au cerveau l'élément de force dont il dispose ; nous voyons de même que c'est le sang qui fournit au cerveau le fluide nerveux qui servira à transmettre les ordres de la volonté, et il est évident que si l'on empêche le sang oxygéné d'arriver au cerveau, la volonté sera privée de son plus puissant moyen d'action matérielle, absolument comme l'ouvrier qui ne peut travailler si on lui ôte ses outils, comme le musicien qui ne peut plus jouer si on lui ôte son instrument.

La grande objection aux yeux de divers philosophes est, dit Hermann, « la difficulté d'attribuer à un phénomène, indéfinissable pour la science naturelle, une action sur des particules matérielles qui obéissent à des lois physiques. » Pourtant il faut se rendre aux faits : voici un exemple qui montre ce résultat en apparence absurde. L'ordre écrit d'un directeur de chemin de fer, que nous avons cité, n'est pas une force réelle ou de dégagement ; et pourtant il suffit de cet ordre, de cette volonté, pour qu'un dégagement de force parfaitement réelle lance le train dans telle ou telle direction voulue par cette volonté qui n'apporte aucune force matérielle... On répondra nécessairement : Cela tient aux facultés intellectuelles des personnes. Eh bien, oui, c'est précisément ce que nous sommes obligés de reconnaître, cela est le privilége des facultés intellectuelles de la pensée et de la volonté. Lorsque la volonté et l'exécution partent du même individu, il est possible de supposer des chaînes de dégagement. Mais lorsque la volonté part d'une personne et l'exécution d'une autre, il faut bien se rendre à l'évidence et reconnaître que la volonté peut être exécutée sans qu'elle apporte de force matérielle.

D'ailleurs, remarquons bien qu'il ne s'agit pas seulement d'une chose simplement inexpliquée et qui pourrait l'être par la même loi, puisque dans les êtres animés le principe matériel qui régit les phénomènes organiques dans ses fonctions involontaires agit dès le début de la vie avec la même conséquence d'action et de résultat, tandis que le principe de l'intelligence débute avec une maladresse, une inexpérience manifestes pour atteindre une supériorité de prévision, de jugement, de pensée qui n'a rien de commun avec le principe de l'action matérielle et aveugle. Pour confondre deux choses aussi essentiellement distinctes, il faut véritablement n'avoir reconnu les lois d'action et de développement ni de l'une ni de l'autre.

Ainsi les forces organiques persistent en l'absence du cerveau ; elles ne sont donc pas nécessairement liées avec lui. Il y a par conséquent dans l'être animé deux choses : l'une toute matérielle, l'autre que nous ne comprenons pas ; qu'on l'appelle *âme, intelligence, instinct*, ou de tout autre nom, le fait existe, et ce principe supérieur demeure d'autant plus distinct de la loi matérielle, qu'elle est mieux connue par ses conséquences inévitables.

§ 11. — Recherches sur les conditions propres à l'exercice de la volonté.

Nous avons constaté que le développement calorique des combinaisons du sang oxygéné qui produit la force, et les courants nerveux, sont deux modes de force vive parfaitement caractérisés, qui exercent de nombreuses actions involontaires dans l'organisme, et que nulle part ils ne manifestent ni ne peuvent manifester par eux-mêmes la moindre trace d'action volontaire. Une partie de cette force vive est mise à la disposition du cerveau, tant par le sang oxygéné non encore combiné que par les courants nerveux nés de la combinaison. C'est donc en dehors d'elle qu'il faut chercher les causes de la volonté.

En constatant le mode d'agir de chacun de nos sens en particulier, nous reconnaissons qu'il s'agit là encore de transmissions de force vive très-faibles, et qu'elles sont perçues selon le hasard des circonstances qui les font se manifester ; elles se présentent sans ordre et non coordonnées au cerveau. Ce ne sont donc pas ces forces, individuelles, involontaires, non libres, ni prévues, ni coordonnées, qui peuvent produire la volonté libre, prévue et coordonnée.

Pour ceux qui veulent discuter ou chercher la cause de la volonté, se présente d'abord la question préalable : Est-il possible qu'une force obligée dans ses conséquences puisse donner une action libre ? Pour tout esprit droit et non prévenu la réponse est : Non. Mais si, malgré cette raison si nette et, selon nous, sans réplique, on veut chercher encore, voici les conditions qui s'imposent ; la volonté participe des facultés héréditaires, et elle puise non-seulement dans les sensations les plus récentes, mais dans celles de toute notre vie. D'où cette conclusion : la volonté serait la résultante de toutes les actions matérielles perçues pendant notre vie et même au delà par influence héréditaire, et cette résultante d'actions doit pouvoir s'exercer sur toutes nos facultés volontaires.

Voyons ce que peut donner la résultante des actions matérielles de nos perceptions qui fournissent un fond à l'intelligence. En ce qui concerne les actions passées depuis longtemps, nous l'avons vu, on est aussi embarrassé pour en conserver la trace dans une substance modifiée à l'infini que par des facultés de vibrations de telles ou telles cellules qui ne pourraient pas plus garder la trace des vibrations qu'un autre corps quelconque, surtout si ce corps est l'un de ceux qui en subissent des millions par seconde. Nous sommes donc forcés de renoncer à éclairer ce mode de souvenir d'action, pour nous borner à examiner comment des actions présentes ou peu éloignées pourraient produire la volonté.

Lorsque nous disons qu'il est impossible d'expérimenter la loi des actions matérielles par les phénomènes du cerveau, cette affirmation ne repose pas seulement sur une ignorance du mécanisme de ces actions, qui pourrait être dévoilée. Nous l'affirmons, au contraire, en nous fondant sur une conséquence précise des forces mises en œuvre. L'action des combinaisons du sang n'est qu'une force brute incapable de toute direction facultative. L'action calorique ou éthérée, si puissante sur les atomes ses pairs, n'est qu'un pygmée dans la part d'action qu'elle peut communiquer à l'ensemble de la matière dense ; notre loi nous en montre la cause.

Pour qu'une action aussi subtile que celle de la lumière ou du fluide nerveux puisse accumuler une somme de force suffisante pour agir et maintenir la tension potentielle dans la matière du cerveau, il faut que cette action s'accumule pendant longtemps, et d'autant plus longtemps que cette somme d'action fait des pertes continuelles qui ne permettent pas de discerner la part de force immédiate ou directe. Toute action est donc une résultante très-complexe, soumise aux conditions de l'organisme. De plus, les organes sont constitués de telle sorte qu'un trop grand afflux de force devient trouble et non pas perception régulière. Si, en outre, nous remarquons que toutes ces complexités d'action de chaque sens se multiplient par les différents modes de perception et d'action de chacun de nos sens, qui tous aboutissent au cerveau, on comprend que dans un ensemble aussi complexe il est bien plus impossible encore de connaître une part quelconque d'action aussi faible. Une des actions matérielles, directes et involontaires, les plus faciles à remarquer est celle d'un bruit vif et subit, transmis par l'air, dont la densité atteint la huit-centième partie de celle de la matière du cerveau ; mais alors on ne peut constater d'autre conséquence directe qu'une sorte de trouble ou d'action réflexe que cette force produit, faute d'avoir pu mettre en jeu le principe de la volonté. Il en est de même pour toute sensation vive ou douloureuse. Ainsi, en admettant, ce que rien ne justifie, qu'une action obligée puisse devenir une action volontaire, il serait impossible d'expérimenter l'action volontaire, puisqu'elle serait la résultante d'une foule de petites actions dans laquelle l'une quelconque ne peut être distinguée, et que toute action trop vive trouble la volonté et lui échappe pour passer à l'action réflexe non volontaire. Dès lors les phénomènes du cerveau sont un point d'appui certain. Ils posent une barrière au matérialisme, et une base parfaitement raisonnable et logique pour la philosophie spiritualiste.

Les faits qui ont inspiré le plus la crainte du matérialisme sont les localisations du cerveau, présentées d'une manière trop générale par Gall, puis précisées davantage pour quelques facultés seulement : par M. Flourens, pour le cervelet; par M Bouillaud, pour les lobes de la parole, etc. C'est à tort qu'on s'est ému de ces localisations ; elles ne constituent nullement la fonction directrice du cerveau, qui ne peut exister sans être une résultante de la totalité des perceptions du cerveau. Ces localisations ne doivent être considérées que comme des membres spéciaux, mis au même titre que d'autres à la disposition des facultés volontaires du cerveau, et qui ne peuvent agir sans cette direction supérieure. Il n'y a donc pas à s'en préoccuper davantage.

Lorsque, dans la séance du 30 juin 1873, le président de l'Académie coupa la parole à M. Bouillaud jusqu'à quatre fois, et que l'insertion de sa communication fut différée, c'était là le résultat d'une crainte mal fondée. Je transmis une note pour faire connaître les vues où j'étais conduit par la loi qui me guide, et pour faire remarquer qu'il n'y avait rien de plus à craindre à l'égard de cette faculté que dans celle de percevoir la lumière, que possèdent les yeux, ou dans celle de marcher, que possèdent les jambes.

Les craintes, les réticences, les malheurs de la situation scientifique et philosophique qui nous régit, viennent entièrement des fausses idées que l'on s'est faites relativement aux conditions nécessaires à l'exercice de la volonté. D'ailleurs les appréciations les plus autorisées attestent cette ignorance. Par exemple, M. Flourens (*Comptes rendus*, t. LXXVII, p. 9) confond les facultés extrêmement distinctes de *vouloir* et de *percevoir*, et s'imagine que chaque lobe ou localisation non-seulement coordonne, mais *veut* et *pense*. La volonté ne peut être exercée que par une faculté ayant une action générale ; la coordination seule de telle ou telle faculté peut appartenir à des lobes spéciaux. Une action artificielle exercée sur une localisation de faculté serait une action réflexe non volontaire. Les énoncés de M. Flourens, qui appréciait ses expériences sans connaître la loi et les nécessités des transmissions de force vive, ne sont propres qu'à inspirer un matérialisme irréfléchi et toutes sortes de craintes non fondées. Agir ainsi, c'est confondre les deux principes d'action, si essentiellement distincts, dans la même ignorance. Sachons donc au moins ce qu'il nous importe au plus haut point de savoir.

Il est absolument et mathématiquement impossible que les actes du jugement et de la volonté s'exercent sans que nos perceptions et nos facultés soient reliées sous une même puissance d'action ; et si cette puissance est une tension de force vive, nous voyons bien comment elle l'emportera sur les forces présentes plus faibles, mais nous ne voyons pas davantage comment il en résultera la volonté libre. Malgré la facilité avec laquelle nous pouvons expliquer tous les phénomènes matériels de la nature au moyen de notre principe d'action si simple, nous voyons que, devant la volonté et l'intelligence, ce principe se trouve dans une complète impuissance. Il n'y a pas à en douter, puisque la force ne peut être qu'une résultante inévitable des actions, tandis que la volonté agit d'après un principe greffé sur l'hérédité.

En conséquence de cette situation, il est impossible de produire, par expérience, une faculté qui s'est développée par une longue série de générations. On pourra expérimenter les fonctions spéciales de coordination par l'ablation de l'organe ou par une action spéciale, mais on ne pourra pas expérimenter l'action volontaire, puisque nulle partie ne peut agir seule, et que l'ablation d'une seule des parties nécessaires à la tension de son ensemble ferait disparaître cette puissance et cesser les fonctions volontaires, communes à toutes les facultés.

Ces résultats, ces nécessités, ces complications disent assez qu'il y a là les conditions d'un principe supérieur qui ne se trouve nulle part ailleurs dans la nature, et que la plus grande faute que l'on puisse commettre serait de ne pas s'y rattacher, pour se tirer de la confusion déplorable où nous sommes plongés.

§ 12. — Conséquences opposées du principe matériel et du principe de l'intelligence.

Si, avec la loi simple et si précise qui nous a fait pénétrer facilement les secrets les plus variés de l'action matérielle, nous ne pouvons pénétrer ceux du principe supérieur de l'intelligence et de la volonté, nous pouvons, pour y suppléer, comparer les résultats fort distincts de ces deux principes, et reconnaître ainsi qu'ils sont tout à fait opposés dans leur essence. En prenant même ce qui, dans le principe matériel, est considéré comme le plus mystérieux, sous le nom de *principe vital*, nous allons voir par quelles profondes différences et par quels caractères opposés il est séparé du principe supérieur de l'intelligence. Ne pouvant pas constater le principe supérieur par sa cause d'action, nous avons ainsi le moyen de le constater par ses résultats :

Comparaisons.

Principe de l'intelligence.	*Principe matériel dit vital.*
L'un, au cerveau, sent, juge, agit ou se réserve.	*L'autre*, l'action vitale ou matérielle, agit sans volonté ni conscience.
L'un ne représente que l'esprit et la volonté.	*L'autre* se vautre partout dans la matière.
L'un a une puissance supérieure dans l'homme, laquelle disparaît de plus en plus en descendant l'échelle des êtres.	*L'autre* ne perd rien de sa puissance en descendant l'échelle des êtres, il devient au contraire plus absolu.

L'un accuse l'unité d'âme et d'action intellectuelle.	*L'autre* accuse la multiplicité d'action vitale ou matérielle.
L'un, phénomène spécial d'ordre moral.	*L'autre*, phénomène général d'ordre matériel.
L'un, inaccessible par l'expérience, comme étant d'essence supérieure.	*L'autre*, accessible par l'expérience comme étant d'essence matérielle.
L'un, résultat étonnant dont la recherche expérimentale est d'autant moins suivie qu'elle échappe à nos moyens.	*L'autre*, but des recherches générales et de la plus haute utilité comme action matérielle à notre portée.
L'un, protégé par un triple concours de circonstances, phénomène non tangible, inaccessible, et organe inexcitable.	*L'autre*, démontrable par tous les phénomènes matériels, et agissant de toute part et sous mille formes.
L'un ne répond pas à l'action matérielle, etc., etc.	*L'autre* y répond rigoureusement, etc., etc.

Avec des oppositions aussi tranchées, il n'est pas difficile de distinguer le principe supérieur du principe de l'action matérielle. Quant à la comparaison au point de vue général et scientifique, elle est extrêmement défavorable pour le système actuel; mais comme l'étendue même de l'erreur philosophique et de ses funestes conséquences a été pour une très-grande part dans toutes nos institutions, comment espérer que tant d'hommes qui l'ont épousée, soutenue ou pratiquée, voudront bien s'accuser d'une pareille énormité?

Quoi qu'il en soit le principe que nous venons d'exposer ne laisse aucun doute. Remarquons, d'un côté, cette facilité de distinction de chacun des intérêts scientifiques et dogmatiques, de l'autre un système de faussetés conçu avant qu'on ait une connaissance suffisante des phénomènes, et qui maintenant se trouve dans la confusion et en contradiction de toute part; qui frappe du même coup la science dans toutes ses branches, le dogme, la raison, l'industrie et le bien-être! Les barbares fanatiques ou sauvages n'ont jamais subi de pires fatalités. *Se tromper* dans l'interprétation des lois de la nature et par suite entraver la science, s'opposer au progrès, dénaturer ce qu'on sait par de fausses hypothèses qui paralysent les facultés humaines!... c'est le plus grand des fléaux de l'humanité...

REMARQUES PHILOSOPHIQUES

Notre philosophie se perd encore aujourd'hui dans l'erreur la plus regrettable ; elle nuit au dogme et fausse la science par l'Académie qui, mieux éclairée, devrait prendre l'initiative d'une réforme aussi urgente, *qu'on ne peut attendre des corps fanatisés par grâce d'État*. Les hommes qui étudient notre science classique, enchevêtrée dans une foule d'hypothèses fausses, tombent en général dans deux excès : ou ils sont rebutés par les difficultés qu'ils rencontrent, et leur travail est sans fruit profitable, ou ils surmontent ces difficultés et aussitôt qu'ils ont constaté une action matérielle *vitale* ou autre dont notre philosophie fait des mystères, ils s'exagèrent alors le résultat et ne voient plus que l'action matérielle. *Hommes stériles* ou *matérialistes*, voilà le résultat. Dans ce système, il faut étouffer l'intelligence humaine en lui faisant bégayer outre mesure les langues *mortes* et en la détournant des sciences utiles. Puis ceux qui doivent s'en occuper ont à se morfondre sur les grimoires d'une science inextricable !... L'homme capable, au lieu de trouver honneur et rémunération dans les recherches qu'il fait pour le bien-être de l'humanité, ne les trouve plus que dans sa complaisance, plus ou moins convaincue, à participer à ce déplorable système d'anéantissement.

Voilà où nous en sommes !

Prenons au hasard quelques livres classiques : César, par H. Debray. On y trouve 28 pages de nomenclature et notions peu explicites et sans cause, puis 800 pages de faits entassés sans principes ni liens d'ensemble. Nulle mémoire ne saurait embrasser ni profiter de tant de faits décousus. — Cosmographie, par H. Garcet. Elle a pour base *l'attraction universelle dans le vide*, et pour éviter ce qui démontre la répulsion et les atmosphères de décroissance indéfinie dans l'espace sidéral, on désigne ses effets sous le nom d'*inégalités* (p. 246) : « Équation du centre $= 6°20' \times \sin A$. A étant *l'anomalie* moyenne de la lune ou l'angle que fait avec le grand axe le rayon vecteur d'une *lune fictive* c'est-à-dire celle que donnerait un milieu uniforme .. Évection $= 1°20' \times \sin 2D - A$. D étant la distance angulaire au soleil, » et ainsi de suite. On évite complètement d'expliquer non-seulement la raison, mais la nature des mouvements que nous avons indiqués page 81. N'y a-t-il pas de quoi rendre un élève imbécile plutôt que savant ? — PHYSIQUE, par Jamin. Ce livre traduit tout en formules sans cause pour mieux échapper à la raison des faits. Mais il annonce « un grand progrès » : l'admission du mouvement vibratoire (*défiguré*) et l'équivalent mécanique de la chaleur exprimé par des formules très-exactement calculées ; *mais qui ne répondent pas aux lois de la nature!..* Cela est si étonnant que je me hâte de dire que l'Académie des sciences le constate elle-même dans ses *Comptes rendus*, t. LXXXI, p. 130. Satan n'aurait rien trouvé de mieux que l'homme se trompant, s'aveuglant lui-même pour faire le mal au lieu du bien.

Au contraire, en développant le principe des actions matérielles dont la vulnérabilité fait le désespoir de notre philosophie étroite, la science devient infiniment plus facile et utile, et le chercheur s'arrête d'autant plus émerveillé devant le principe supérieur qui intervient dans les êtres organisés, qu'il a mieux compris et mis en œuvre l'action matérielle seule.

Les objections matérialistes de notre science aveugle n'ont de valeur que contre un but rabaissé et déplacé. Pourquoi supposer qu'un principe, quel qu'il soit, puisse agir sur des organes matériels sans mettre en œuvre une force matérielle ? Pour exécuter un travail *volontaire* il ne suffit pas plus de la volonté seule que d'une force mécanique seule, il faut encore que l'une dirige l'autre. Et il en est de même sur la matière du cerveau, la volonté ne peut y manifester son action directrice et y laisser son empreinte, sans le concours d'une force matérielle. Par conséquent tout ce qui trouble cette force matérielle trouble l'action de nos facultés intellectuelles. La force matérielle du cerveau est comme celle d'une machine, elle n'est nullement créée, mais seulement *dirigée par l'intelligence*, dirigée comme le chef qui écrit de faire partir un train dans telle ou telle direction ; le train part et la lettre n'a certainement *apporté aucune force motrice ni excito-motrice propre à faire mouvoir le train dans telle ou telle direction !* La direction de l'action peut donc se faire sans qu'il y ait la moindre transmission de force utile, contrairement à ce qui a lieu dans tout phénomène purement matériel : cela est merveilleux, j'en conviens, mais le fait est là, incontestable. Quand vous répondrez qu'il dépend d'une action passée depuis longtemps, si les deux hommes dont il s'agit sont nés l'un en Chine, l'autre en Amérique et ne se sont jamais vus, ce sera depuis bien longtemps en effet, et le résultat n'en sera pas moins merveilleux.

Le fait est là, imperturbable, nous l'expérimentons quand nous voulons, et l'anatomie et la physiologie montrent l'intervention de ce principe supérieur. Les sensations, les actions matérielles arrivent dans les couches optiques selon le hasard des circonstances, par les nerfs, de tous les sens et sans ordre. A ce point, la matière cérébrale devient inexcitable, la force s'éclipse, une partie est certainement employée à l'entretien des organes, l'autre ne reparaît, d'une manière appréciable, que selon le travail mental ou actif auquel il nous convient de nous livrer. Et, pour commander à nos mouvements, c'est dans les corps striés que cette force excito-motrice se manifeste; mais alors elle reparaît parfaitement coordonnée selon notre volonté, chaque fois qu'elle a passé au cerveau. Il y a donc là une cause directrice de nos pensées et de nos volontés; appelez-la âme ou autrement, elle n'en existe pas moins. Et ce qui montre mieux encore l'existence de cette cause directrice, c'est que toute force nerveuse ou autre, qui n'a pas passé par le cerveau, a ses conséquences obligées, inévitables, connues sous le nom de *mouvements réflexes*, et par diverses fonctions.

Faute d'avoir constaté un principe aussi simple, voilà comment on se rejette le fardeau à l'Académie, réception de M. Littré. « Vous avez mis en interdit l'intelligence humaine, dit l'un des champions à l'autre ; cette science toute sèche, qui étudie les faits sans remonter à la cause suprême, ne satisfera jamais l'humanité. » Lequel, croyez-vous, fait ici la morale à l'autre? C'est celui qui bannit le plus la science, qui critique la *science bornée !*... Oui, répétons encore : « Cela ne satisfera jamais l'humanité. »

Vos idées de philosophie scientifique datent de l'époque de l'alchimie, du coche et du rare livre manuscrit. Aujourd'hui nous avons la vapeur qui franchit l'espace, l'électricité qui le supprime, l'imprimerie et mille machines qui veulent une science vraie. *Autre temps, autres moyens.* Regrettez-vous le rare et dispendieux privilége de votre fatigante et poudreuse chaise de poste? Le bien-être qui se généralise? et quand, presque sans frais, chacun peut traverser la France entre son déjeuner et son dîner, cela nuit-il à votre bonheur? Non certainement; vous pouvez, si bon vous semble, faire le même trajet en dormant! et pourtant ce pauvre Papin, que de misères vous lui avez faites! et que de vaines tribulations ont amenées les découvertes de Galvani, et de tant d'autres.

Oui, notre philosophie s'est perdue de frayeur en voyant l'électricité partout dans les corps, dans les nerfs, dans le cerveau, et ce fait n'est nullement à craindre, de grands avantages en ressortiront. Ce qu'il fallait voir, c'est que l'électricité, comme tout autre mode de force vive, a des conséquences inévitables partout ailleurs que dans le cerveau, et que dans le cerveau seulement elle rencontre un principe directeur qui modifie, renverse à volonté cette fatalité d'action. Voilà ce qu'il fallait voir, voilà ce qu'il fallait constater : le véritable signe du principe directeur. Mais hélas, pour le voir et le constater nettement, il faut précisément lever cet « interdit de la science » et être en possession de la loi des actions matérielles que nous développons.

Aussi que font ces gens éperdus? ils placent ce principe supérieur dans un principe vital qui agit dans tout le corps, dans tous les organes, dans le sang, dans la tête comme aux talons, dans la matière tangible ou non. Comment voulez-vous qu'une telle divinité ne soit pas exposée de tous côtés? Ils ne remarquent pas non plus que le principe de l'intelligence seule montre l'unité d'action et l'être individuel, et qu'il domine précisément dans les êtres supérieurs, tandis que la divinité *vitale* se vautre partout et se divise dans une infinité de forces spéciales. Il suffit de couper en morceaux un lézard ou un vermisseau, pour que chaque fragment s'agite comme si l'être avait possédé une provision de ces âmes-là.

Le principe des actions cérébrales   donc   le premier ordre, mais la non-tangibilité est déjà une   re importante. Demandez à l'amateur d'actions maté   pures, après une promenade où il a regardé une foule de points de vue composés chacun de milliards de nuances imprimées directement dans nos organes par les vibrations lumineuses, comment, après être rentré chez lui, et *dans l'absence de ces mêmes actions*, il peut les faire apparaître parfaitement coordonnées, puis disparaître et reparaître à volonté ? Essayez, je vous prie ! je suis bien sûr que vous reconnaîtrez qu'il est plus facile, en jouant aux quilles, de constater que deux boules, deux corps, comme deux molécules qui se choquent, se *repoussent* au lieu de *s'attirer*, et que la balle qui frappe la cible est *repoussée* par le fusil et non pas *attirée* par la cible.

Ainsi nos philosophes n'ont pas encore compris qu'en rabaissant le but à toute espèce de phénomènes matériels et tangibles, parfaitement accessibles à l'expérience, ils se préparent des embarras inouïs, une vulnérabilité et une chute inévitables. Et pour une crainte mal fondée, pour une erreur des temps passés, nous voyons les forces de l'intelligence divisées en deux camps, l'un cherchant et soulevant continuellement quelque coin du voile de la nature pour en tirer la source du bien-être ; l'autre s'efforçant, sans nécessité et contre toute raison, de refouler ces recherches dans l'ornière tracée par les vieux préjugés. Et voilà comment s'épuise en vain la presque totalité de la puissance de l'intelligence humaine !

Quelle triste nécessité pousse donc notre espèce, dite supérieure, à se plonger ainsi elle-même le poignard dans la gorge ? Si l'on vous disait *aucune*, si ce ne sont de fausses préventions, vous seriez bien étonné ; mais si l'on vous répondait qu'en anéantissant ainsi l'essor du bien-être on crée précisément le mal que l'on veut éviter, vous le seriez bien davantage. Tel est pourtant le résultat incroyable que nous ont légué la crainte et l'ignorance, l'erreur des temps passés. En se plaçant si bas on a motivé cette conclusion : « Dieu n'est qu'un surnaturel qui fuit devant l'observation. » Puis l'on s'étonne des progrès du matérialiste ! Ce système se continue parce que la boule est jetée et que nul n'aime à convenir qu'il est dans une mauvaise voie, à condamner ses œuvres ou à troubler sa fausse omnipotence. Est-ce là que doit s'arrêter l'homme de cœur ?

Le principe supérieur qui régit la volonté, l'intelligence, se montre d'autant plus merveilleux que le principe de l'action matérielle se montre plus simple, plus général et plus utile à la science. Voilà ce qu'il est impossible de méconnaître.

Telle est la base simple qui doit tout concilier, au lieu de tout trancher par cet immense et impuissant cri de douleur dont chaque commandement litanique débute par cette exclamation : « Anathème.... ». « Anathème..... ». Toujours anathème ! Quand on pense à tout ce que le sentiment religieux renferme de consolation et d'espérance dont l'homme est avide, comment ne pas être frappé du pauvre résultat obtenu ? C'est que l'esprit, l'essence de l'homme comme de tout être *est constitué pour la recherche du bien-être nécessaire à son existence*. L'espérance est loin de suffire, et tant que pour obtenir ce besoin précieux mais de second ordre, vous frapperez dans sa source intelligente celui qui fait la base du bien-être, soyez persuadé que vos efforts seront vains ou déplorables. Anéantir n'est pas diriger. Cet anathème universel ne vous semble-t-il pas être l'acte de désespoir de l'humanité jetée dans le vide et qui n'a pas encore trouvé le point d'appui nécessaire à sa quiétude morale en même temps qu'à son bien-être ? Cette branche de salut, ce point d'appui, le voici, ne le méconnaissez pas. C'est la persuasion par les faits, substituée à l'affirmation sans base. C'est le travail utile, substitué à la lutte impuissante. C'est la science même donnant le bien-être couronné par l'espérance.

CAUSES MOTRICES DU SANG ET DE LA VIE

ROTATION DU RADIOSCOPE ET DES ASTRES ET RÉSULTATS PHILOSOPHIQUES

> Les faussetés de la science centuplent nos études, les erreurs et les maux !

Au sujet de l'interdiction qui me fut faite à la Sorbonne d'exposer les causes de la chaleur (voy. p. 48), le *Propagateur de la Méditerranée* rappelle ainsi Molière :

> Je lui pardonne tout, de rien je ne le blâme,
> Et voudrais le servir du meilleur de mon âme;
> Mais l'intérêt du ciel n'y saurait consentir !

Tout d'abord nous contestons absolument cette mission du ciel, par la raison excellente que, pour recevoir une telle mission du ciel, *il faut en comprendre la langue*, les lois. Or nous savons parfaitement que les philosophes religieux se sont adjugé cette mission dès les époques les plus reculées et sans connaître les lois de l'univers; c'est-à-dire le langage du ciel, qui, seul, permet de recevoir une pareille mission avec connaissance de cause.

Avant Salomon de Caus, avant Lavoisier, avant ma découverte, il était impossible de prévoir les conséquences du vrai principe de la science. Et, même avec la répulsion de Salomon de Caus, sans connaître son mode de transmission, avec les combinaisons et les transformations de corps de Lavoisier, sans en connaître les conséquences, il était encore impossible de prévoir et de juger le principe qui régit l'univers. Ne venez donc pas dire que vous avez une mission du ciel, dont vous n'avez jamais compris les lois !

Aujourd'hui, au contraire, nous connaissons avec précision le principe de la force matérielle et ses conséquences répondant à cette loi : *La force vive se transmet mieux entre corps ou vibrations semblables qu'entre états différents.* Lorsque deux corps se combinent en un seul, il en résulte des vibrations plus lentes (puisque sous une même impulsion la vitesse est inverse de la densité), elles sont mieux senties comme chaleur (puisqu'elles diffèrent moins de celles de nos organes). Dès lors, ces nouvelles vibrations repoussant mieux les corps plus semblables et moins les éléments plus différents, il en résulte, sous réserves des particules différentes qui peuvent s'y adjoindre, un courant d'éléments plus denses au positif qui s'éloigne et un courant d'éléments moins denses au négatif qui se rapproche. Si, au contraire, un corps se décompose dans ses éléments, des effets inver. es se produisent. Le seul rapprochement ou éloignement de deux molécules ou astres produit ces effets à des degrés moindres : la lune s'éloigne de la terre quand celle-ci s'approche du soleil, c'est l'*évection*.

Si les combinaisons ou rapprochements se produisent dans les conditions favorables à l'organisme que nous avons exposées (2e part., § 1, etc.), il en résulte les conséquences suivantes : Les corpuscules azotés ont la propriété de repousser davantage l'azote par leur mode de vibration plus semblable pour laisser se condenser près de lui l'oxygène et le carbone plus différents ; sous cette influence compressive ces éléments se combinent en acide carbonique. Aussitôt ce nouveau corps formé, il prend des vibrations plus lentes qui l'éloignent du corpuscule azoté pour laisser se rapprocher d'autres éléments plus différents, carbone et oxygène, qui se combinent à leur tour pour s'éloigner successivement. Ces résultats ne sont autres que l'application pure et simple aux faits connus de la loi même déjà vérifiée sous mille formes et que nous allons voir encore à l'œuvre de toute part. *Voilà donc la chaleur développée et le mouvement continu établi !* Ce double courant met en présence des éléments *différents* qui ont une tendance à s'unir (c'est toujours la même loi) pour former un corps ou un appendice au globule qui les provoque par ses fonctions, et il se forme pour les fluides impondérables, qui s'attachent aux corps denses comme fluides nerveux, au moins deux voies d'échappement, puisque, quand l'une est saturée par sa fonction, c'est l'autre qui reçoit plus facilement le même fluide. Dès lors ces actions alternatives donnent à l'appendice un mouvement ondulatoire, de natation ou rampant qui fait mouvoir l'organisme, sans qu'il y ait là autre chose qu'une force mécanique absolument dépourvue d'intelligence et de volonté, et qui agit en conséquence même de la force matérielle développée. Tels sont, par suite de fonctions secondaires ou d'union et de combinaison moléculaires, les mouvements des cellules ou globules à cils vibratiles, ceux des spermatozoïdes et des organismes les plus simples.

Mais, me direz-vous, comment pouvez-vous affirmer que cette force brute ne suffit pas pour régir les êtres supérieurs?

Par une raison bien simple : c'est que l'intelligence et la volonté ne se sont montrées qu'après la transformation et les progrès matériels des êtres, et n'ont pu recevoir la perfection de la raison humaine qu'après une incalculable série de siècles et de générations. Donc l'intelligence et la volonté ne sont point une combinaison de la force brute seule. Il est dès lors d'une importance capitale de faire connaître le principe de la force brute : 1° parce qu'il est propre à développer au plus haut degré le bien-être de l'humanité ; 2° parce que cette force brute incapable de raisonnement est de nature à faire comprendre la nécessité d'un principe d'ordre supérieur de l'instinct et de l'âme, qui, dans les principaux actes seulement, dirige la force brute qui se développe dans les êtres, et qui ne peut manifester son influence sur la matière qu'au moyen de cette force. Si l'on objecte, comme nous l'avons fait nous-même dans notre *Origine et transformations de l'homme et des autres êtres*, que la volonté, l'intelligence pourraient être le résultat de la sélection et de l'expérience des êtres, puisqu'elle est en général proportionnelle à certains développements organiques, il faudra, comme nous encore, pousser plus loin l'étude, découvrir le principe de la force brute, constater qu'il est incompatible avec la volonté, et remarquer d'ailleurs qu'il est parfaitement naturel que les âmes et les instincts aient été pourvus d'organes proportionnés à leurs facultés. Cette conclusion très-rationnelle évite les hypothèses les plus hasardées et les affirmations les plus invraisemblables. Nous aurons ainsi les meilleurs résultats sans effort et surtout sans mettre en pratique cet enchaînement de faussetés démoralisantes du haut en bas de l'échelle sociale que chacun ressent plus ou moins, sans mettre en œuvre des moyens réprouvés, sous prétexte que tout est bon pour la bonne cause. Nous aurons, dis-je, l'immense bienfait d'un principe vrai et la distinction la plus solide, la plus efficace d'un principe supérieur.

Plutôt que d'admettre une simple modification d'interprétation, d'autant plus facile qu'il a déjà été proclamé en chaire que les jours de la création sont des époques géologiques, *les infaillibles* se refusent à laisser l'humanité jouir du bien-être qui lui est dû ! Leur ciel trouble n'y saurait consentir, sans un peu d'humilité.

Voyez aussi où cela conduit nos livres classiques de science qui veulent arriver à dissimuler la raison des faits qu'ils croient pernicieux, par exemple certains dictionnaires ou des traités de physiologie. Pour mieux tromper le public, les compères de la science commencent par débiter des phrases matérialistes, mais creuses, comme celles-ci : « L'excitation nerveuse a pour acte terminal un mouvement, une *idée* ou une *volonté* qui n'est qu'une forme de réflexes plus compliquée. Si l'action ne se produit pas de suite, la nutrition peut lui servir d'excitant.... Les globules conservent certaines excitations qui sont *la mémoire*. Ou bien : tel mode de vibration répété constitue *la mémoire*. » Demandez, je vous prie, à ces messieurs, comment une force brute pourra donner la volonté ;

lorsqu'un régiment obéit à son chef, comment une **excitation nutritive** ou autre se trouvera au même instant à point sur tel organe ; comment une cellule fera pour conserver une, ou mieux, une infinité d'excitations en ordre et la mémoire de telles ou telles vibrations, surtout quand elle en subit des milliards par minute... De la présomption, tant qu'on voudra ; mais de solution, point. La volonté implique un choix et le choix exclut la fatale conséquence de la force matérielle !.. Même lorsque de petits canards couvés par une poule se jettent à l'eau au grand désespoir de leur mère, pour ces philosophes-là le hasard du réflexe suffit à tout. Que fait donc cette prétendue philosophie ? Elle fait du jeune homme qui la prend à la lettre *un matérialiste et un ignorant !*... Elle justifie cette sentence trop vraie : *L'homme qui veut l'ignorance est l'ennemi de l'humanité !*... Un tel ciel, hélas ! n'est et ne peut être qu'un ciel de souffrance, d'orages et de tempêtes !

Révélations par mon principe, et confirmations du radioscope. — Le radioscope le plus ordinaire se compose d'un petit tourniquet à quatre ailettes ou palettes dans le plan de l'axe et en croix, placées dans un globe en verre transparent où l'on a fait le vide d'air. Chacune de ces palettes a une face mate ou noire et une face brillante ; de telle sorte qu'en tournant, les faces de même nature se présentent du même côté. Si on expose cet appareil à la lumière, même diffuse, les faces noires fuient et les faces brillantes se rapprochent. Si on l'expose à des vibrations assez différentes, c'est l'inverse qui a lieu, ce sont les faces brillantes qui fuient. L'expérience montre selon le cas l'action de la lumière, de la chaleur, du froid, de la forme, du noir, du brillant, du rouge, du bleu, etc. N'est-ce pas assez dire que ces actions sont relatives L'auteur de l'instrument, M. Crookes, attribue tour à tour l'action à la lumière, à la chaleur, à l'ensemble des radiations, aux gaz, etc. Quant à ceux qui donnent la prime à l'action des gaz, il est permis d'en rire, puisqu'elle est sensiblement proportionnelle à..... leur absence !... et en contradiction absolue avec leur force proportionnelle à leur densité. Le travail serait proportionnel à l'absence des travailleurs !!! etc.. Voilà le *mystère éclairci*, s'écrient les *Comptes rendus*, t. 83, p. 968. (Aussitôt ceci en épreuve, l'Académie se réfugie dans ce *logogriphe* : une force *pyro-électrique*, t. 84, p. 122 ; la chaleur, lasse de détruire l'électricité, va l'enfanter ! etc., etc.).

Il s'agit, comme on le voit, de la transmission des vibrations éthérées caloriques et sombres aux corps denses que résout sous toutes ses faces notre loi : *La force vive se transmet mieux* entre corps ou vibrations semblables qu'entre états différents.

1re *application*. — Les ailettes de l'appareil étant des corps denses, le fluide sur lequel elles ont le plus d'action condensante est le moins dense, c'est-à-dire l'éther. (2e *appl.*). Néanmoins une très-légère quantité de gaz est utile, parce que son interposition seulement dans la partie la plus dense des atmosphères des corps comme dans le voisinage des astres gradue mieux, diminue les écarts de densité, et donne prise à l'éther sur l'ensemble des corps denses. (3e *appl.*). Cette répulsion diminue à mesure que l'air rentre dans l'ampoule et rend le milieu moins gradué entre l'éther et le corps dense. Elle diminue aussi si l'on enlève toutes les particules tangibles qui donnent plus de prise à l'éther.

4e *application*. — L'ailette noire qui condense et transforme le plus puissamment les éléments vibratoires, détermine à sa surface une plus grande densité d'atmosphère et des vibrations plus lentes et plus répulsives. (5e *appl.*). Au contraire, les faces brillantes qui réfléchissent mieux ces vibrations donnent des atmosphères moins denses et plus tranchées ou plus différentes avec le corps dense et moins répulsives. (6e *appl.*). Dans ces conditions, les vibrations plus lentes et plus répulsives pour les corps denses repousseront donc mieux les faces noires, qui obligeront les faces brillantes à s'avancer contre la source lumineuse. (7e *appl.*). Mais si l'on prend une source de vibrations assez différentes qui se condenseront moins contre les facettes noires et mieux contre les faces brillantes (v. p. 48), la rotation sera inverse par les mêmes causes.

8e *application*. — Lorsque les vibrations s'opèrent entre deux faces condensantes qui les ralentissent de part et d'autre, elles sont d'autant plus transmissibles et répulsives sur la matière dense. (9e *appl.*). Certain degré de condensation contre la paroi interne du radioscope doit donc augmenter la répulsion sur les ailettes en proportion de leur propre atmosphère. (10e *appl.*). Chacune des atmosphères ayant en général des décroissances de densité inverses des distances, l'opposition de ces deux progressions se multipliant en se rapprochant, on aura des densités et des répulsions inverses du carré des distances. (11e *appl.*). Dans toutes ces conditions, on a, comme le veut l'expérience, le travail *proportionnel à la densité relative*.

Quant aux pressions de milieu, elles ne peuvent pas cesser de s'équilibrer, parce que les rapprochements ou densités s'établissent nécessairement de manière à être inverses des fonctions de vitesse.

12e *application*. — Lorsqu'on soumet un radioscope à facettes semblables à une radiation en protégeant l'une des moitiés par un écran, la rotation s'établit. (13ᵉ *appl.*). Il faut remarquer que la face éclairée tend à prendre le mode de vibrations qu'elle reçoit (les chaleurs différentes s'égalisent) et que par cela même elle est mieux repoussée. On ne peut donc pas en conclure qu'il y a là une répulsion sensible, par émission lumineuse, les déplacements de milieu n'étant que très-faibles relativement à la puissance de vibration. (14ᵉ *appl.*). En soumettant une ailette brillante à l'action de l'étincelle électrique, elle s'avance contre elle; il faut se rappeler que ce qu'on appelle *le courant* électrique, ce sont *deux courants inverses*, et que c'est alors le courant négatif qui produit le plus de répulsion sur ces faces brillantes.

15ᵉ *application*. — Il suffit que les faces des ailettes aient des pouvoirs compressifs et dispersifs différents, pour que le mouvement ou la rotation s'établisse (16ᵉ *appl.*), et le pouvoir compressif d'un corps étant inverse de son pouvoir dispersif, il en résulte que l'atmosphère qui s'est condensée sous telle prédominance de vibration, la chaleur par exemple, se dispersera sous tel affaiblissement, le froid, et les mouvements seront inverses.

17ᵉ *application*. — Mais de puissantes atmosphères ne sont pas indispensables pour obtenir le mouvement; il suffit qu'un même corps prenne sur ses faces opposées des mouvements vibratoires différents. Les *Comptes rendus de l'Académie des sciences* justifient complètement ce que nous avons démontré il y a plus de dix ans. On y constate les faits suivants (t. 83, p. 274):

18ᵉ *application*. — « *Une ailette composée ou simple, dont les « faces ont actuellement deux températures différentes, et qui est « plongée dans une atmosphère très-raréfiée, se met en mouvement, « la face la plus chaude éprouvant un recul. Tant que la différence « de température existe, le mouvement se maintient.* » Il n'est pas possible de constater plus *exactement* et *expérimentalement* la cause de la rotation des astres que nous avons donnée depuis longtemps dans toutes nos éditions du *Principe universel du mouvement*: (19ᵉ appl.) LE COTÉ DE LA TERRE QUI A ÉTÉ LE PLUS ÉCHAUFFÉ VERS LES TROIS OU QUATRE HEURES DU SOIR, EST PLUS REPOUSSÉ PAR LE SOLEIL! (20ᵉ *appl.*, etc., etc.). LE COTÉ QUI A ÉTÉ REFROIDI PENDANT LA NUIT S'EN APPROCHE VERS LE MATIN, ET LA TERRE TOURNE!...»

On justifie ma loi: « *La cause du mouvement est une différence dans la température des faces,* » et l'on ajoute: « La théorie de *Tait* paraît donc la meilleure. » Comme il s'agit très-nettement *sur ce point*, de mon *Principe* qui a rendu mon nom synonyme de *science vraie*, l'Académie *se signe* craintivement en l'entendant, le retranche avec mes droits de ses listes de mémoires présentés;

puis admet les faits *sous d'autres noms !* Volé comme ci, volé comme ça, voilà le résultat.

« *La théorie de Tait paraît donc la meilleure.* »

M. T.... (*Trémaux*) salue l'Académie et réclame ses droits !

J'ai en ce moment, à côté de moi, dans un globe, une petite sphère mate, uniforme, qui tourne devant la lumière ou la chaleur, comme la terre devant le soleil ! Cela est tout rond, tout uni ; comment les amateurs d'émission exclusive vont-ils s'y prendre ? et comment récuser l'action relative ? Lorsqu'on l'expose à la lumière, il s'établit un équilibre inconstant comme nous l'avons dit avant l'existence de cet instrument (cause de la rotation des astres) par ce fait que chacune des faces épouse de plus en plus les vibrations qu'elle reçoit. Au moindre accident qui rompt cet équilibre, il tourne. Et il tourne en raison des différences de température et d'état, comme nous l'avons établi (p. 40, 1re édit.; p. 46, 2e édit.; p. 74, 3e édit.), et aussi bien en raison des augmentations que des diminutions de lumière ou de chaleur (p. 44, ou 46, ou 74). Comme la rotation de la terre s'opère en vingt-quatre heures et sous une puissante différence d'action solaire et nocturne, tandis que celle du petit globe s'opère en quelques fractions de seconde, les différences de vibrations de ses faces s'égalisent bientôt, il perd peu à peu la force nécessaire pour vaincre la résistance. Mais lorsqu'il s'arrête, il suffit d'attendre quelque temps pour que ces différences s'accentuent par la lumière, la chaleur ou le froid qu'il reçoit plus puissamment d'un côté que de l'autre, comme nous l'avons dit aussi. Alors, en rompant l'équilibre inconstant, il reprend sa rotation. Mais les vibrations les plus puissantes dirigées à gauche ou à droite de l'axe du globe ne l'ébranlent pas, chaque incidence avec sa composante de réflexion donne une résultante qui passe par le centre de la sphère et se neutralise sur l'axe de rotation. Ce qui montre que même pour des rayons dits *absorbés* la réflexion équilibre l'incidence. En employant des ailettes en forme de coupes, dont M. Crookes n'a pu analyser les effets, il faut remarquer que les composantes de réflexion du côté concave troublent elles-mêmes la progression d'atmosphère nécessaire à la transmission éthérée. Du côté convexe elles s'étendent au contraire en divergeant en dehors, ce qui augmente la transmission au point que la lumière directe sur la face concave est beaucoup moins puissante que la lumière diffuse sur les surfaces convexes ; ces différences d'états sont aussi plus puissantes que les différences de couleurs. Les actions dans tous ces cas ont lieu en raison des différences d'état que présentent les faces. En prenant le radioscope ordinaire dans lequel les différences d'état des faces sont suffisamment permanentes, il tourne en conséquence indéfiniment devant la lumière ou la chaleur comme la terre devant le soleil !

Les expériences de MM. Crookes, Bertin, Schuster, etc., justifient aussi sous toutes les formes les causes de translation des astres que nous avons démontrée. 1° Par cela même que la réaction est plus puissante sur un côté du moulinet que sur l'autre, on voit que l'ampoule doit en éprouver soit une tendance à tourner dans le sens inverse, soit dans le même sens avec une vitesse moindre s'il y a une force acquise; c'est ce que confirment les expériences, t. 83, p. 30, des *Comptes rendus*, et c'est précisément ce que nous avions démontré pour les astres [§ 9]. 2° L'action sur chacune des planètes est inversement proportionnelle au carré des distances, comme le montre aussi le radioscope, qui prend une vitesse double avec une distance réduite de moitié (C. R., t. 83, p. 1233). 3° Dans un cas comme dans l'autre, la force est empruntée au corps ou à l'astre moteur et dans tous les systèmes (voir les premières colonnes de nos tableaux, p. 81 à 86). 4° L'action a lieu par l'intermédiaire de l'éther (dit *vide*) et d'une fraction relativement petite de gaz tangible employé en atmosphère à la surface des astres, comme à celle des corps denses. 5° La force locale de chaque partie gazeuse reste proportionnelle à cette densité locale; mais non, comme on le dit, *proportionnelle à leur absence générale*, ce qui serait *absolument contraire à toutes les expériences sur la force des gaz!* etc. En songeant que l'Académie fit enlever de force notre *Principe du mouvement* et nos tableaux astronomiques de l'exposition universelle de 1867, devons-nous croire que ces démonstrations de notre principe lui ont échappé ou qu'elle a enfin compris la distinction de la force brute, *mathématique*, et de l'action volontaire? Elle est si satisfaisante que nous ne pouvons nous empêcher d'espérer mieux de l'avenir.

Voilà donc une science qui prône partout *l'attraction universelle* et le fait répond partout par *répulsion!* Même dans son *nec plus ultra*, la formule de Newton, il faut appeler $+$ ce qui est $-$. Si l'ignorance originelle a fait renverser la raison, dit cette science, j'ai pour y remédier des formules précises qui sont tout ce qu'il faut pour les praticiens. Ainsi l'égalité d'action solaire $1/2\, m\, V^2 = F$ est *indestructible*, dit-elle (t. 83, p. 1475). Or, voyez! Cette même force tombe sur deux facettes égales du radioscope et fait *reculer l'une et avancer l'autre!!* Rien ne montre avec plus d'évidence que cette force dépend aussi de son mode de transmission sur chaque face, selon sa nature. Pourtant, reprend-elle, nous savons parfaitement que la face noire absorbante reçoit une répulsion F/V, tandis que la face réfléchissante la reçoit de près de 2 F/V. — Non! répond encore l'expérience du radioscope; *c'est juste... le contraire*, la face noire fuit! Nos savants en restent stupéfaits. Alors on renverse cette malencontreuse absorption, t. 83, p. 120 et 384, etc., on vole encore mon principe pour masquer cette déroute : « *Les vitesses de propagations sont ralenties par le choc,* » et l'on introduit des V, V *différents.* — Soit, répond M. Hirn (p. 264 à 266). Mais avant « je n'ai fait que *répéter* ce qu'ont *démontré nos analystes éminents.* D'ailleurs le système des ondulations est encore plus impuissant, puisque *l'oscillation positive est toujours annulée par l'oscillation négative.* La force est donc nulle et incapable de rien mouvoir. » Telle est cette science *éminente, transcendante* ; l'émission donne des résultats contraires à l'expérience et les vibrations classiques ne donnent rien du tout!!!

Mais les faits montrent surabondamment que mon système de vibrations relatives et se transformant par réaction contre les corps différents, ce qui est inévitable, rend parfaitement compte des résultats de toute nature. Du reste, la science classique qui se drape en public, connaît son impuissance; écoutons l'Académie (t. 81, p. 130) : « La nouvelle théorie de la chaleur est arrêtée par le principe de Carnot qui n'est pas vérifiable par l'expérience. Ses formules, difficiles à saisir, *n'ont pas de sens pratique* ; *elles éloignent les constructeurs et les mécaniciens de l'étude de la science, et n'ont contribué en rien au perfectionnement de nos machines,* qui n'est résulté que du *tâtonnement.* » Ecoutons encore (p. 1474) : « *Les hypothèses explicatives que l'on pose aujourd'hui si généralement (dans la science officielle) quant aux répulsions, aux attractions électriques, magnétiques, calorifiques et quant à la cause de la pesanteur elle-même, ne satisfont l'esprit que sous une face et qu'à la condition qu'on laisse soigneusement dans l'ombre les faits très-nombreux qui les réfutent.* » Avec tant d'autres méprises jugez ce que valent les calculs *transcendants* qui émaillent nos recueils officiels. Ne vous étonnez pas de tant d'aveuglement, il y a là des de S. V. pour enfouir (t. 82, p. 1223) *même la science qu'on ne connaît pas!* (p. 1228, 1229.) L'autruche, cachant ses yeux dans le sable et levant l'autre extrémité en l'air pour échapper au danger, n'agit pas autrement. C'est en s'étourdissant ainsi scientifiquement et philosophiquement que tant de rêveurs cherchent le bien-être du *prochain*, de l'humanité, en lui rivant un bât sur le dos, un bonnet d'âne sur les yeux et un fouet, la misère, à ses trousses. Ainsi, c'est l'ignorance qui dicte magistralement ses lois philosophiques !... Devant la découverte, c'est le loup qui dit à l'agneau: Tu troubles mon eau !... et..... Ne pouvant dominer par la supériorité de ses vues, elle ne recule pas devant cette affreuse sentence ; elle dit à l'homme: Tu marcheras dans de fausses voies avec un bandeau sur les yeux! Tu souffriras et chercheras péniblement la vie dans les ténèbres de l'ignorance !...

— Pour expliquer la similitude des végétations fossiles, équatoriales et polaires, M. de Candolle veut absolument une plus grande lumière, d'autres un refroidissement terrestre, ou un changement d'axe. *Le Propagateur de la Méditerranée*, non satisfait, pose ainsi la question (août 1876, p. 356) :

« La théorie de M. Trémaux, la plus belle qu'ait enfantée le gé-
« nie humain, puisqu'elle jette la lumière sur les questions répu-
« tées jusqu'à ce jour insolubles, nous ramènera à l'obliquité de
« l'axe de la terre. Nous verrons alors tout ce qu'il y a de ra-
« tionnel chez les partisans du changement de l'axe. »

Pour cela, mon principe n'a besoin, ni de plus grande lumière, ni de refroidissement terrestre (il y a échauffement), ni de changement d'axe. Les combinaisons et dissociations des corps sont régies par la chaleur expansive opposée à la pression de milieu. Les savants, ayant négligé cette dernière force, ont fait fausse route. Or la décomposition spectrale de la lumière montre que nombre de corps sont sur le soleil dans le même état que sur la terre ; ce qui confirme la décroissance indéfinie et simultanée d'atmosphère, de densité, de chaleur et de pression. Sans ces conditions, tel corps que nous pouvons dissocier sur la terre, le serait bien autrement par la chaleur solaire. La terre, en se condensant, s'est donc approchée du soleil, comme tout corps qui se condense dans notre atmosphère s'approche de la terre. Quand nous pourrons faire cette étude, nous verrons : 1° que l'éloignement de la terre diminuait les différences de températures équatoriales et polaires, de même qu'une abondante atmosphère ; 2° que celle-ci graduait mieux les transmissions vis-à-vis de la terre moins dense ; 3° qu'une moindre lumière pour désunir l'acide carbonique était compensée par une moindre pression, etc., etc. Mais nous devons exposer ici *la cause motrice du sang*, qui intéresse l'homme au plus haut degré.

Nous savons, par le seul fait de la couleur, que le sang rouge émet des vibrations plus lentes que le sang bleuâtre ou veineux, puisque de l'extrême rouge à l'extrême violet il y a un nombre double de vibrations répondant à une octave de la gamme chromatique. Il nous est donc facile de voir que les vibrations plus lentes ou caloriques qui se développent dans l'organisme repousseront mieux le sang rouge alcalin que le sang bleuâtre ou veineux. Puis, lorsque le sang a dégagé sa chaleur positive et condensé les éléments négatifs qui le rendent bleuâtre et acide, ce sont au contraire les vibrations rapides du milieu extérieur qui ont le plus d'action sur lui pour le ramener vers le centre alcalin.

La décomposition spectrale du sang artériel nous montre également que ses vibrations ne se manifestent puissamment que dans la région du rouge et que les vibrations rapides de la partie la plus réfrangible sont éteintes. Pour le spectre du sang veineux, elles se manifestent au contraire notamment dans le bleu. Il y a donc là des conditions scientifiquement connues qui répondent exactement à notre loi : c'est-à-dire que les vibrations plus lentes des combinaisons repoussent mieux le sang rouge artériel, et les vibrations plus rapides le sang veineux.

Le radioscope montre, en effet, la répulsion des vibrations rapides sur le bleu et le noir; et inversement sur le rouge et le clair si on les ralentit soit en introduisant l'air plus dense dans l'ampoule, soit par combinaisons ou autrement. Il y a donc là une double confirmation de la principale et primordiale cause motrice du sang. Il faut remarquer aussi que les éléments plus denses des vibrations caloriques, étant mieux contenus par les organes artériels, y repoussent plus efficacement le sang.

Ce ne sont pas seulement les expériences physiques qui confirment ce résultat; les expériences physiologiques le confirment également. Rappelons celles de Bichat (*Recherches physiologiques sur la vie et la mort*, p. 173), dans lesquelles le sang rouge d'un chien pénètre au cerveau d'un autre chien par l'artère carotide, ce qui réussit parfaitement; puis il veut dans les mêmes conditions y faire pénétrer le sang veineux, qui s'y refuse complétement!

D'autre part, dans l'œuf, où l'action nerveuse et musculaire ne peut aider à mouvoir le sang, il se met évidemment en mouvement sans le concours de ces organes, puisqu'ils ne se forment qu'à la suite et en conséquence de cette mise en mouvement. En outre, dans les animaux simples, où la circulation s'opère sans cœur, ou même dans de simples lacunes, on ne peut non plus invoquer d'autres forces. De même, dans les animaux supérieurs, lorsqu'après l'arrêt du cœur le sang continue à évacuer les artères, on ne peut invoquer aussi que les forces vibratoires, puisque les contractions artérielles ne pourraient que faire évacuer leur trop-plein, mais non chasser la totalité du sang, au point de vaincre l'élasticité des artères en les aplatissant, ce qui oblige l'air à se précipiter avec force dans ces artères lorsqu'on y pratique des ouvertures. Citons encore ce fait remarquable, que dans les artères les globules rouges aux vibrations lentes prennent plus de vitesse que les globules blancs aux vibrations plus rapides, ce que l'on observe facilement sous le microscope, dans les vaisseaux capillaires de la membrane natatoire d'une grenouille.

Repousser plus ou moins, voilà donc la force mathématique que le principe de l'action matérielle de la vie peut apporter !

Mais la connaissance de la force mise en jeu par la vie animale, et d'où dépendent mille et mille fonctions secondaires, les moyens de soulager une foule de maux, les moyens d'activer ou de ralentir la vie, etc., etc., est tellement importante pour l'humanité, qu'il est à redouter que la pusillanimité philosophique ne s'empresse de l'étouffer avec d'autant plus d'aveuglement que les faits et les expériences confirment mieux la cause motrice de la vie. L'Académie, en effet, s'égare encore dans sa vieille philosophie : elle n'ose se condamner en distinguant cette force brute de la faculté directrice de la volonté, dont le principe est complètement différent.

Hélas ! sous un prétexte de morale, qui n'atteste qu'une fatale méprise sur les lois de la nature, si l'Académie n'est, comme elle le dit, que le triste exécuteur du système de l'ignorance, quels sont donc les misérables aveugles qui étouffent, contre toute raison, la science et le bien-être de l'humanité ?   TRÉMAUX.

PRINCIPE UNIVERSEL DU MOUVEMENT

TROISIÈME ÉDITION IN-12
Avec figures : 2 fr.

A. SAGNIER
9, RUE VIVIENNE, 9
A PARIS
1877

PRINCIPE UNIVERSEL DU MOUVEMENT

TRADUCTION ALLEMANDE
IN-12 avec figures

E. LEDEUIL
13, BLUMENRAIN, 13
A BALE
(SUISSE)

Chez l'auteur, rue Vernier, 21, à Paris (Ternes),
on peut faire réclamer sans frais, renseignements, spécimens, etc.

Paris. — Typ. A. Hennuyer, rue d'Arcol, 7.